KB064874

아산의 역사 문화 연구

김일환 지음

보고사
BOGOSA

발간사

필자가 순천향대 아산학연구소와 인연을 맺은 것은 2010년 5월 아산학연구소가 출범할 때 창설 멤버로 참여하면서부터였다. 당시 아산학이라는 생경한 개념의 지역학 강의가 처음으로 설강되어 순천향대학교뿐 아니라 아산 관내 여러 종합대학교에서 강좌가 운영되었다. 초대 소장이신 김기승교수님이 의욕적으로 연구소의 초석을 다지고 아산지역학 관련 사업을 펼쳐갈 때 필자도 함께 여러 아산 관련 연구자료집 간행 및 연구프로젝트, 학술행사, 시민을 위한 교양지인 아산시대 발간, 지역신문 기고, 아산 관련 강연 등에 열심히 참여하며 바쁘게 아산을 학생들과 시민들에게 알리는 노력을 경주해왔다.

그때까지만 해도 아산이라는 작은 고장에 숨겨진 역사적 사실이 그렇게 많이 남아있을까 하고 스스로 의문을 가졌지만 학술대회 발표논문을 작성하거나 강의를 준비하기 위해 본격적으로 연구하면서 아산에 대해 새로운 사실을 많이 발견하게 되었다. 그것은 "전대미답(前代未踏)"이라는 말이 적합할 정도로 아직 아무도 찾아내지 못한 귀한 보석을 필자가 처음으로 발견하는 것과 같은 기쁨을 많이 주었다. 이런 발견의 즐거움은 공부하는 연구자들이 가장 고대하던 일이라 필자에게 아산학 연구는 항상 재미나고 신나는 일이었다.

본 저술은 필자가 지난 10여 년간 아산학연구소에 재직하며 연구했던 아산 관련 학술연구 성과를 하나로 모은 저작이다. 범위는 고려시대부터 개화기 시대까지이며 아산과 관련된 전쟁과 역사인물, 온천문화 등을 중심으로 주제를 나누어 기 발표된 학술논문을 재정리한 것이다. 이것은 그동안 흩어져 있는 필자의 연구 성과를 단행본으로 정리하여 일목요연하게 아산의 여러 역사 주제를 이해할 수 있도록 묶은 것으로 그동안 학술적으로 규명되지 않았거나, 부족했던 아산의 역사와 문화를 명확하게 밝힌 점에서 일정한 성과가 있다고 생각된다.

본 저술은 현 아산학연구소장이신 박동성교수님의 권유와 따뜻한 배려가 아니었으면 출간되기가 어려웠다. 또한 긴 시간 필자에게 좋은 연구 환경을 만들어주시고 항상 묵묵히 격려를 아끼지 않으신 김기승 교수님께도 깊이 감사드린다. 또한 전임 인문학진흥원장이신 심경석 교수님도 항상 깊은 관심과 따뜻한 보살핌을 나누어 주셔서 큰 힘이 되었다. 아산학연구소의 맹주완부소장님, 오원근팀장님과 항상 궂은 일을 다 묵묵히 하면서도 따뜻한 심성을 가진 유은정교수님, 강경산, 강지은 선생님 등 아산학연구소의 여러 가족들, 아산학 연구에 깊은 열정을 가지고 필자를 많이 이끌어 주신 천경석 선생님. 이 모든 분들의 큰 도움이 없었다면 이 정도의 연구 결과도 어려웠을 것이다.

어느새 아산은 필자에게 고향같이 푸근하고 정다운 고장이 되었다. 최근 필자는 새로운 직장인 호서대로 옮겼지만 아산학 연구는 필자가 역량이 남아있는 한 쉼없이 계속할 생각이다.

2021.3.1

태화산 기슭 호서대 연구실에서

김일환 씀

수록논문 출전

「토정 이지함의 목민관(牧民官) 활동에 대한 연구」, 『아산문화』 1, 온양문화원·향토문화연구소, 2020.12.

「이순신의 牙山 낙향과 무과 수련과정」, 『이순신연구논총』 30, 순천향대 이순신연구소, 2018.12.

「대몽항쟁기 이천(李阡)의 온수전투 연구」, 『역사와 실학』 67, 역사실학회, 2018.11.

「고불(古佛) 맹사성(孟思誠)의 재상정치활동(宰相政治活動) 연구」, 『포은학연구』 19, 포은학회, 2017.6.

「아산 신항리 근대문화 사적지의 현황조사 연구」, 『순천향 인문과학논총』 35-4, 순천향대 인문과학연구소, 2016.12.

「조선시대 왕실의 溫泉 목욕법에 대한 연구」, 『역사와 실학』 58, 역사실학회, 2015.11.

「임진왜란기 內浦 지역과 민의 동향」, 『역사와 실학』 52, 역사실학회, 2013.11.

「조선시대 온양 행궁의 건립과 변천 과정」, 『순천향 인문과학논총』 29, 순천향대 인문과학연구소, 2011.6.

「중종 때의 개혁정치가 복재 기준」, 『아산 유학의 여러 모습』, 지영사, 2010.2.

* 본 논고는 10여 년 전부터 발표된 논문을 모은 것이어서 다시 정리하는 과정에 최근의 연구 성과를 모두 반영하지 못한 점이 있다. 이에 부족한 점은 전적으로 필자의 책임이니 강호제현의 혜량을 바란다.

차례

제2장 _ 아산과 역사인물

고불 맹사성의 재상정치활동 연구

복재 기준의 생애와 정치활동

토정 이지함의 목민관 활동에 대한 연구

이순신의 아산 낙향과 무과 수련과정

제3장 _ 아산과 문화

조선시대 온양 행궁의 건립과 변천 과정

조선시대 왕실의 온천 목욕법에 대한 연구

아산 신항리 근대문화 사적지의 현황조사 연구

제1장

아산과 전쟁

대몽항쟁기 이천의 온수전투 연구

Ⅰ. 머리말

13세기 세계 정복에 나선 몽골의 고려 침공으로 고려조정은 큰 위기에 빠졌다. 수십 년간 반복된 몽골의 침입에 대항해 고려는 긴 항쟁의 시간을 보냈다. 대몽항쟁기에 국토는 유린되고 백성들은 죽음을 당하거나 포로로 끌려가는 큰 피해를 입었다. 이런 상황은 현 충남 아산(牙山)도 예외일 수 없어 두 차례 몽골군의 공격을 받았다. 아산은 몽골군이 전라, 경상도로 남하할 때 그 길목이 되는 직산, 천안과 인접한 지역이었다. 더구나 대몽항쟁을 선언한 무인정권이 강화도로 천도한 이후에는 전략적인 요충지가 됨에 따라 직접적인 군사공격의 대상이 되었다. 아산은 충청지역에서 서해를 통해 개경과 강화도로 갈 수 있는 수로교통의 요지로 국초부터 조창인 하양창(河陽倉)이 안성천변에 있었다. 따라서 몽골군은 강도(江都)정부의 출륙(出陸)과 항복을 받기 위해 중부권 최고의 배후지인 아산만 지역을 압박하며 두 차례에 걸친 공격을 감행한 것이다.

첫 번째 아산 침공은 1236년 9월 몽골군이 온수(溫水)현 치소성을 공격하였다가 군리(郡吏) 현려(玄呂)와 지역민들이 합심노력으로 패퇴한 온수방어전이다. 둘째는 20년 후인 1256년 6월에 아산만을 봉쇄하려는 몽골군을 격퇴하기 위해 해상을 통해 상륙하여 승전을 얻은 이천(李阡)의 온수전투가 그것이다.

이 두 차례의 대몽전투는 고려가 모두 승리한 전투로 하나는 지역민이 중심이 되어 외적으로부터 자신들의 삶의 터전을 성공적으로 지켜냈다는 점에 의의가 있고, 둘째는 국가가 파병한 관군이 상륙전을 통해 침략군을 성공적으로 제압하고 승리를 거둔 점에서 차이가 있다. 하지만 외세의 침략으로 국난에 처해 있는 국가를 민·관(民·官)을 불문하고 성공적으로 방어하고 수호했다는 점에서는 공히 중요한 역사적 교훈을 남겼다고 할 수 있다.

지금까지 아산지역의 대몽항쟁사 연구는 윤용혁 교수가 주도하여[1] 많은 연구와 저술을 통해 구체적인 사실을 상세하게 밝혀 왔다. 이러한 토대 위에 최근 강재광[2], 윤경진[3] 등의 연구자들도 새로 관심을 갖고 연구하면서 아산의 대몽항쟁연구가 심화되어 가는 상황이다. 하지만 대몽항쟁사는 사료의 절대 부족으로 역사적 실체에 접근하기가 무척

---

1 尹龍爀, 『高麗對蒙抗爭史研究』, 일지사, 1991; 윤용혁, 『충청역사문화연구』, 서경문화사, 2009; 윤용혁, 『여몽전쟁과 강화도성 연구』, 혜안, 2011; 윤용혁, 『삼별초 무인정권·몽골, 그리고 바다로의 역사』, 혜안, 2014; 윤용혁, 「고려의 해도 입보책과 몽고의 전략변화」, 『역사교육』 32, 1982; 윤용혁, 「13세기 몽고의 침략에 대한 호서지방민의 항전」, 『호서문화연구』 4, 충북대, 1984; 윤용혁, 「고려 대몽항쟁기 지방민의 피난입보사례-아산만 연안지역의 경우」, 『百濟文化』 22, 1992; 윤용혁, 「고려의 대몽항쟁과 아산」, 『순천향 인문과학논총』 28, 2011(『여몽전쟁과 강화도성 연구』, 혜안, 2011에 재수록).

2 강재광, 「대몽항쟁기 최씨정권의 해도입보책과 戰略海島」, 『軍史』 66, 2008; 강재광, 「대몽항쟁기 서·남해안 주현민의 해도입보항전과 해상교통로」, 『지역과 역사』 30, 2012; 강재광, 「1255~1256 槽島·牙州海島 대상지 비정과 海戰의 影響」, 『軍史』 93, 2014.

3 윤경진, 「고려 대몽전쟁기 海島관련 전투에 대한 재검토」, 『軍史』 95, 2015.

어려운 것이 현실이다. 그중에 아산지역에서 일어난 대몽항쟁은 더더구나 사료가 부족하여 엄밀한 역사추론과 논증에 주로 의존해야하는 한계가 있다. 이런 점에서 연구의 어려움이 너무 크다고 하겠다.

본 연구는 그간의 아산지역 대몽항쟁에 대한 연구 성과를 바탕으로 1256년에 있었던 이천(李阡)의 온수전투를 중점으로 연구하였다. 지금까지 충분히 이해되지 못한 아산의 지리적 특성을 감안하여 더욱 새롭고 정밀하게 전쟁의 전개양상을 분석해 보려고 하였다.

Ⅱ. 고려시대의 아산과 아산만

현재의 충남 아산은 백제시대부터 조선시대까지 세 개의 행정단위로 나뉘어 있었다. 고려시대에는 아주(牙州)와 온수(溫水), 신창(新昌)으로 불렸는데 조선시대에 들어와 아주는 아산(牙山), 온수는 온양(溫陽)으로 이름을 바꾸었다. 그 중에 아주는 안성천과, 신창은 삽교천을 통해 아산만과 서해로 연결됨에 따라 수로교통의 편리성으로 인해 두 하천 주변에는 일찍부터 포구가 발달하였다.

고려왕조는 국초부터 국가의 재정을 충당하기 위해 거둔 세곡과 공부(貢賦)를 해로를 통해 수도인 개경(開京)으로 운송하기 위해 전국 중요지역에 13개 조창을 설치했다. 강원도 1곳(원주 흥원창), 충청도 3곳(충주 덕흥창, 아산 하양창, 서산 영풍창), 전라도 6곳(부안 안흥창, 군산 진성창, 영광 부용창, 나주 해릉창, 영암 장흥창, 순천 해룡창), 경상도 2곳(마산 석두창, 사천 통양창)이 있었고 뒤에 황해도의 안란창을 두었다.[4] 그중 하양창은 6척의 조운선을 두었는데 1,000석을 실을 수 있는 초마선(哨

馬船)이었다.[5]

창(倉)에는 판관(判官)을 두었고 주군(州郡)의 조세는 각각 부근의 여러 창에 수송하였다가 이듬해 2월에 조운하였다. 가까운 지역은 4월까지, 먼 지역은 5월까지 경창(京倉)으로 운반을 마치게 하였다. 그 과정에서 기한 내에 조운선을 보냈으나 바람으로 인해 피해를 입어 초공(梢工) 3명 이상, 수수·잡인(水手·雜人) 5명 이상, 아울러 미곡까지 침몰한 경우에는 징수하지 않도록 하며, 기한 외에 배를 보냈는데 초공·수수의 1/3이 익사[敗沒]한 경우에는 해당 관청의 색전(色典)·초공·수수 등에게서 두루 거두어들였다.[6]

이렇듯이 아주는 고려 초기에 아산만과 연결되는 안성천 중류 편섭포(便涉浦)에 하양창(河陽倉)이라는 조창이 설치됨에 따라 개경으로 전달되는 서해 조운로의 중심지가 되었다. 현재 평택 팽성읍 노양1리가 그곳인데, 나중 이곳에 경양현(慶陽縣)이 설치되면서 명칭이 경양창으로 바뀌게 된다.[7] 하양창은 고려 말에 신창(新昌)에 장포(獐浦)가 새로 신설될

---

4 윤용혁, 「서산·태안지역의 조운관련 유적과 고려 영풍조창」, 『백제연구』 22, 충남대, 1991; 문경호, 「고려시대의 조운제도와 조창」, 『지방사와 지방문화』 14(1), 역사문화학회, 2011.

5 『高麗史』 권79 지 권33 식화2 조운.
초마선은 조선조에서도 조운선으로 사용하였다. 척당 40명의 군인을 승선하였고(『성종실록』 권15 성종 3년 2월 3일 경오, 『성종실록』 권21 성종 3년 8월 12일 병자) 배 바닥이 넓지 못해 강의 상류까지 도달하는 데는 한계가 있었다. (『중종실록』 권27, 중종 12년 3월 28일 계묘)

6 『高麗史』 권79 지 권33 식화2 조운 조운 서.

7 『高麗史』 권56 지 권10 지리1 양광도 천안부 직산현.
조선 건국 후 한양으로 천도하면서 하양창은 폐지됐다. 태조 5년에 경양현도 廢縣돼 직산현 경양면이 됐다. 직산현에 이속된 뒤 경양포에는 직산현의 해창으로 경양창이 설치됐다. 『신증동국여지승람』 직산현조에 "慶陽浦는 慶陽縣에 있는데 海浦이다."라고

〈그림 1〉 하양창이 있던 경양포의 현 모습 (평택 팽성읍 노양1리)

때까지 아산만 일대의 물류의 중심지로서 대몽항쟁기에도 개성이나 강화도로 전달되는 군량과 병참을 지원하는 최대 연안물류기지였음에 틀림없다. 즉 지금의 아산만과 그 연안은 고려정부로서는 반드시 지켜야 할 경제적, 군사적 가치가 큰 요충지였던 것이다. 이러한 아산만의 지정학적 중요성은 조선시대까지 변함없이 이어져 갔다.

했으나 경양창은 나중에 평택현의 세곡까지 관장하게 돼, 직산현과 평택현 두 고을의 海倉이 됐다. 경양포는 팽성읍 서부지역과 현덕면 신왕리 신흥포를 연결한 수로교통로이기도 하다. 나루에는 사공이 상주했으며, 근대 이후에는 서평택 주민들이 열차를 이용할 경우 배를 타고 경양포로 건너와 평택역으로 이동했다.

김해규, 『평택역사산책』, 평택시민신문, 2013, 151~166쪽.

Ⅲ. 1256년 이천(李阡)의 온수전투의 전개

1. 1256년 몽골군 침입의 양상

아산만 연안에 대한 몽골군의 공세가 강화된 것도 1256년(고종43)의 일이었다. 당시 몽골군은 1253년부터 고려에 대한 공격을 크게 강화하여 매년 침입하였다. 1256년은 자랄타이(車羅大)에 의한 6차 침입의 2회째로서, 몽골병이 경상도, 전라도 남부지역까지 적극적인 공세를 펼칠 때였다. 더구나 1256년 정월에 몽골군은 고려 연안지역의 도서(島嶼)를 집중 타격하기로 작전을 변경했다.[8] 고려정부도 이에 대비하여 장군 이광(李廣)과 송군비(宋君斐)에게 수군 3백 명을 주어 남쪽으로 내려가 몽골군을 방어케 하였다. 몽골군은 3월 착량(窄梁) 외곽에 주둔하여 강화도를 위협했다.[9] 나아가 광주 입암산성에서는 송군비와 격렬한 전투를 치루기도 했다.[10]

〈표 1〉 몽골 침입과 고려 항전(1231~1259)

침입차례	침입기간	주요 침입, 전투지	주요 지휘자	주요 사항
제1차 침입	1231.8-1232 봄	안주, 철주, 귀주, 자주, 廣州, 충주	박서, 최춘명, 이원정, 이희적	
제2차 침입	1232.8-1232.12	廣州, 용인, 대구	이세화, 김윤후(승)	강화천도(1232.7), 적장 살례탑 사살
제3차 침입 (1)	1235.윤7 -1235.12경	지평(양평), 안주, 안동, 경주		

8 『高麗史』 권24, 세가 24 고종 43년 정월 정사.

9 『高麗史』 권24, 세가 24 고종 43년 3월 기유.

10 『高麗史』 권24, 세가 24 고종 43년 3월 기미.

제3차 침입 (2)	1236.6-1237 초	황주, 서울, 죽주(안성), 아산, 예산, 부안	송문주, 현려, 전공렬, 박인걸	팔만대장경 조판작업 (1236-1251)
제3차 침입 (3)	1238.8경-1239.4	개경, 경주		경주 황룡사 소실(1238.12경)
제4차 침입	1247.7-1248.3	수안, 염주, 전라도		최우 사망, 최항의 정권 계승(1249)
제5차 침입	1253.7-1254.1	철원, 춘천, 원주, 충주, 양양	대금취, 이주, 최수, 박천기, 정지린, 김윤후	몽골 야굴 소환
제6차 침입 (1)	1254.7-1255.2	충주, 진천, 상주, 교하(파주), 산청	장자방, 임연, 홍지(승)	
제6차 침입 (2)	1255.8-1256.10	충주, 현풍, 光州, 신안(압해도), 온수, 직산	송군비, 한취, 이천, 정인경	몽골, 연안의 섬 침공
제6차 침입 (3)	1257.5-1257.10	태천, 개경, 전라도	이수송	
제6차 침입 (4)	1258.6-1259.3	개경, 충주, 강원도(금강산)	안홍민	몽골 차라대 사망(1259.3경)

※ 윤용혁, 『고려대몽항쟁사연구』, 일지사, 1991, 360쪽 수정인용.

2. 선장도의 입보(入保)와 몽골군의 아주 해도지역 봉쇄

1256년에 이르면 대몽항쟁의 양상은 크게 바뀌었다. 고려정부가 강화도로 천도한 후 산성과 해도입보(海島入保)를 기반으로 한 청야(淸野) 전략을 추진하자 몽골군의 전략도 해안봉쇄, 도서지방 공략에 초점이 맞추어졌다. 몽골군은 강화도로 가는 해상 조운로를 차단하고, 고려민의 해도입보를 봉쇄하기 위해 3개 정도로 부대를 나누어 대응한 듯하다.[11] 강화도와 화성지역을 담당하는 부대와 충청도 아산만을 집중 타격하는 부대가 있었다. 사령관 자랄타이(車羅大)의 주력군은 남부의 해도를 공략하기 위해 남진하여 전라도의 입암산성(立巖山城), 압해도(押海島) 공략을 목표로 하였다.

고려무인정권은 강화도의 방비책을 강화하면서 여타 지역의 군민(軍民)들도 산성이나 해도로 입보토록 명하였다. 몽골의 주 침략로인 평안도에서부터 황해, 경기, 충청, 전라도 해안은 해도입보를 시도하여 많은 군민을 섬으로 소개(疏開)시켰다.[12] 강화도 이남의 대표적인 해도 입보처로는 경기도의 덕적도[13], 대부도[14], 충청해안은 아주해도(牙州海島), 전라도는 압해도[15] 등이었다.

충청지역의 입보처인 '아주해도'란 아산만에 있는 크고 작은 섬들을 아우르는 통칭으로 보인다. 그중 선장도(仙藏島)가 해도 입보처로 가장 크고 선호된 듯하다.[16] 선장도는 아산만과 연결된 삽교천 가에 위치하며 후대에 간척되어 연륙(連陸)되었지만 대몽항쟁 당시는 육지에 인접한 섬이었다.[17] 지금의 지명이 '선장(仙掌)'인 것은 고려시대 선장도에서 유

---

11 강재광, 「대몽항쟁기 최씨정권의 해도입보책과 戰略海島」, 『軍史』 66, 2008, 55쪽.

12 윤용혁, 「고려의 해도 입보책과 몽고의 전략변화」, 『역사교육』 32, 1982; 윤용혁, 전게논문, 『百濟文化』 22, 1992.

13 『高麗史』 권24, 세가 卷24, 고종 46년 2월.

14 『高麗史』 권24, 세가 卷24, 고종 43년 4월 경진.

15 『高麗史』 권130, 열전 卷43, 叛逆 한홍보.

16 윤용혁, 전게논문, 『百濟文化』 22, 1992.
선장도의 위치에 대한 比定은 연구자간에 차이가 많다. 윤용혁은 선장도를 처음에 선감도로 보다가 아산의 선장면지역으로 수정했다. 윤경진은 대부도로 본다. 강재광은 아산만에 있는 입화도·육도·국화도 등을 묶어 아주해도로 보고 있다. (강재광, 전게논문, 『軍史』 93, 2014.)

17 아산만 일대 연안토양의 해발 10m이하는 沖積토양으로 조수의 영향을 많이 받았다. 현재 지리학계에서는 선장도지역이 1700~1800년 BP까지는 섬이었음을 확인하고 있다(충남역사문화연구원, 『백제문화사대계 연구총서2 백제의 기원과 건국』, 2007, 70쪽). 이것은 해발 10m까지는 조수의 영향으로 퇴적된 지형이며 후대에 거듭된 간척사업으로

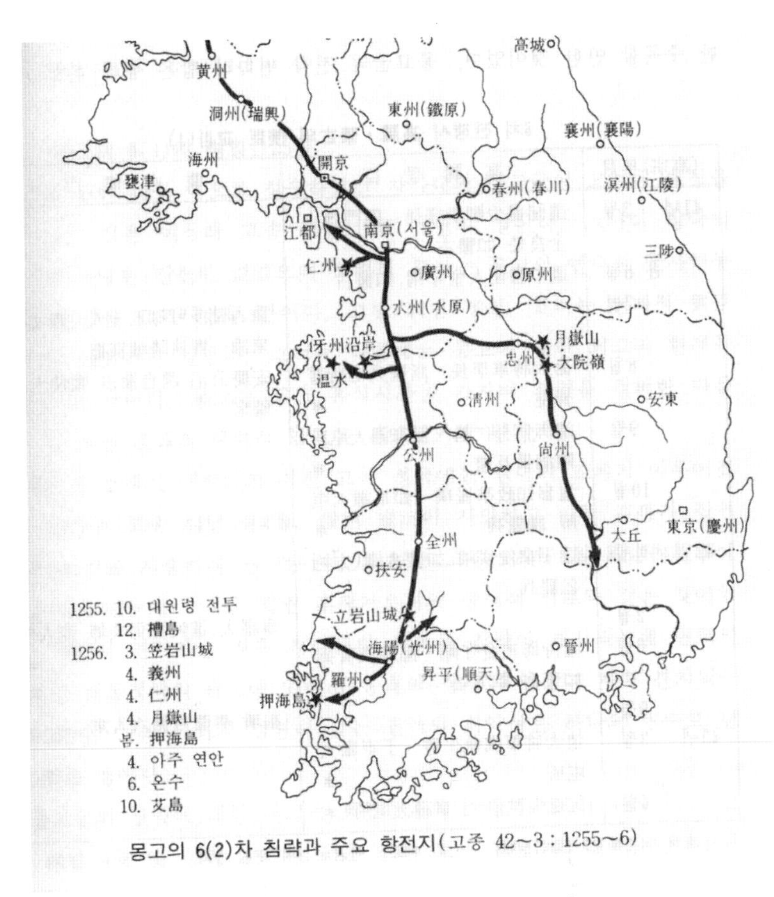

〈그림 2〉 1256년 몽골군의 침입로[18]

래한 것으로 보인다. 조선조에서는 삽교천과 맞닿는 곳에 유명한 포구인 선장포(仙掌浦)가 있었다. 1914년 일제가 지방행정구역을 개편할 때 선장이라는 이름을 면명(面名)으로 사용하면서 지금까지 이어지고 있다.

농지화 되었다는 것이다.

18 윤용혁, 『고려대몽항쟁사연구』, 일지사, 1991, 117쪽.

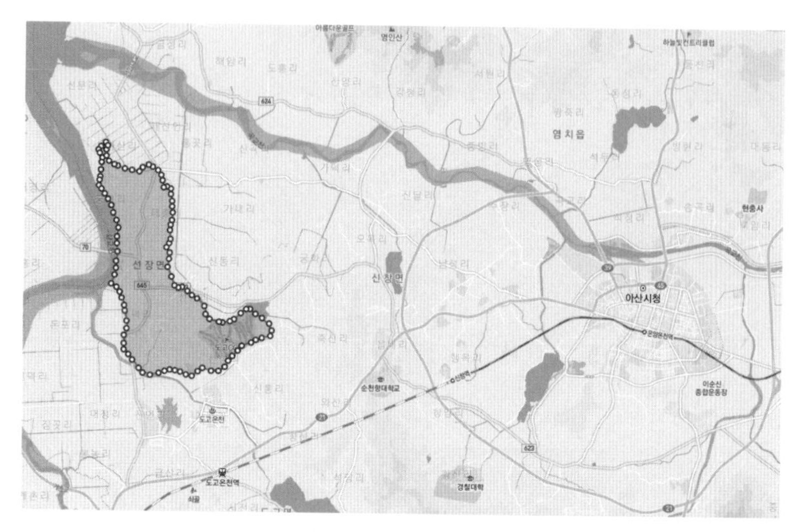

〈그림 3〉 선장도의 추정 위치

현재 선장면의 군덕리에는 산성의 흔적이 있고[19] 궁평2리에는 고려궁터가 있었다는 신궁리(新宮里) 설화가 내려오고 있다.[20] 이런 사실을 바탕으로 선장면의 지형을 상세히 검토해보면 군덕리와 궁평리 일대가 간척되기 이전에 섬이었음을 짐작케 한다. 이곳의 면적은 약 9㎢ 정도가 된다.

19 군덕리 산성은 다실기 마을의 뒤쪽 구릉에 축조되어 있는 포곡식 산성이다. 削土에 의한 토축 산성이며 둘레는 약 150m인데 표고가 20m정도이므로 평지성이라 할 수 있다. 이 토축 산성이 고려 대몽항쟁기의 해도 입보처임을 期必할 수 있는 것은 아니나 가능성을 짐작하게 하는 증거는 될 수 있다. (『忠南地域의 文化遺蹟 第5輯-溫陽市·牙山郡篇』, 백제문화개발연구원, 1991, 173쪽, 『仙掌面鄉土誌』, 238쪽)

20 궁평리는 원래 신궁리였는데 조선시대에는 천안의 越境地였다. 1914년 일제가 지방행정구역을 통폐합할 때 면천군 신평리와 통합하여 궁평리가 되었다. 이곳은 흔히 오가물 마을이라 하는데 고려 고종 43년(1256)에 몽골의 난리를 피하여 섬과 같이 된 이곳에 피난터로 새 궁을 지어 두고 천안부 사람들을 이곳으로 옮겨 피난시켰다가 고종 46년(1259) 3월에 돌아갔는데 이때부터 천안땅이 되었다는 이야기가 전한다. (『한국지명총람』, 한글학회, 1974, 『온양아산 마을사』, 온양문화원, 2001, 전게 『仙掌面鄉土誌』, 536쪽)

서울 여의도가 2.9㎢[21]인 것을 감안해 볼 때 약간의 출입(出入)은 있겠지만 선장도의 크기가 여의도의 3배 정도였음을 알 수 있다.

『고려사』를 보면 1256년에 몽골군을 피해 충주, 천안, 청주민들이 차례로 아주해도로 입보한 것을 알 수 있다. 충주는 전략적 요충지로 몽골의 침략 때마다 집중공격을 받은 곳이어서 비록 수차례 승리를 거두었지만 피해도 많았던 지역이었다. 이런 이유로 충주민의 경우는 4월경에 순문사 한취(韓就)가 직접 인솔하여 가장 먼저 입보한 듯하다. 순문사의 역할은 백성들을 산성과 해도로 입보시키는 일이었다.[22] 천안민도 같은 해에 입보했다는 기록은 있지만 정확히 어느 달(月)인지는 불명이다. 충주에 비해 아산이 인접한 지역이라 더 빨리 입주했을 가능성도 있다. 반면에 청주는 온수전투가 끝난 후 8월에 가장 늦게 입보한다.

아산과 충주는 위도(緯度)가 비슷하고 직선거리로 107㎞정도 떨어져 있다. 충주 대림산성에서 선장도 까지는 직선으로 97㎞, 현재의 도로로 가면 135㎞이다. 반면에 충주 대림산성에서 직산까지는 대략 78㎞, 하양창이 있는 팽성읍 노양리까지는 83㎞이다. 충주에서 아산만으로 나오려면 충주 → 죽산 → 안성 → 평택(팽성) → 하양창, 혹은 충주 → 죽산 → 안성 → 직산 → 하양창이 있는 경양포로 나와 배를 타고 안성천을 내려가 선장도에 도달하거나, 육로로 충주 → 음성 → 진천 → 목천 → 천안 → 온양 → 신창을 통해 선장도로 들어가는 방법밖에 없다.[23] 따라

21 현재 여의도의 전체면적을 말할 때, 윤중로 제방 안쪽의 면적은 2.9㎢이다. 한강시민공원 등 한강 둔치까지 포함한 면적은 4.5㎢, 한강 하천바닥까지 포함한 행정구역상 여의도동 전체면적은 8.4㎢이다. 국토교통부는 2012년에 '여의도 면적의 몇 배'라고 표기할 때에는 그 기준을 제방 안쪽의 여의도 면적인 '2.9㎢'로 통일해 쓰기로 하였다.

22 『高麗史』 권24, 세가 권24, 고종 40년 7월 갑신.

23 『大東輿地圖』를 참조하여 확인함.

서 충주에서 해도입보를 하려면 직산으로 나와 안성천 중류에서 배를 타고 선장도로 가는 코스가 가장 선호되었음을 알 수 있다.

이러한 해도입보처는 1차로 해상피난지였지만 동시에 바다에서 몽골군을 방어하는 해상군사기지의 기능도 담당했다. 따라서 자체 방어 전략을 수립하며 별초군(別抄軍)와 전선(戰船)도 배치하였다. 아주해도의 경우에 전선의 숫자는 9척 정도를 보유했던 것으로 판단된다. 이 정도면 300명 내외의 병력을 유지했을 것이다. 전선에는 석포(石砲)를 장착하여 몽골의 함대와 수전(水戰)으로 대응할 준비를 하고 있었다.[24] 별초군은 기회가 되면 상륙하여 몽골군주둔지를 기습공격하기도 하였다.[25]

3. 몽골병의 온수(溫水)점령과 주둔

1256년 충청지역의 해도입보가 빠르게 진행되자 몽골군도 신속히 움직였다. 이들은 한정된 기마전단을 가지고 아산만 지역을 봉쇄하려 하였다. 몽골군은 기마병 위주여서 기동력은 뛰어나지만 병력은 많지 못하여 중요 길목을 차단하고 봉쇄하는 것이 그들의 전략이었다. 아산만 일대를 봉쇄하는 몽골지휘관은 송고대왕(松古大王)인데[26] 이 사람은 고려사에 송길(松吉), 산길(散吉)대왕 등으로 나오는 인물이다.[27] 그는 강화

---

24 『高麗史』 권130, 열전43, 반역 한홍보.
압해도에서 자릴타이의 공격에 고려군이 大艦에 거치한 砲로 대응한 사례가 있다.

25 대부도의 별초가 소래산에 주둔한 몽골병을 기습한 경우나 정인경의 부대가 직산의 몽골군을 야습한 사례를 들 수 있다.

26 鄭仁卿 『政案』 “丙辰七月十七日判興威衛保勝將軍 李溫下左部第二校尉 領第二正 張冏改班本借望有千下軍鄭仁卿 新 溫水 稷等叱 三郡良中松古 大王屯亦排宿爲去乙夜戰次馬別抄以先入 輔佐功以點御史臺錄事”

27 윤용혁, 전게논문, 『순천향 인문과학논총』 28, 2011, 263쪽.

도 배후의 전략적 거점지역인 아주를 봉쇄함으로서 강화정부를 압박하여 출륙(出陸)케 하고 마침내 항복을 받아내는 것이 목적이었다.[28]

송고대왕군은 아산만을 봉쇄하기 위해 직산(稷山), 온수(溫水), 신창(新昌)에 나누어 주둔하였다.[29] 직산은 하양창을 봉쇄하여 조운로를 차단하고 충주민들과 같이 안성천을 따라 아주해도로 입보를 시도하는 고려인들을 봉쇄할 수 있는 길목이었다.[30] 온수는 천안방면에서 선장도로

---

28 『高麗史』 세가 권24, 고종 46年 6월 경진.

몽고 원수 여수달(余愁達, 예쉬데르)과 송길(松吉) 대왕이 파견한 주자(周者)와 도고(陶高) 등이 참지정사(參知政事) 이세재(李世材)와 함께 왔다. 이세재가 아뢰기를,"5월 16일 태자가 호천(虎川)에 도착하였는데 큰 비가 내려 물이 불어 넘쳤습니다. 호종하는 신하들이 모두 유숙(留宿)하면서 물이 줄어들기를 기다리자고 요청하였지만 태자는 듣지 않고 출발하였습니다. 하루가 지나 동경(東京)에 도착하였는데, 동경 사람들이 말하기를, '내일 대병(大兵)이 고려로 향할 것이다.'라고 하였습니다. 태자가 신(臣)과 김보정을 보내어 각자 백은(白銀) 50근, 은주전자[銀尊] 1개, 은항아리[銀缸] 1개, 술과 과일 등의 물품을 원수 여수달과 송길 대왕에게 전하게 하였습니다. 19일에 태자께서 송길 대왕을 만났습니다. 송길이 말하기를, '황제께서는 송(宋)을 친정(親征)하러 가셨고, 우리들에게 그대 나라를 정벌하는 일을 위임하셨기에 이미 군대를 보냈거늘 그대는 어찌하여 왔는가?'라고 하였습니다. 태자가 대답하기를, '우리나라는 황제와 〈송길〉대왕의 덕에 의지하여 근근이 숨을 보전하고 있는 터라 장차 대왕 및 여러 관인(官人)들에게 술잔을 드린 연후에 황제를 뵙기 위해 왔다.'라고 하였습니다. 송길이 말하기를, '그대 나라는 이미 강도(江都)에서 나왔는가?' 라고 하였습니다. 태자가 말하기를, '주현(州縣)의 백성들은 이미 섬에서 나갔고, 왕경(王京)은 황제의 처분을 기다렸다가 도읍을 옮기려 한다.'라고 하였습니다. 송길이 말하기를, '왕경이 아직 섬 안에 있는데 어찌 군대를 철수하겠는가?'라고 하였습니다. 태자가 말하기를, '대왕이 일찍이 말하기를 태자가 입조하면 군대를 철수하겠다고 하였기 때문에 지금 내가 온 것이오. 군대를 철수하지 않으면 백성들이 무섭고 두려워서 도망가 숨을 것이니 나중에 잘 설득한다 하더라도 누가 다시 말을 듣고 따르겠으며 대왕의 말을 어찌 믿겠는가?'라고 하였습니다. 송길 등이 그럴 것이라고 여기고 군대를 〈동경에〉 머무르게 하고 출발시키지 않았으며, 이에 주자 등을 보내 와서 성곽(城廓)을 무너뜨리라고 하였습니다."라고 하였다.

29 『高麗史』 권24, 세가 권24, 고종 43년 6월 23일; 『高麗史』 권107, 열전 권20, 諸臣 鄭仁卿.

30 하양창이 있는 포구는 조선시대 慶陽浦라고 하였다. 직산과 거리가 1리에 불과할 정도

가는 길목이므로 입보를 저지할 수 있는 요충지였다. 신창은 입보를 위한 통로는 아니지만 선장도와 가까워 이미 입보한 입보민들의 동향을 감시하고 군사적으로 직접 견제하기에 편리한 장소이다.[31] 이러한 봉쇄책은 이미 아주해도에 입보한 사람들을 섬에 가두어 직산이나 천안방면으로 진출하지 못하게 차단하려는 의도도 있었다고 보인다. 나아가 아주에 주둔한 몽골병의 역할은 아주의 해역에서 충주까지 한반도 중부를 동서로 끊어 충청권의 세곡이나 인구(人口)가 아주(牙州) 하양창이나 선장도로 집결되지 못하도록 봉쇄하려는 전략도 가졌음을 짐작케 한다. 이 봉쇄망을 끊기 위한 노력의 하나가 이천의 온수전투라고 할 수 있다.

4. 고려의 대응책과 한취(韓就)의 군사작전 실패

전라도부터 강화에 이르기까지 몽골군의 해상봉쇄와 압박이 가중되자 고려정부도 봉쇄를 풀기 위해 적극적으로 대응하였다. 1월부터 남도 여러 섬으로 자랄타이 주력군이 침입하여 군사적 압박을 가하자 해상으로 이광(李廣)과 송군비(宋君斐)를 보내 전라도 여러 섬의 방어에 적극적으로 임했다.[32] 한편 대부도의 별초(別抄)를 상륙시켜 인주 소래산(蘇來山)에 주둔해 있던 몽골군을 공격하였다.[33] 다음으로 4월 29일 아주해도에 입보한 충주도순문사 한취(韓就)를 시켜 아주해도를 봉쇄

로 가까웠고 국초에 경양포에는 조창이 있어 서울 서강까지 직산과 평택의 세곡을 받아 배로 운반하였다. (『世宗實錄地理志』 충청도 수조처가 8)

31 아마도 선장도가 내려다보이고 일부 선장도와 연륙되어 있는 현재의 鶴城山城에 주둔했을 가능성이 크다.

32 『高麗史』 세가 권24, 고종 43년 정월 정사, 『高麗史』 세가 권24, 고종 43년 3월 기미.

33 『高麗史』 세가 권24, 고종 43년 4월 경진.

한 몽골군을 돌파하라고 요구하였다.[34] 아주해도에서 이루어진 한취군의 전투를 해전(海戰)으로 보는 연구자가 있다.[35] 그러나 아산만과 선장도 일대는 해전을 할 만한 지형이나 공간이 되지 않는다.[36] 따라서 한취군은 몽골군의 해상봉쇄를 풀기 위해 상륙하여 몽골군의 주둔지를 공격하려 한 것으로 보는 것이 합리적이다. 당시 한취군이 공격하려는 지점이 어디였을까? 정확히 알 수는 없지만 직산방면일 것으로 추정한다.[37] 그 이유는 두 가지인데 하나는 한취군이 왜 몽골군을 공격하려 시도했을까하는 의문과도 연결된다. 필자는 한취를 뒤따라 충주방면에서 들어오는 후속 입보민들이 직산에서 몽골군에 의해 차단되어 입보가 저지됨에 따라 한취군이 몽골군을 격파하고 그 통로를 열어주기 위한 시도가 아니었을까 라고 생각한다. 아니면 입보민을 호송하던 후속 충주병과 한취군이 협공을 시도한 것으로도 볼 수 있는데 한취군의 패배로 협공하던 충주병이 충주로 도주하자 몽골병들이 추적한 것이 아닌가 라고도 짐작된다. 둘째는 7월 17일에 정인경의 부대가 직산에서 야간 기습으로 직산에 주둔한 몽골군을 공격한 사실로 추정해 본 것인데, 이 작전은 실패한 한취군의 직산로(稷山路) 개척을 다시 실현하기 위한 2차 작전으로 보이기 때문이다.[38]

---

34 『高麗史』 세가 권24, 고종 43년 4월 경인.

35 강재광, 전게논문, 『軍史』 93, 2014, 47쪽.

36 아산만은 폭이 2.2㎞이고 수심이 얕아 灣口는 6~10m, 內灣은 2~3m이다. 조석 간만의 차는 6.1m~9.6m 정도로 크며 干潮시에는 광대한 개펄이 드러나 배의 운항이 불가능해진다. 서해안의 潮汐은 12,4시간을 주기로 왕복하며 유속은 초당 0.5m 빠르기의 흐름을 가진다.

37 윤경진은 안성 인근으로 이해하고 있다. (전게논문, 2015, 323쪽)

38 『高麗史』 권107 列傳 권20, 諸臣 鄭仁卿.

육로가 몽골군에 의해 봉쇄된 상황에서 충주지역도 해도(海島), 곧 아산만을 통해 강도정부와 연결할 수밖에 없는 처지였다. 이 연결고리를 끊기 위해 몽골군은 아산과 충주로 연결되는 교통로를 장악하려고 시도하였고, 반대로 이것을 분쇄하기 위해 순문사 한취군이 몽골군을 공격하려고 시도한 것이다. 하지만 어떤 이유인지 알 수 없지만 이 작전은 실패하여 한취군은 몽골군에게 진살(盡殺)되었다.[39] 이 패전 이후 몽골군이 충주성을 향해 공격해 들어간 것은 추측컨대 직산에서 입보를 기다리던 충주 군민(軍民)들이 한취군의 패배로 인해 다시 충주로 도망하자 몽골군들이 이들을 따라 충주까지 추적하여 도살한 것은 아닐까한다. 당시 충주는 산성이나 해도로 입보한 사람들이 많아 방어력이 약화되어 있었고[40] 약간의 관리와 노약자들만 남아있었다.[41]

5. 이천의 온수전투의 전개와 승첩

충주도순문사 한취의 패전소식은 강도정부에 빠르게 전달되었을 것이다. 아산만 방어가 화급을 다투는 사태로 발전되자 강도정부는 긴급히 관군을 급파하기로 결정하고 이천(李阡)을 시켜 수군 200명을 끌고 출병토록 하였다.[42] 당시 해도 입보처를 방비하는 일차 책임은 현지 관리들이

39 윤용혁은 한취의 전투를 몽골군을 격퇴하고 盡殺하여 승리한 것으로 보고 있다. 그러나 문맥상 해석이 자연스럽지 않고 후속되는 충주성 전투에서 고려가 패배하는 기사와 일치되지가 않는다. 최근 윤경진은 이 문제를 다시 분석하고 한취가 패배한 것이 맞다고 주장하고 있다. (전게논문, 『軍史』 95, 2015)

40 윤경진, 전게논문, 2015, 319쪽.

41 『高麗史』 권24 세가 권24, 고종 43년 4월 경인.

42 『高麗史』 권24 세가 권24, 고종 43년 6월 경신. "六月 庚申朔 遣將軍李阡, 率舟師二百餘人, 禦蒙兵于南道."

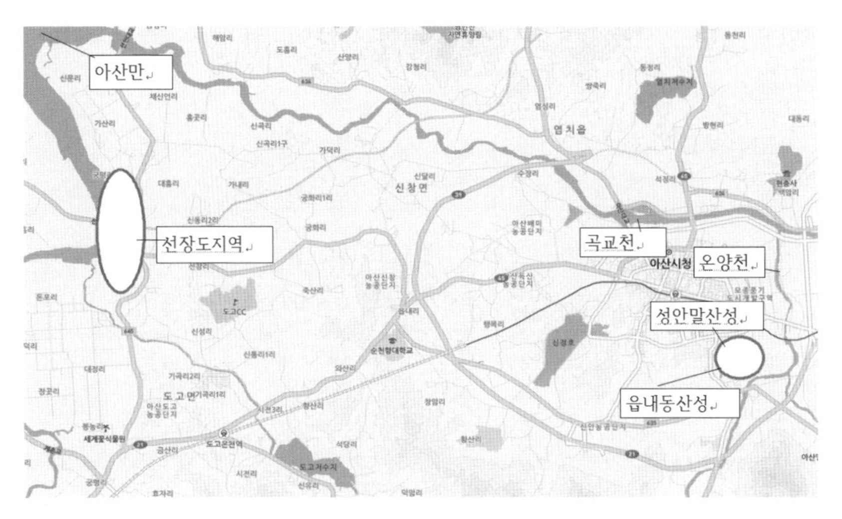

〈그림 4〉 온수전투와 관련된 주요 지점

었다. 그러나 방어력이 부족할 것 같으면 강도(江都)정부가 수군원정대를 파견하여 지원하는 체제였다. 한취의 패배로 아산만해역의 방비에 구멍이 뚫리자 관군으로 구성된 이천의 수군을 파견한 것이었다.[43]

이천이 강화도를 출발한 날은 6월 1일이었다. 조선시대의 기록을 보면 서울의 서강(西江)에서 아산의 공세곶창까지 해로(海路)로 500리 길이며 배를 타면 2일 만에 도착하는 거리였다.[44] 따라서 강화도에서 아산만까지는 넉넉히 잡아도 이틀이면 충분히 도착한다. 이천도 아마 2~3일

43 이천은 全義李氏로 李仟으로도 표기되어 나오며 호를 東巖叟라 한다. 최종 관직은 知禮部事中書侍中平章事였으며, 아들로는 直文翰署 李子蕆, 첨의정승 李混, 選部典書 李子華가 있고 손자는 子蕆의 아들 匡靖大夫 政堂文學 藝文館大提學 知春秋館事 上護軍 李彦冲이 유명하다. (『全義禮安李氏千年史』, 全義禮安李氏花樹會, 1999)

44 『世宗實錄地理志』 충청도.
최완기, 「아산공진창의 설치와 운영」, 『아산의 역사와 문화』, 아산군·공주대박물관, 1993. (『典農史論』 7, 서울시립대, 2001에 재수록.)

만에 대부도를 거쳐 아산만으로 들어와 소위 '아주해도(牙州海島)'에 도달했을 것이다.

그런데 온수전투가 이루어진 일시는 6월 23일이다.[45] 이것은 이천의 함대가 20여 일간을 중간기착지에서 대기했음을 말한다. 그 장소를 정확히 특정할 수는 없지만 아산만의 해도 입보처인 선장도가 아닐까라고 생각된다. 이 무렵에 정인경의 부대도 선장도나 인근에 있었을 것으로 추정되는데 정인경의 부대가 7월 17일에 직산의 몽골군을 공격한 사실로 보아 이천과 같은 시기이거나 약간의 시차를 두고 아산에 도착했을 것이다. 이천의 함대는 이곳에서 대기하며 치밀하게 전투준비를 했을 것이다. 타격목표를 찾기 위해 몽골병의 주둔지와 병력상황에 대한 정보를 수집하고 작전의 성공을 위해 기습시기와 전투방법까지 구체적으로 연구했을 것으로 본다.

사료의 부족으로 이천(李阡)의 온수전투가 이루어진 전투장소가 현재 어느 곳인지 정확히 알 수는 없다. 하지만 연구자들의 대체적인 견해는 온수(溫水)의 치소성(治所城)이나 그 부근을 주둔지로 보고 있다.[46] 치소성이 있는 현 읍내동은 천안방면에서 아산으로 들어오는 길목이므로 충분히 타당한 주장이다. 몽골군이 100여명의 고려인 남녀포로를 부리고 있었다는 사실을 보아도 치소성에서 장기 주둔하며 주민들을 포로로 잡아 사역(使役)하고 있었음을 짐작할 수 있다. 또한 정인경의 『정안(政案)』 사료와 『고려사』에서 보듯이 몽골군은 직산에서도 군사

45 『高麗史』 권24 세가 권24, 고종 43년 6월 임오. "將軍李阡與蒙兵, 戰于溫水縣, 斬數十級, 奪所虜男女百餘人. 崔沆以銀六斤, 賞士卒."

46 아산시·충남역사문화원, 『이천장군기념탑 건립관련 타당성 및 기본설계 최종보고서』 2015, 20쪽, 29쪽.

〈그림 5〉 읍내동산성 석축 부분

거점으로 보루(堡壘)를 확보하고 있었다. 따라서 온수방면도 치소성인 성안말산성이나 배방산성에 몽골군이 나누어 주둔했을 가능성이 높다. 이렇게 치소성이 몽골의 주둔지라면 이천의 온수전투는 현재 구(舊)온양의 읍내성이나 성안말산성에서 이루어졌을 것이다.

이천은 수군 200명을 거느리고 아산에 왔다. 따라서 수군전력으로 치소성에 있는 몽골군을 격퇴했다면 그 작전방법은 무엇이었을까? 수군은 함선을 타고 이동하므로 배의 크기나 종류에 따라 탑재할 무장의 정도와 전투장비의 종류, 분량이 달라질 수밖에 없다. 그러면 이천의 함대는 몇 척쯤 되었을지 정리해 보자. 사료의 부족으로 현재 고려시대 군선(軍船)에 대한 연구는 충분치 않다. 선박사 연구의 대가인 고 김재근 교수의 연구에 의하면 고려 초 군선의 경우 1척당 승선인원이 30명 안팎이라고 한다.[47] 그 근거는 태조 왕건의 제4차 나주 공략시 군선 70여척, 병사

〈그림 6〉 성안말산성

2,000여명, 혹은 군선 100여척에 병력 3,000명을 거느린 경우도 있어 이 사실을 통해 평균을 내면 척당 30명 정도라는 것이다. 반면에 고려말 우왕대 최영장군이 제주도를 토벌할 때 315척에 25,605명을 분승한 적도 있다. 이것을 기준하면 척당 탑승인원은 81명이 된다. 이것은 조선 초기 전선(戰船)인 맹선(猛船)의 탑승인원과도 일치한다.[48] 그런데 온수전투를 전후한 시기의 사료를 살펴보면 1232년 3월 몽골의 요구에 따라 서경도령 정응경, 전 정주부사 박득분의 지휘 하에 배 30척과 선원 3천명을 몽골로 파견한 적이 있다. 이것은 척당 100명 정도가 승선했다는 말이 된다.[49] 반면에 1272년 6월 26일에 삼별초가 11척의 배에 390명을 태워

47 金在瑾, 「고려의 船舶」, 『韓國船舶史研究』, 1984, 32쪽.

48 金在瑾, 상게서, 1984, 53~54쪽.

49 『高麗史』 권23 세가 권23, 고종 19년 3월. "遣西京都領鄭應卿, 前靜州副使朴得芬, 押船三十艘, 水手三千人, 發龍州浦, 赴蒙古, 從其請也"

경상·전라도의 조선(漕船)을 빼앗고 연해 주현을 공파하려 했다는 사실에서 대몽항쟁기에 고려 배는 척당 35명 정도를 태웠음도 알 수 있다.[50]

이런 사실을 종합해 보면 병력 200명을 거느린 이천의 함대는 적으면 2척, 많으면 7척 정도였을 것으로 추측된다. 고려시대의 배가 대부분 그러하지만 이 함선도 평저선(平底船)이다. 배의 크기를 가늠해보면 당시 조운선과 비교해 볼 수 있다. 조창인 하양창에 소속된 조운선은 6척으로 적재량이 1000석인 초마선(哨馬船)이었다.[51] 초마선은 조선후기 조운선과 선적량이 같다. 『각선도본(各船圖本)』에 기록된 조선시대 조운선의 크기는 배의 저판 길이가 57尺(17m)이고, 폭이 13尺(4m)이었다.[52] 이만한 크기의 배가 지금의 안성천 중류인 평택시 팽성읍에 있는 하양창까지 운항할 정도였다면 곡교천에서도 유사한 배가 조수(潮水)가 도달하는 중류까지는 최소한 운항할 수 있다고 보아도 무리가 없다. 조선시대 자료에 의하면 조수가 이르는 지점은 중방포(中方浦)까지였다.[53]

위 사실은 이천 함대의 상륙지와 작전방법을 추정하는데 매우 중요한 단서를 제공해 준다. 곡교천을 거슬러 올라 함대가 도착할 수 있는 상륙지를 살펴보면 중방포까지는 문제없이 올라올 수 있었을 것이다. 나아가 당시 곡교천이 현재보다 수량이 풍부하거나, 온수전투가 일어난 시

---

50 『高麗史』 권27 세가 권27, 원종 13년 6월 임자. "逆賊以船十一隻, 分載兵三百九十人, 謀取慶尙·全羅道漕船, 且欲攻破沿海州縣"

51 『高麗史』 권79 지 권33, 식화2 조운.

52 金在瑾, 「고려의 배」, 『한국의 배』, 서울대출판부 1994, 87쪽.

53 온양군지도(1872년 지방지도) 註記, 서울대규장각 소장.
이 사실은 임란기의 이순신 장군의 『亂中日記』에 나오는 아산지역 이순신의 白衣從軍 기사에서도 확인이 가능하다. 또한 김정호의 채색 『大東輿地圖』에는 중방포보다 더 상류지역(현 옥정교 혹은 아산대교)까지 조류가 올라온 것으로 표시되어 있다.

기가 계절적으로 우기인 여름철인 점을 감안할 때 운항 한계지점은 더 올라갈 수 있다고 하겠다. 그렇다면 이천의 수군이 상륙한 지점은 어디로 추정할 수 있을까? 현재로서는 다음 네 군데 정도를 상정할 수 있다.

〈표 2〉 이천수군의 상륙 추정지

순서	위치	치소성과 거리	비고
1	중방포(中方浦)	약 10km	조선시대 이순신의 백의종군시 조수(潮水)의 한계점
2	아산대교(옥정교) 부근	약 5km	현재 배미동 부근
3	곡교천, 온양천 합류지점	약 5km	도로가 없음
4	온양천 장군배	약 300m	치소성에 근접 접안하여 상륙기습

위의 〈표 2〉에서 보듯이 어느 경우 던지 가능하다고 할 수 있다. 1의 경우 중방포는 조수가 도달하는 한계점이어서 이곳까지는 최소한 배를 타고 들어올 수 있다. 다만 함선의 크기가 작아 전마(戰馬)를 실지 못했을 수군이 무장상태로 걸어서 10km 이상을 척후병에게 발각되지 않고 접근하여 기습에 성공하기란 어렵다고 판단된다. 2의 경우는 조수의 상한선을 더 높게 잡은 것으로 치소성까지 거리를 1의 경우보다 절반정도로 줄이는 효과가 있다. 3의 경우도 충분한 가능성이 있다. 그러나 조선시대까지 이 지역은 곡교천의 범람원으로 소택지나 습지가 대부분이어서 길이 없었으므로 도로환경이 큰 장애가 되었을 것으로 생각된다. 따라서 필자는 4의 경우를 가장 근사한 것으로 본다. 이 경우는 이천의 수군이 배를 타고 곡교천을 거슬러 올라와 온수현을 깊숙이 잠입해 온 후 지천(支川)인 현재의 온양천을 거슬러 치소성에 접근하는 상황을 가정한 것이다. 그 이유는 이천 수군이 온수전투에서 승리한 요인이 일시에

〈그림 7〉 배방산성 원경

상륙하여 전격적인 기습공격으로 몽골군을 제압한 전술을 사용한 것으로 보기 때문이다. 현재 온양천변에 남아있는 장군배 혹은 장군바위 설화도 이러한 사실을 설명해 준다고 생각된다.[54]

온양천은 곡교천의 지천(支川)으로 아산시 송악(松岳)면에서 발원하여 내려오다가 읍내성을 휘돌아 곡교천으로 연결된다.[55] 곡교천과 온양천의 합류지점에서 치소성까지는 5km정도이다. 이곳에 성안말산성이

54 『溫州鄕土誌』, 읍내동, 장군바위(장수발자국), 2010, 646쪽.
주민(지수기 통장)들의 증언에 의하면 온양천 장군배 입구 하천 제방아래에는 큰 바위가 있었다. 바위 중앙에는 사람 발자국 모양의 큰 자국이 뚜렷하게 있었다. 전설에 의하면 어느 장군이 배방산성에서 성안말 토성 쪽으로 뛰어 내리면서 그 바위를 밟아 한쪽 발자국이 생겼다고 한다. 이것은 李阡이 온수전투를 위해 상륙한 이야기가 전승된 것이 아닐까라고 짐작된다.

55 천경석, 『곡교천의 역사와 문화』, 온양문화원, 2014, 89~94쪽; 김추윤, 『삽교천의 역사문화』, 당진문화원, 1995, 48쪽.

〈그림 8〉 장군배

있고 서쪽으로 500m지점에 있는 조선시대 온양현 관아 근처에 읍내산성이 위치한다. 기습공격이 성공하려면 적의 주둔지에 최대한 은밀하게 접근하는 것이 최선책이다. 더구나 이천의 수군은 함선의 크기가 작아 중무장병력이나 전마를 운송할 정도는 될 수 없었다고 생각된다. 따라서 경무장을 했을 가능성이 크므로 기습공격을 할 수 있는 최선의 조건을 확보하는 것이 필요했다. 치소성에 배로 최대한 가까이 접근하기 위해 곡교천의 수량이 풍부해지는 시기나, 조수가 밀려오는 시간까지도 계산하며 기다렸을 것이다.

당시 사료를 보면 온수전투가 일어난 시기는 음력 6월 23일(양력 7월 16일)이다. 마침 그날은 물때가 조금[小潮]이어서 조수의 출입이 거의 없는 날이다. 또한 절기상 장마철이므로 곡교천은 물이 불어 상륙지점은 충분히 더 위로 올라올 수 있었을 것이다. 참고로 그해 여름은 유난히 비가 많이 와서 7월에 도성이 홍수가 나서 많은 인가가 떠내려가거나 물에 잠길 정도였다고 한다.[56] 하지만 이런 추정에는 변수도 많다. 이천의 수군 함선의 크기가 짐작과 달랐다면 상륙지 위치도 다를 것이다. 또한 예상보다 곡교천의 수량이 부족할 수도 있는데, 이런 경우는 민간의 거룻배를 징발하여 소선(小船)에 분승하여 침투했을 가능성도 있다.[57]

어떤 방법으로 전투를 수행했는지는 분명치 않지만 이천의 수군은 성공적으로 몽골군을 제압하여 적병 수십 명의 목을 베고 포로가 되었던 남녀 온수주민 100여명을 되찾는 큰 전과를 올렸다. 이천의 치밀한 작전준비의 결과 전격적인 기습이 효과를 발휘한 것이다. 이 사실이 강도정부에 알려지자 집권자인 최항(崔沆)이 크게 기뻐하고 군사들에게 은 6근을 상으로 주었다. 이것은 이천이 주도한 온수대첩이 강도정부에게도 커다란 군사적 성공으로 평가되었음을 알 수 있다.

6. 온수전투의 의의

이천의 온수전투의 승리는 1256년 몽골군이 아산지역을 봉쇄하려는 시도를 분쇄하고 해도로 가는 입보로를 확보한 점에서 큰 의의가 있었다. 온수에 대한 몽골군의 봉쇄망이 무너지자 다음달 7월 17일 정인경의 마별초군이 다시 몽골의 또 다른 주둔지인 직산을 야습(夜襲)하여 몽골군을 격퇴하였다.[58] 그 결과 충청도 해안의 아주해도로 입보할 수

56 『高麗史』 권53 지 권7 오행1, "四十三年七月庚寅 都城大水, 多漂沒人家"

57 이것은 1894년 청일전쟁 때 아산만 백석포에 상륙하는 청군의 대형 군함이 현 행담도 外洋의 영웅바위 부근에 정박하고 둔포와 아산의 민간 거룻배를 징발하여 병력을 분승하여 백석포로 상륙한 사례를 참고할 필요가 있다. (최덕수, 「청일전쟁과 아산」, 『牙山의 歷史와 文化』, 아산군·공주대박물관, 1993, 129쪽)

58 『高麗史』 卷107 列傳 卷20, 諸臣 鄭仁卿 "鄭仁卿, 瑞州人. 高宗末, 蒙兵來侵, 屯稷山·新昌. 仁卿從軍, 乘夜攻壘有功, 補諸校"

있는 온수로, 직산로 등 두 개의 중요 교통로가 다시 확보될 수 있었다. 천안민의 선장도 입보가 그해 어느 일시(日時)에 이루어졌는지는 알 수 없지만[59] 다만 선장도 입보처로 접근이 용이한 시점에 입보한 것으로 보면 전투 이후일 가능성도 있다. 그것은 온수전투의 승리로 치소성에서 배방산성으로 연결되는 통로가 열렸기에 가능했다고 보기 때문이다. 그해 8월 22일에 청주(淸州)백성들이 장군 송길유(宋吉儒)의 인도에 의해 아주해도로 입보할 수 있었던 것도 이천의 온수대첩의 승리로 인해 안전한 입보로가 확보된 결과라고 할 수 있다.[60]

위의 기사에서 보듯이 정인경이 직산을 공격했을 때에 온수는 몽골군이 주둔하고 있지 않았다. 이천의 수군에 의해 온수 주둔군이 격파되어 온수가 고려에 수복되었기 때문이다.

59 『高麗史』卷56 志 卷10, 地理1 양광도 천안부 연혁 "顯宗九年, 復舊名, 爲知府事. 高宗四十三年, 避兵, 入仙藏島"

60 『高麗史』卷24 世家 卷24, 高宗 43年 8월 庚辰 "遣將軍宋吉儒, 徙淸州民于海島."
『高麗史』卷122 列傳 卷35, 酷吏 宋吉儒
宋吉儒는 성품이 탐욕스럽고 잔혹하였으며, 말은 잘 하였으나 아첨을 잘했다. 병졸[卒伍] 출신으로, 高宗 때 崔沆을 아첨으로 섬겨 夜別抄 指諭가 되었다. 죄수를 국문할 때마다 반드시 양손의 엄지손가락을 동여매어 대들보에 매달았으며, 또 양 발의 엄지발가락을 함께 묶고서 커다란 돌로 매달아놓는데 땅에서 한 자 정도 떨어지게 하였다. 그 밑에다가 숯을 피우고, 두 사람을 왼편과 오른편에 서게 하여 교대로 허리와 등을 곤장으로 때리게 하니, 죄수가 그 악독함을 이기지 못하여 결국엔 거짓 자백을 하였다. 여러 차례 승진하여 將軍이 되었으며, 곧이어 御史中丞에 임명되자 有司에서 그의 출신이 천하다는 이유로 告身에 서명하지 않았는데, 최항이 강요하여 서명하였다. 〈송길유는〉 大將軍이 더해져 경상도 水路防護別監이 되었는데, 야별초를 거느리고 州縣을 돌면서 民들이 海島로 들어가 지키도록[入保] 독촉하였다. 만약 명령을 따르지 않는 자가 있으면 반드시 때려 죽였다. 혹은 긴 밧줄로 사람의 목을 연달아 묶은 다음 別抄들로 하여금 끌고 가서 물속으로 던졌다가 거의 죽을 지경이 되면 끄집어내고, 조금 깨어나면 다시 반복하였다. 또 민들이 재산이 아까워 이주하기를 싫어할까 염려하여 그들의 초막과 돈, 곡식을 불사르니, 죽은 자들이 열에 여덟, 아홉이었다.

Ⅳ. 맺음말

아산은 아산만의 독특한 지형적 특성으로 인해 고대부터 해양을 통해 내륙으로 접근하거나, 내륙에서 해양으로 나갈 때 관문의 역할을 하였다. 이 때문에 수로교통의 요지가 되어 경제적으로나, 군사적으로나 중요한 요충지로 인식되었다. 고려왕조가 건국된 후 개경으로 가는 세곡과 공부(貢賦)가 조운으로 수송됨에 따라 하양창이라는 조창이 설치되면서 중부권 최고의 물류기지가 됨에 따라 아산만의 전략적 중요성은 더욱 커졌다.

세계적인 대제국을 건설한 몽골이 고려를 겨냥하고 침략해 올 때 아산지역도 재난을 피할 수는 없었다. 더구나 항쟁을 선언한 무인정권이 강화도로 천도하고 해도입보를 대응전략으로 채택하면서 아산만일대의 해도는 충청지역 최고의 해상피난처로 자리 잡게 되었다. 이러한 결과 몽골의 직접적인 군사공격의 목표가 되었고 두 차례의 침략을 당하는 계기가 되었던 것이다.

아주해도로 입보하려면 그 접근통로라 할 수 있는 곳이 온수와 직산이었다. 따라서 읍내성이나 성안말산성, 이곳과 마주보고 있는 배방산성은 그 통로를 지키는 군사적 요충지였던 것이다. 따라서 이곳을 장악하기 위해 침략한 몽골군을 1236년에 현려와 온수백성들이 성공적으로 방어한 것은 커다란 역사적 의미가 있다. 또한 20년 후인 1256년에 이미 몽골군에게 온수가 점령된 후에는 선장도를 비롯한 아산만의 해상 입보처를 방어하고 입보민을 보호하기 위해 몽골군의 봉쇄망을 분쇄해야 했다. 이때 이천 장군과 수군 200명이 전격적인 기습작전으로 몽골군을 격파하고 군사적 승리를 거둔 온수대첩은 큰 역사적 의미가 있었던 사실이다.

온수대첩은 아주해도를 봉쇄하기 위하여 아주, 직산, 신창의 요충지를 차단한 몽골군의 군사전략을 깨기 위한 노력이었다. 이천의 뛰어난 전략과 용의주도한 작전운용으로 이 온수대첩은 성공하여 몽골군을 격퇴하고 포로가 된 온수민들을 안전하게 구출할 수 있었다. 이러한 이천의 온수에서 승리의 결과로 몽골의 아산만 입보로(入保路) 차단전략은 무너지는 계기가 마련되었고, 후속 작전인 정인경의 직산전투의 성공도 가능할 수 있었던 것이다. 그 결과 몽골군이 물러가면서 이들의 봉쇄로 인해 차단된 입보통로가 다시 열려 천안, 청주 등의 백성들이 안전하게 아주해도로 피난하였고 안전한 삶이 지켜질 수 있었다. 이것이 계기가 되어 그해 몽골의 고려침략도 서서히 끝나며 철병이 시작되었다고 본다.

임진왜란기 내포지역과 민의 동향

Ⅰ. 머리말

1592년 일본의 침략으로 시작된 임진왜란은 미증유의 대전란으로 전국토가 유린당하고 전쟁기간동안 조선민이 당한 고통은 처절한 것이었다. 그 중 현 충남북부에 해당하는 내포(內浦)지역은 여타지역과 달리 독특한 양상을 보여주는데, 그것은 이곳이 정유재란 전까지 일본군의 침략과 점령을 피했던 비교적 안전한 지역임에도 불구하고 송유진, 이몽학의 난 등의 민중봉기가 두 번이나 일어난 현장이다.

이러한 역사적 사건이 모두 내포지역에서 발생한 것은 임란전쟁기에 이 지역이 가진 독특한 지역적 특성과 이곳에서 전개된 전쟁의 극한 상황이 접목된 결과였다. 내포지역은 삼남지역에서 수도권으로 들어가는 해양관문이라 수로교통이 발달하여 서해와 연한 충청도 연안을 따라 많은 포구가 존재하였다. 따라서 조선시대에 내포지역은 상업의 발달로 인해 서민적 전통이 강하였고 서해와 연해 있는 해양적 특성으로 인해 개방적 특성이 크며, 나아가 아산만을 감싸고 서울, 경기도와 생활권을 함께 하므로 중앙지향적 특성도 많았다. 그중 아산만은 평안도, 황해도, 경기도에서 전라도로 가는 길목이어서 전라도와 충청도의 물산을 수로(水路)로 서울과 황해도로 전달하는 중개지로서의 역할을 수행하였다.

그러나 이러한 내포지역이 가진 장점이 전대미문의 대전란인 임진왜란 기간 동안에는 대재앙으로 작용하였다. 임란초기 일본군의 점령지를 면함으로써 최고의 피란지가 되었고, 해상교통의 요충지라는 지리적 장점이 전쟁수행에 필요한 최고의 배후 병참기지 역할을 수행토록 강요되었기 때문이었다. 이 결과 내포지역은 전쟁 내내 전쟁 수행에 필요한 병력과 물자를 조달하는 배후지역으로 중요 역할을 수행하였다. 이러한 전쟁의 경험은 점령지 이상으로 가혹한 것이었고 피폐된 백성들의 삶은 민중 반란 외에 도피처가 없는 실정이었다. 이런 이유로 이 지역은 왕조국가로부터 패역의 땅으로 낙인찍혔고, 민심이 각박하고 사나운 곳으로 치부되었다. 이러한 전쟁의 상처를 회복하고 치유하는 것은 많은 시간이 경과하여야 하였다.

지금까지 우리는 임진왜란을 이해할 때 전쟁수행에 필요한 병참조달에 있어 전라도의 중요성은 많이 강조하면서도 해상으로 전라도와 경기도, 황해도와 연결하는 충청해로(忠淸海路)의 중요성은 거의 언급하지 않았다.[1] 호남에서 서울로, 의주로 가는 바닷길에서 그 중간 통로가 내포지역과 아산만이었다. 따라서 임란기에 만약 서해수로의 거점인 아산만을 위시한 내포지역을 상실하였더라면 임란전쟁수행에 있어

1 호서지역 임란사를 다룬 연구는 다음과 같다.
최근묵, 「壬辰倭亂 때의 湖西地方의 民間叛亂」, 『百濟硏究』 5, 충남대학교 백제연구소, 1974; 김진봉, 「임진란 중 호서지방의 의병활동과 지방사민의 動態에 관한 연구」, 『사학연구』 34, 1982; 이장희, 「임진왜란 중 민간반란에 대하여」, 『향토서울』 32, 1968; 박용숙, 「이몽학난에 대한 고찰」, 『조선후기사회사연구』, 늘함께, 1994; 곽호제, 「壬辰倭亂期 湖西義兵 硏究」, 충남대 대학원 박사논문, 1999.

심각한 문제를 야기했을 것이다.

임란기 내포지역 민의 동향 연구는 임란사 연구에서 소외된 충청도 내포민의 실존적 삶의 모습과 연구지평을 넓히는 새로운 시도이다. 따라서 본 연구는 조선왕조 최대의 역사 시련기에 아산만을 중심으로 아산과 이웃한 내포지역이 전쟁에 어떻게 대처하였고 이 지역민들은 어떻게 대응하였으며 그 결과가 무엇을 남기고 있는가를 전쟁의 진행과정을 따라 변천해가는 이 지역의 실상을 추적하려고 한다.

Ⅱ. 조선전기 내포지역의 역사 지리적 특성

현재 충남 북부를 가리키는 내포지역은 아산만을 중심으로 아산·온양·신창·예산·대흥·면천·당진·덕산·해미·홍주 등지를 상부내포(上部內浦)라고 하고, 태안·서산·결성·보령·청양·남포·비인·서천·한산·홍산 등지를 하부내포(下部內浦)로 구분한다.[2] 이러한 내포지역은 서해로 연결된 수로교통의 요지에 위치함에 따라 강한 해양성(海洋性)을 그 특성으로 한다. 그중 아산현, 신창현은 곡교천, 삽교천, 안성천을 통해 아산만으로 나아가 서해로 연결된다. 아산만은 지대가 낮고 바닷물이 내륙 깊숙이 만입되어 포구로서 적합하여 고려시대부터 조창(漕倉)인 하양창(河陽倉)이 있었다.[3] 조선시대에 들어와서도 아산만은 해운의

---

2 최영준, 「19세기 내포지역의 천주교 확산」, 『대한지리학회지』 34(4), 1999, 395쪽; 임선빈, 조선후기 내포지역의 역사지리적 성격, 『백제문화』 29, 2000; 김추윤, 『삽교천과 역사문화』, 당진문화원, 1995; 차기진, 『공세리성지·성당자료집』, 천주교 대전교구, 2008.

3 『고려사』 권79, 식화2 조운조.

〈그림 1〉 차기진, 『공세리성지 · 성당자료집』 14쪽에서 재인용

요충지[4]로 조창인 공세곶창이 세워져 세종대부터 호서(湖西) 일대의 세곡을 모으는 중심지가 되었다. 그 대상지는 아산 및 청주 · 목천 · 전의 · 연기 · 온수 · 신창 · 은진 · 연산 · 회덕 · 공주 · 정산 · 회인 · 천안 · 진잠 · 이산 · 문의이며, 이 지역에서 보낸 세곡은 모두 공세곶창에 바쳐서 서해를 거쳐서 서강(西江)까지 이르는데 그 물길이 5백 리였다.[5] 조선전기에는 공세곶창이 사실상 가장 크고 운송역량이 가장 많은 조창이었다.[6]

이러한 지리적 특성이 이 지역 주민들의 삶의 조건과 역사 발전에 큰 영향을 주었다. 아산과 신창은 수운의 중심지인 공세곶창과 같은 물류의 중심지로 각광을 받아 곡교천과 삽교천, 안성천변을 따라 많은 포구가 형성되었고 상인들이 몰려들어 상업과 교역의 중심지로 발전하였다. 해산물과 소금이 풍부하게 유통되어, 이 지역은 일찍부터 사람과 물자가 집중되는 중부권 최대의 유통 중심지였다. 이 때문에 '인

4 『선조실록』 권123, 선조 33년 3월 20일(계해).

5 『세종실록지리지』 충청도.

6 최완기, 「아산 공진창의 설치와 운영」, 『아산의 역사와 문화』, 아산군 · 공주대 박물관, 1993, 100쪽; 최완기, 「朝鮮時代 牙山 貢津倉의 설치와 운영」, 『典農史論』 7, 서울시립대, 2001.

민(人民)이 조밀하고 장사꾼[商賈]들이 들끓어 부유한 집안이 많았고 영인산 주변에는 명촌(名村)이 많았다'고 한다.[7]

한편 아산의 이러한 지리적 특성은 해일과 같은 자연 재해로부터 시달리게도 하여 이 지역민들이 자연의 도전으로부터 삶의 기반을 지켜내기 위한 강한 정신력을 보여주는 한편 깊은 만구(灣口)의 특성상 형성된 해양성과 상업적 역동성이 강한 지리적 특성 때문에 고대 이래로 한반도의 중부권 지역을 장악하려는 정치세력들 간에 아산만을 주목하게 만들어 항상 군사적 각축의 대상 지역이 됨으로 역사의 시련을 주기도 하였다. 이런 이유로 역대 정치 세력의 주목하는 전략적 거점 지역이어서 고대에는 삼국의 변경으로 군사적 충돌의 현장이 되었다. 후삼국시대에는 중부권의 세력 확장을 겨냥한 태조 왕건의 상륙지가 되며[8] 하양창과 같은 조창이 설치되어 물류의 중심지로 기능하였다. 이런 거점적 중요성으로 인해 몽골 침략기에는 몽골군의 침략을 받아 이 지역에서 격렬한 전투가 여러 차례 벌어지기도 하였다.[9] 고려 말, 조선 초에는 조운로를 따라 운송되는 공물(貢物)을 겨냥한 왜구들이 자주 출몰하여 약탈의 대상지가 되기도 하였다.[10]

---

7 『研經齋全集外集』 卷64 雜記類 名塢志.
朝家置倉於靈仁山北之浦。收湖西近海諸邑賦稅。漕運京師。故名貢稅。湖地既饒魚塩。又以倉故。人民稠而商賈至。多富厚家。山之腹背多名村。

8 김명진, 「太祖 王建의 충청지역 공략과 아산만 확보」, 『湖西史學』 51, 2008.

9 윤용혁, 「고려의 대몽항쟁과 아산」, 『순천향 인문과학논총』 28, 2011.

10 『고려사』 권45, 세가 45 공양왕 2년 6월, 『고려사』 권114, 열전 27 崔雲海; 『세조실록』 권33, 세조 10년 4월 22일(갑진).

Ⅲ. 임진왜란의 발발과 내포지역의 병참기지화

1592년 일본군이 부산진에 상륙함으로 시작된 임진왜란은 일본군의 공세에 속수무책으로 패배한 조선군의 붕괴로 일본군은 서울을 향해 빠른 속도로 진격하여 서울이 곧 함락되었다. 일본군 북상로의 길목에 있던 충청도도 이들의 침략을 받아 유린되었다. 그런데 충청도는 일본군의 진격로의 전면에 있던 충주·청주를 비롯한 청풍·단양·괴산 등의 충청좌도는 모두 분탕질을 당하고 또한 점령되었지만, 충청우도인 공주·홍주 등의 거진(巨鎭)과 임천·태안·한산·서천·면천·천안·서산·옥천·온양 등의 군과 홍산·덕산·평택·직산·정산·청양·은진·회인·진잠·연산·이산·대흥·부여·석성·비인·남포·결성·보령·해미·당진·신창·예산·목천·전의·연기·청산·아산 등은 일본군의 북상로에서 비껴 있어 전라도와 함께 안전하게 보전될 수 있었다.[11] 이렇게 아산만과 내포를 포함한 충청우도가 안전하게 보전되었다는 사실은 향후 임란전쟁 수행에 있어 조선정부에게는 커다란 안전판을 확보하게 된 것이었다.

더구나 진주성 대첩으로 일본군의 호남진출이 좌절되고, 이순신 수군함대의 활약으로 일본 수군의 서해진출이 효과적으로 저지되자 곡창지대인 전라도와 충청우도의 세곡을 운송하던 조운로가 안전하게 지켜질 수 있었다. 이 때문에 임진왜란 내내 전라도에서 충청도를 거쳐 평안도까지 연결되는 서해 해로는 조선 측이 장악하고 있는 가장 안전한 해상 통항로였다. 이러한 안전성과 편리성으로 인해 서해 해로는 국가 유지의 생명선으로 기능하였으며 임란 내내 아산만은 사람과

---

11 『선조실록』 권39, 선조 26년 6월 5일(무자).

물자가 분주히 이동하여 붐비는 장소가 되었다. 그 결과 아산만과 서해 항로는 다음과 같은 중요한 기능을 담당하였다.

첫째는 전쟁 수행에 필요한 병력과 인력을 이동하는 교통로로 기능하였다. 호남, 호서의 근왕병(勤王兵)들이 아산(牙山), 강화(江華)를 경유하여 용강(龍岡)을 건너 국왕이 있는 의주 행재소에 도달할 수 있었다.[12] 한편 수로의 안전성으로 인해 국왕의 사명을 받고 충청·전라지역으로 파견되는 정부 관리의 이동로로도 사용되었다.[13]

둘째는 또 피난가 있는 국왕과 관료층이 먹는 식량과 조선군 및 조선을 지원하려 파병된 명군(明軍)의 군량미를 조달하고, 나아가 타 지역의 필요한 식량과 종자곡(種子穀)을 수송하는 루트로 중요하였다. 당시 조선정부는 전라도와 호서지방만이 왜적으로부터 안전하게 보존되었으므로 전란에 필요한 군수물자와 새로 참전한 명나라 원병의 군량미를 대부분 이곳에서 조달하였다. 실례로 선조 25년(1592) 7월 아산 세미 1천 2백 석이 전달되었고,[14] 9월 16일에 전 충청도 감사 윤선각이 관원을 임명하여 아산창(牙山倉)의 전세미(田稅米)와 대맥(大麥)을 합해 7천 5백 석을 합송하여 군량에 보충시키게 하였다.[15] 선조 28년(1595) 4월 19일에는 아산에서 미곡과 두태 5천 8백여 석을 날랐다.[16] 전세 수납이 여의치 않을 경우는 호조 관리를 보내어 독촉하여 거두어 상납토록 하였다.[17]

---

12 『白沙集』 卷3 碑 延安李公碑.
13 『선조실록』 권27, 선조 25년 6월 26일(갑인).
14 『선조실록』 권28, 선조 25년 7월 11일(무진).
15 『선조실록』 권30, 선조 25년 9월 16일(계유).
16 『선조실록』 권62, 선조 28년 4월 19일(신유).
17 『선조실록』 권68, 선조 28년 10월 25일(갑자).

이렇게 아산창을 통해 모아진 세곡은 피난을 떠난 선조일행이나 관료층의 식량, 또 조선군이나 명군의 군량으로 사용되었다. 이 세곡은 황해감사의 감독 하에 서해의 해로를 따라 수송되어[18] 옹진(甕津), 배천, 장산곶으로 전달되어 부족한 황해도의 군량에 충당되었고, 아산에서 식량을 실은 조운선이 경강(京江)에 대기하여 조선군이 이동하는 곳에 따라 군량을 공급해 주기도 하였다.[19] 한편 세자를 시종하는 신료들의 식량이 떨어져 아산창의 전세미를 나누어 준 경우도 있었고[20] 나아가 기전(畿甸) 지역의 굶주린 민중들에게 아산의 양곡을 받아 수원(水原) 관아에서 제급하여 주기도 하였다.[21] 정유재란 때에는 후퇴하는 일본군을 추적하여 남행하는 명군의 군량 공급을 위해 공주로 양곡을 운반하기도 하였다.[22] 이런 이유로 명나라 호부(戶部)의 낭관(郎官)이 아산의 조창에 머물면서 호서와 호남의 전세를 감독해 운반하느라고 공사의 선척을 모조리 끌어가 배편이 부족할 지경이었다.[23]

셋째는 수로를 따라 형성, 유지되는 상업적 통로가 살아 있었다. 이에 따라 전쟁특수를 노리고 상업적 이익을 도모하는 조·명 양국 상인들이 해로를 따라 이동하면서 연안 각 읍을 대상으로 장사를 하였다. 따라서 아산만은 이런 물자들이 집하(集荷)되어 선적되는 장소여서 인근 각 읍에서 조달한 세곡뿐 아니라 수철(水鐵)같은 무기제조를 위한 전쟁물자가

18 『선조실록』 권26, 선조 25년 5월 13일(임신).
19 『선조실록』 권28, 선조 25년 7월 11일(무진).
20 『선조실록』 권30, 선조 25년 9월 21일(무인).
21 『선조실록』 권46, 선조 26년 12월 18일(정묘).
22 『선조실록』 권93, 선조 30년 10월 9일(병인).
23 『鶴峯逸稿』 附錄 권2 「文殊誌」, 鶴峯先生龍蛇事蹟.
又往牙山 欲借船由海路以去 適戶部郎來住倉所 督運兩湖田稅 拏盡公私船 船不可得

수집되고 유통되었다. 장사꾼들은 황해·경기·충청도 등의 연해에 흩어져 들어가 민가의 수철을 긁어모았는데, 농기구와 부정(釜鼎)을 모두 강탈하고 거두어 모아 선적하므로 바닷가 백성들의 원망하는 소리가 자자하였다. 이들은 관료들의 협조를 받아 호조에 공문을 보내어 수철을 싣고 갈 배의 지급을 요구하기도 하였다. 이들이 활동하는 아산 공세곶[貢串]에서부터 전라도 용안(龍安), 거제도의 지세포(知世浦) 같은 곳에는 수철이 산처럼 쌓여 있었다.[24]

넷째 일본군의 점령을 모면했고, 해로를 통해 타지로 탈출하기가 용이한 지리적 장점으로 인해 피난지로 각광을 받았다. 실례로 의주로 피난 간 선조일행도 여의치 않으면 의주(義州)에서 해로를 따라 아산으로 피난지를 옮겨와 충청·전라도에서 군사들을 모집하여 부흥을 도모할 계획을 짜기도 하였다. 그 이동 코스는 의주에서 배를 이용하여 내려오는데 장산곶(長山串) 근처는 뱃길이 험하여 평상시에도 평안도 배들이 언제나 장산곶에서 파선 당하곤 하여 용천(龍川)을 경유하여 안악(安岳)에 정박하고 육로로 올라가 해주(海州)를 지나 아산에 도착한다는 계획이었다.[25] 민간 백성들의 경우에는 피난로 등으로도 이용되었다.

이러한 수로의 편리성뿐 아니라 아산이 있는 호서지역은 전쟁을 견뎌낼 정도로 농토가 넓었다. 임란 당시 하삼도 중에서 면적은 호서(湖西)가 가장 작은데도 전결이 거의 12만 결에 이르는 반면에, 영남은 가장 큰 지방인데도 10여만 결에 그쳤다. 그 이유는 호서의 내포지역은 왜변을 크게 겪지 않은 반면에, 영남은 병화(兵禍)를 입은 곳이 많았기

24 『선조실록』 권111, 선조 32년 4월 20일(기사).
25 『선조실록』 권27, 선조 25년 6월 26일(갑인).

때문이었다. 그리고 한 도의 안에서도 호서의 아산은 소읍이지만 3천여 결이나 되는데, 충주의 경우는 그 크기가 아산과 비교해서 5배나 6배는 되지만 4천여 결에 그치고 있었다.[26]

이런 해양 지리적 장점과 함께 이 지역은 금북정맥을 타고 아산의 영인산, 내포에 있는 가야산뿐 아니라 『정감록(鄭鑑錄)』에서 말하는 십승지(十勝地) 중에 하나인 공주 유구와 같은 안전한 피난처가 가까이 있었다. 이런 이유로 아산만을 비롯한 내포지역은 임란이 발발하자 최고의 피난지로 인정을 받았다. 그 결과 전주 경기전(慶基殿)에 보존되어 있던 태조 수용(睟容)도 이곳으로 옮겨 보관하였고[27] 국왕을 따라 북쪽으로 피난하는데 실패한 왕실가족[28] 뿐 아니라, 정부고관[29], 사족층[30]을 비롯한 타 지역 피란민들이 내포를 중심으로 한 호서지방으로 많이 몰려왔다. 그중 경기권 사람들은 강화도 아니면 아산이 있는 내포지역으로

---

26 『浦渚集』 제2권 疏 四首 宣惠廳의 일을 논한 소 계해년(1623, 인조 원년).

27 『林下筆記』 제14권 文獻指掌編 慶基殿.

경기전은 전라도 全州府의 南門 안에 있는데, 태조의 睟容을 모신 곳으로 태종 10년(1410)에 창건하였으며 享祀의 時日과 儀節은 모두 永禧殿의 경우와 같다. 임진왜란 때에 참봉 吳希吉이 영정을 모셔 감추어 보관하였다가 井邑縣 內藏山의 隱寂菴에 봉안하였는데, 곧 조정의 영에 따라서 이를 배편으로 아산牙山으로 옮겼다가 다시 江華府로 옮겼으며, 선조 30년(1597)에는 또 寧邊 妙香山의 普賢寺 別殿으로 이를 옮겨서 봉안하였다. 그러다가 광해군 6년(1614)에 경기전을 重建하고 승지를 보내 태조의 영정을 모셔 와서 다시 경기전에다 봉안하였으며, 인조 13년(1635)에 茂朱의 赤裳山으로 영정을 옮겨 모셨다가 뒤에 다시 本殿으로 還安하였다.

28 『선조실록』 권40, 선조 26년 7월 11일(계해).

명종의 후궁인 신숙의가 이곳에 피란하였으나 굶주림으로 고생하고 있었다.

29 『선조수정실록』 권26, 선조 25년 11월 1일(정사).

전 議政 沈守慶이 牙山에 있으면서 의병을 일으켜 建議大將이라 하였다. 심수경은 나이가 많아 선조를 호종하지 못하고 호서의 내포로 피난하였다.

30 『선조실록』 권47, 선조 27년 1월 11일(경인), 洪可臣이 牙山에 피난 와 머물고 있었다.

피란하였는데[31] 특히 평택인들의 경우는 허허벌판인 평택보다 안성천을 경계로 천연의 경계가 되고 영인산성과 같은 안전한 요새가 있어 고려시대부터 아산은 전란시에 피란지로 안성맞춤이었다.

따라서 아산을 비롯한 내포지역은 현지 원주민들과 함께 타지에서 이주해온 피란민이 뒤섞인 상태에서 전란 중 큰 혼란을 경험하지 않을 수 없었다. 피란민 중에는 부랑자 무리들도 많아 이들은 걸식하거나[32] 사나운 도적으로 변하여 아산·직산·신창·대흥 등지에서 대낮에 사인(士人)의 집에 출입하며 공갈하고 무기와 식량을 탈취하여 가기도 하였다.[33] 이들 중에는 선조 26년(1593)에 일본군이 후퇴하여 남쪽으로 물러간 후에도 고향에서 살아갈 길이 없자 있던 곳에 그대로 머물러 사는 사람도 많았다.[34]

그런데 조선정부는 아산만과 내포지역의 이런 특성을 전쟁 수행에 필요한 물자를 조달하는 배후지로서 이용하려 하였다. 임진왜란의 발발로 인해 내포가 전쟁의 특수(特需)속에 타 지역과 달리 물산이 집중하는 곳이고, 특히 아산은 공세창이 있어 호서의 요충지이며 기무(機務)가 가장 긴요한 곳이 되자 그 전략적 가치를 크게 인식한 결과였다.[35] 이를 위해 국가의 명령을 잘 수행할 모략(謀略)이 있는 자를 가려 수령으로 뽑도록 하였다.[36] 그러나 이 업무를 제대로 수행할 적당한 인물을 선임치

---

31 『亂中雜錄』 권1, 임진년 상 선조 25년(1592).

32 『선조실록』 권47, 선조 27년 1월 24일(계묘); 『선조실록』 권69, 선조 28년 11월 9일(정축).

33 『선조실록』 권47, 선조 27년 1월 10일(기축).

34 『亂中雜錄』 권1, 임진년 상 선조 25년(1592년).

35 『선조실록』 권40, 선조 26년 7월 21일(계유).

36 『선조실록』 권47, 선조 27년 1월 11일(경인).

못해 1593년(계사년) 한 해 동안 6명의 수령이 교체되었다.[37] 이런 수령 선임은 전란 중에 국가의 지시를 잘 수행할 인물을 뽑는 것이지, 민들의 고통을 덜어주기 위한 목민관을 선임하는 것은 아니었다.

당시 이 지역 백성들의 삶은 처절할 정도로 고통스러운 것이었다. 당시의 사정을 오희문(吳希文)의 『쇄미록(瑣尾錄)』은 다음과 같이 보여 준다.

> "오직 이 호남과 호서가 적에게 함락되지 않았으니 회복할 수 있는 근본은 오직 여기에 있다. 그런데 백성들은 요역에 고통을 받으면서, 창을 메고 적의 경계에서 보루(堡壘)를 지키며 여러 진영에 군량을 져다가 날라 주느라 길을 잇고 있다. 거기에 조도(調度)하는 어사가 두해의 공물(貢物)을 재촉하여 받고, 독운어사(督運御史)는 중국 군사의 양곡을 재촉해 운송하며 여러 고을을 순행하면서 재촉이 성화와 같고 매질이 이어져서 목숨을 잃은 자도 또한 많다. 여러 고을의 창고는 바닥나서 또 해마다 주는 환자도 주지 않으니, 생민들이 어찌 곤궁하여 유리하지 않겠는가. 또 여러 곳의 소모관이 있어서 자칭 어사라 하고 여러 고을을 순행하므로 여러 고을에서 그 지공(支供)에 견디지 못하고 조금만 뜻이 같지 않으면 욕이 수재(守宰)에게 까지 미치고 계속해서 매를 때리니 간리가 어찌 괴로워서 도망해 흩어지지 않겠는가. 이 까닭에 호남, 호서 백성들도 또한 지탱하지 못하여 1리 안에 열 집에 아홉 집은 비어 있는 곳이 자못 많으니 만일 수천 명의 적이 기세를 타고 두 도에 쳐들어온다면 누가 능히 이를 막겠는가. 이렇게 되면 호남과 호서도 반드시 위태롭도다. 만일 양호(兩湖)를 잃는다면 우리는 머리를

---

37 『선조실록』 권42, 선조 26년 9월 1일(임자), 金百善, 『溫宮六百年』, 2000, 한국예총 아산지부, 167쪽.

풀어헤치고 오랑캐 옷을 입게 될 것이다."[38]

이와 같이 호서지방은 적군의 직접 침략을 받지는 않았지만 호남, 영남의 요충지라는 이유로 초유사가 파견되어 전쟁수행에 필요한 요역 징발, 관병(官兵)·의병(義兵) 모집 등 군사징발을 수시로 당하였다.[39] 또 식량의 징발과 수송, 밀린 공물의 독납, 명군의 군량미 조달과 운송, 나아가 병선 건조, 총통 주조 등과 사수와 격군[40] 등으로 징발되는 무거운 부담에 허덕이지 않으면 안되었다.

한편 전란 중에 중앙정부의 감독이 소홀한 틈을 타고 현지 지방 관리들의 탐학행위도 점차 가중되기 시작하였다. 실례로 아산현감 심곤(沈閫)은 처사가 전도되고 형장(刑杖)을 남용하며 쇄마(刷馬)를 조발할 적에도 자신의 이익을 도모한 일이 많아 백성의 원망이 많았다. 아산은 이런 이유로 극도로 잔폐되어 후임자를 문관(文官)으로 보내자는 제안을 사헌부에서 할 정도였다.[41] 이들은 중앙정부의 감독이 소홀한 틈을 타고 군량미를 징발한다는 명분하에 민에게 수탈한 세곡을 착복하는 사례가 많아 큰 배를 대고 실어낼 정도로 폐해가 극심하였다.[42] 이와 같이 전란으로 인한 고통 뿐 아니라 부패관리들에 의해 자행되는 수탈

---

38 『鎖尾錄』 권2 癸巳 4월 초8일.

39 『선조실록』 권26, 선조 25년 5월 24일(계미).

40 『선조실록』 권32, 선조 25년 11월 5일(신유).

41 『선조실록』 권123, 선조 33년 3월 20일(계해).
牙山縣監沈閫, 處事顚倒, 用刑太濫, 刷馬調發之際, 亦多肥己之事, 怨讟盈路, 不可一日在官。請命罷職。本縣, 海運要衝, 累經非人, 殘敗已極。其代以文官擇遣

42 『선조실록』 권46, 선조 26년 12월 24일(계유); 『선조실록』 권53, 선조 27년 7월 11일(정해); 『선조실록』 권64, 선조 28년 6월 11일(임자); 『선조실록』 권107, 선조 31년 12월 23일(갑술).

로 인해 이중적인 고통을 당하던 이 지역 사람들은 자연히 정부와 관리들에게 큰 불만을 가질 수밖에 없었던 것이다. 이러한 가운데 민에 대한 통제도 무너져 초적(草賊)들마저 들끓게 되자 민들의 고통은 한층 가중되었다. 이러한 상황이 향후 송유진(宋儒眞)과 이몽학(李夢鶴)의 민중반란이 아산과 내포지역에서 일어나는 토양이 되었던 것이다.

Ⅳ. 민중반란의 전개와 내포지역민의 동향

일본군이 후퇴하자 선조는 1593년 10월 1일에 서울로 돌아왔다.[43] 그러나 이 무렵 전국적인 대기근이 발생하여 전쟁의 상처에 고통당하던 백성들에게 설상가상으로 더욱 가혹한 고통을 강요하였다. 죽은 시체가 길에 널려 있고 인력이 부족하여 시신을 다 매장할 수 도 없을 정도여서 날짐승과 들짐승들이 떼 지어 모여 시신을 파먹었다.[44] 주린 백성을 위해 서울 주변 5곳에 진제장(賑濟場)을 차려놓고 유망민들에게 죽을 끓여주었으나 얼마 가지 못했다.[45] 심지어 일을 보던 벼슬아치들이 그나마 배급된 곡식을 빼내가 백성들이 죽 한 그릇 얻어먹으러 왔다가 오히려 굶어 죽어갔다. 겨울이 닥친 뒤 굶주리고 얼어 죽은 자가 수를 헤아릴 수 없어 그 시체를 큰 냇가에 쌓아두었는데 언덕을 이룰 정도였다.[46] 도성에

43 『선조실록』 권43, 선조 26년 10월 1일(신사).
44 『선조실록』 권47, 선조 27년 1월 7일(병술).
45 『선조실록』 권42, 선조 26년 9월 2일(계축); 『선조실록』 권42, 선조 26년 9월 6일(정사).
46 『선조실록』 권46, 선조 26년 12월 11일(경신).

서도 이러하니 이런 참혹한 일이 충청도와 경상도 같은 외방의 사정은 더했다. 굶주림에 지친 민들은 도적으로 돌변하였고 민심은 흉흉하였다.[47] 백성은 기근과 병란 때문에 죽고 남은 양식은 군량과 접대로 인해 고갈되었다.[48] 병란 뒤에 기근과 질역(疾疫)이 겹쳐 천리 안에 인가를 볼 수 없었고[49] 굶주린 백성들은 죽은 자의 인육을 먹을 정도였다.[50] 관료들 사이에서 '적의 예봉을 간신히 면한 끝에 거듭 기근이 닥쳤으니 만일 수개월이 지날 경우에는 적이 쳐들어오기를 기다릴 것도 없이 우리나라의 존망이 결판나게 되었다. 지금의 사세는 마치 말라 들어가는 수레바퀴 자국 속의 물고기가 물거품으로 겨우 적셔가고 있는 형국이어서 마침내 말라 죽는 지경에 이르게 될 것'이라는 한탄이 나올 정도였다.[51] 전술했다시피 호서지역은 전란을 피해 타 지역에서 피란 온 난민들이 많았다. 이들은 대부분 기민(饑民)이었고 군사들도 도망해 숨어 서로 모여서 도적이 되어 곳곳마다 무리를 이루었는데, 초적의 발생은 경기와 호서

---

47 『선조실록』 권46, 선조 26년 12월 22일(신미); 『선조실록』 권47, 선조 27년 1월 2일(신사); 『선조실록』 권47, 선조 27년 1월 7일(병술).

48 『선조실록』 권46, 선조 26년 12월 1일(경술).

49 『선조실록』 권44, 선조 26년 11월 1일(신해).

50 『선조실록』 권39, 선조 26년 6월 24일(정미); 『선조실록』 권46, 선조 26년 12월 3일(임자); 『선조실록』 권47, 선조 27년 1월 17일(병신); 『선조실록』 권49, 선조 27년 3월 3일(신사); 『선조실록』 권49, 선조 27년 3월 20일(무술); 『선조실록』 권50, 선조 27년 4월 17일(을축); 『선조실록』 권50, 선조 27년 4월 23일(신미); 『선조실록』 권52, 선조 27년 6월 4일(신해); 『선조실록』 권52, 선조 27년 6월 19일(병인); 『선조실록』 권58, 선조 27년 12월 21일(갑자); 『선조수정실록』 권28, 선조 27년 1월 1일(경진); 『선조수정실록』 권28, 선조 27년 4월 1일(기유); 『선조수정실록』 권28, 선조 27년 5월 1일(무인); 『선조실록』 권75, 선조 29년 5월 1일(정묘); 『선조실록』 권88, 선조 30년 5월 29일(기미).

51 『선조실록』 권47, 선조 27년 1월 9일(무자).

가 더욱 심하였다.

이렇게 처참한 민의 고통을 보고 심각할 정도로 악화된 민심의 이반을 읽은 송유진(宋儒眞)이 민중 반란을 일으켰다. 송유진은 본래 집이 서울 건천동(乾川洞)[52]에 있는 경성 서족(庶族) 출신이었다. 그는 상당한 지식인으로 세상 돌아가는 모습을 예리하게 살피며 일대 변란을 꿈꾸었다. 그는 작은 종이에다 유고서(諭告書)를 만들어 백성들에게 두루 보이며 「백성들이 고통을 견디기 어려운 처지이므로 우리가 그대들을 위해서 나왔다」고 했다.[53] 그는 스스로 의병대장을 표방하며 사회 불만 세력을 끌어들였다. 그는 "나는 사람을 죽이지 않고 오직 군량과 기계를 모을 뿐이다"고 하였다. 그를 따르는 자가 매우 많아 지리산·속리산·광덕산(廣德山)·청계산(淸溪山) 등 여러 산골짜기에 분포된 자가 2천여 인이었다. 세력을 확장한 송유진의 무리는 아산과 평택에 있는 관가의 무기창고를 털었으며, 아산의 부호인 임희지(任羲之)의 집으로 몰려가 양곡과 마소를 약탈했다.[54] 그 뒤에도 계속 양반 부호의 집을 털어 거사에 필요한 물자와 무기를 확보해나갔다. 송유진은 이들을 모아 1월 10일에 군사를 동원하여 아산·평택 지방의 병기를 빼앗아 가지고 경성에 쳐들어가기로 약속하였다.[55]

그러나 아산으로 피난 와 있던 홍가신(洪可臣)이 친구인 유성룡(柳成龍)에서 편지를 보내 송유진의 반란을 알리자 당황한 조정은 토벌에 나선다.[56] 이때 충청병사 변양준(邊良俊)이 무사 김응룡(金應龍)을 통해 송유진

---

52 『광해군일기』 권55, 광해군 4년 7월 7일(기해).
53 『선조실록』 권47, 선조 27년 1월 11일(경인).
54 『선조실록』 권47, 선조 27년 1월 11일(경인).
55 『선조수정실록』 권28, 선조 27년 1월 1일(경진).

을 유인하여 송유진이 10여 명의 부하를 데리고 직산으로 나왔을 때 미리 잠복시킨 역사(力士)들을 시켜 송유진 일당을 체포했다. 이들은 서울로 압송되어 문초를 받고 모두 사형에 처해졌다. 하지만 이들에 대한 민의 지지도는 커서 당시 조정은 만일 발각되기 전에 이들이 바로 아산의 관창(官倉)을 공격하였다면 반드시 고을에서 방어하지 못하였을 것이다. 적이 창고를 점거하고서 군대를 모았다면 굶주린 백성이 구름같이 모여 순식간에 대군(大軍)을 이루어 돌이킬 수 없는 지경에 이르렀을 것이라며 안도하였다.[57] 당시 국왕과 조정도 민중반란이 일어날 수밖에 없는 그 정황을 모르지 않았음을 선조의 다음과 같은 말에서 알 수 있다.

> "이는 병란이 발생한 이후 해야 할 역사(役事)가 너무 많아 조발(調發)과 전수(轉輸)는 물론 곡식을 거두고 세금을 매겨 독촉해 온 지가 이제 이미 3년이나 되어 백성들이 명령을 감당하지 못하고 있는 실정이어서 살아갈 길이 막연한 탓으로 감히 뛰쳐나와 노략질하게 된 것이니 이는 사세의 필연이다. 그리고 본도(本道)에는 의병이라 이름하는 자들이 곳곳에 둔취하여 있었는데 왜적이 물러간 뒤 조정에서 제때에 선처해서 통속(統屬)이 있게 하지 못한 관계로 그들 스스로 둔취해 있으면서 지니고 있던 무기로 여염(閭閻)을 노략질하게 되었고 이것이 점점 성하여져 제어하기 어려운 사나운 도적이 된 것이다."[58]

민중반란의 발생을 납득할 수밖에 없는 상황에서 추국청 위관이던 유성룡은 이일(李鎰)이 너무 지나치게 치죄하여 들은 대로 잡아 가둔

56 『선조실록』 권47, 선조 27년 1월 11일(경인).
57 『선조실록』 권47, 선조 27년 1월 25일(갑진).
58 『선조실록』 권47, 선조 27년 1월 11일(경인).

자가 매우 많아 민심이 소요함을 걱정하며 함부로 잡아 가두지 못하도록 건의하였고 선조도 동의하였다.[59] 하지만 실제로 선조는 토적 토벌에 대한 「비망기(備忘記)」를 내리며 항왜로 구성된 '투순군(投順軍)'을 조직하여 진법을 익혀 반란군 진압에 투입케 하였다. 이런 가혹한 처사에 사신(史臣)은 "난리의 폐해로 많은 백성이 생업(生業)을 잃고 일어나 도적이 되었으나, 어찌 그들의 본심이겠는가. 국가에서는 안정시켜 모아서 무마할 계책은 생각지 아니하고, 투항한 왜병을 동원하여 불쌍한 백성을 주살하려고 하니 불가한 일이 아닌가" 라고 비판하고 있다.[60] 송유진의 민중반란이 실패하고 동조한 백성들에 대한 가혹한 탄압이 진행되자 호서지방의 민이 이산되는 부작용이 확산되어 심각한 문제를 야기하였다. 만일 이들을 안집(安集)시키지 못한다면 전쟁수행에 필요한 물자를 조달하는데 있어 심대한 문제가 발생하기 때문이다.[61]

송유진의 난이 사전에 발간되어 실패로 돌아간 것과 달리 2년 뒤 선조 29년(1596) 7월에 일어난 이몽학의 반란은 거사에 성공하여 호서지방의 홍산, 임천, 정산, 청양, 대흥 등 여러 고을을 점령하고 수령에게 항복을 받는 등 크게 위세를 떨쳤다. 이몽학은 서울 마전교(馬前橋) 주변이 집이며[62] 전주이씨 방계 혈족이었으나 서얼 출신이라 늘 차별대우에 시달렸다. 이몽학은 임진왜란이 일어나자 한현(韓絢)의 막하에 들어가 양곡을 모으는 모속관(募粟官)으로 충청도 일대에서 양곡을 모아 관

59 『선조실록』 권48, 선조 27년 2월 5일(갑인).
60 『선조실록』 권56, 선조 27년 10월 18일(임술).
61 『선조실록』 권48, 선조 27년 2월 4일(계축).
鄭崐壽曰: 逆賊搜捕之後, 湖西騷擾, 民多潰散。宜自朝廷, 處置鎭定。
62 『광해군일기』 권55, 광해군 4년 7월 7일(기해).

군과 의병에게 보냈다.[63] 한현은 무관으로 군사 조직에 밝아 출세해서 장수가 되었다. 그는 임란 시기에 여러 번 공을 세웠지만 조정에서 공로를 인정해주지 않았다. 두 사람은 민심의 동향을 엿보고 뜻을 맞추었다. 한현은 이몽학에게 변란을 도모할 군사를 모집하라고 지시하고 고향 면천으로 들어가 귀추를 엿보았다.

이몽학은 부여의 도천사(道泉寺)로 들어가 왜장 가등청정이 다시 침입한다는 풍설로 사람들을 선동하며 동조자를 모으고 승려 수백 명과 종과 유리민들을 끌어들였다. 이몽학은 기본 조직으로 동갑계(同甲契)를 만들어 세력을 키워 7월 초순에 도천사에서 승속(僧俗)장군이라는 이름을 내걸고 200여 명의 중과 농민을 합쳐 연합군을 결성했다. 그런데 승려 설미(雪眉)가 고변하려 한 사실이 발각되자 자신의 계획이 사전에 발각될까봐 다른 세력과 충분한 협의를 거치지 않은 채 군사를 이끌고 홍산(鴻山)의 쌍방축(雙防築) 들판에 나와 진을 쳤다.[64] 얼마 지나지 않아 장정 600여 명이 이곳으로 모여들었다. 이들은 대개 무기 대신 낫과 괭이를 들고 나왔다. 이몽학은 무리를 이끌고 홍산과 임천의 관아로 쳐들어가 두 고을을 무혈점령하고 현감 두 명을 결박했다. 두 고을을 접수해 무기와 양곡을 거두자 주위의 백성들이 몰려들어 숫자가 불어났다. 이어 정산, 청양, 대흥을 점령했다.[65] 이몽학의 봉기소식에 동조하는 농민들이 찾아와 합세했으며 군관 수백 명도 합류했다. 이들 무리가 저지르는 관아의 방화와 부호집의 약탈이 일본군의 침입을 방불케 했다. 대흥현

---

63 『선조수정실록』 권30, 선조 29년 7월 1일(병인).

64 『선조실록』 권77, 선조 29년 7월 9일(갑술); 『선조실록』 권78, 선조 29년 8월 25일(경신).

65 『선조실록』 권77, 선조 29년 7월 13일(무인).

감 이질수(李質粹)가 조정에 급보를 전달했다. 이몽학군은 승세를 타고 5도에서 군사를 일으켜 서울로 진격할 것과 김덕령과 곽재우와 홍계남이 모두 군사를 일으켜 동조하며 병조판서 이덕형이 서울에서 내응하고 각 도의 병사와 어사들이 호응한다고 선전하였다.[66]

이몽학군이 가는 곳마다 백성들이 술과 음식을 마련해 맞이했으며, 아전과 군관들이 성문을 열고 영접했다. 난을 일으킨 지 채 일주일도 안 된 7월 10일, 주력부대는 북상하여 홍주성으로 쳐들어가고, 한 부대는 천안을 거쳐 수원까지 진출했다. 이 무렵 서산군수 이충길(李忠吉)이 협조를 알렸고 농부들은 삽을 들고 합류했으며, 보부상인들은 지팡이를 짚고 참여하였다.

이때 홍주목사 홍가신(洪可臣)은 미리 방어할 방책을 짜고 있었다.[67] 그는 반역군이 홍성으로 몰려온다는 소문을 듣고 두 사람을 첩자로 삼아 이몽학에게 보냈다. 두 첩자는 이몽학을 찾아가 투항한다고 말하고 이몽학을 설득하기를 홍주성은 견고해 쉽게 무너뜨릴 수 없으니 자신들이 먼저 그 허실을 엿보고 돌아온 뒤에 쳐들어가는 것이 좋을 것이며 자신들이 내응하겠다고 약속하였다. 이 말을 믿고 이몽학은 하루를 기다렸지만 아무 연락이 없자 진군을 서둘렀다. 홍가신은 첩자들의 활약으로 하루를 벌어 여러 곳에 연락하고 방비를 서둘렀다. 이때 연락을 받은 충청수사 최호(崔湖)가 남포, 보령 등지에서 군사를 이끌고 홍주성으로 들어왔다.[68] 관군은 홍주성 경계에 선봉군을 배치해 약간의 전

---

66 『선조수정실록』 권30, 선조 29년 7월 1일(병인).

67 『선조실록』 권77, 선조 29년 7월 13일(무인); 『선조수정실록』 권30, 선조 29년 7월 1일(병인).

68 『선조실록』 권77, 29년 7월 13일(무인).

과를 올렸다. 반란군은 홍주성 바깥 2리 지점에 군사를 1천 명씩 다섯 부대로 나누어 배치했다.[69]

한편 온양에 있던 충청병사 이시언(李時言)은 전주에 머물고 있는 도원수 권율에게 이 사실을 알렸다. 권율은 전라감사 박홍로(朴弘老)에게 군사를 동원해 토벌하라고 지시하고, 진주에 있는 김덕령에게도 구원병을 보내라고 연락했다. 경상도에는 항왜인 투순군을 보내라고 지시했다.[70] 이날 밤 이시언은 온양에서 출발해 예산 무한성에 이르렀고, 순안어사 이시발(李時發)군대는 유구, 중군 이간(李侃)군대는 청양에 이르렀다. 권율은 군사를 이끌고 석성에서 적의 동정을 살폈다. 이윽고 홍주성에서 치열한 공방전이 전개되었다. 수성군은 먼저 공격을 퍼부으며 반란군을 설득했다. 도원수 권율과 전라감사 박홍로와 김덕령이 군사 수만 명을 이끌고 이곳에 이르렀다. 반란군은 자기들을 동조한다던 김덕령이 군사를 이끌고 온다는 사실에 동요했다. 반란군의 몇몇 장수가 이몽학의 군영으로 들어가 그의 머리를 베어 바쳤다. 지도자를 잃은 반란군은 사기가 꺾여 뿔뿔이 흩어져 달아났다. 수성군은 추격병을 보내 닥치는 대로 잡아 죽이고 포박했다. 이몽학이 다른 세력과 충분히 작전을 협의하지 못한 처지에 오합지졸을 모아 초기에 승승장구한 것을 믿고 신중한 전술을 구사하지 못한 것이 가장 큰 패전의 원인이었다. 면천에 있던 한현은 서울로 잡혀와 처형당했다. 반란이 진압되고 나서 홍주를 비롯해 충청도 일대는 한동안 조정에서 파견된 관리들이 도사, 선전관들이 죄인을 잡는다는 이유로 연루자를 잡아 가혹하

---

69 김기승, 「홍가신과 임진왜란」, 『한국인물사연구』 8, 2007.

70 『선조실록』 권56, 선조 27년 10월 18일(임술).

게 처벌하였다. 충청도 도사 이빈(李贇)은 정산에서 80명을 혐의자로 잡아 임의로 처형하기도 했다.[71]

이렇게 가혹한 처벌은 그 동안 누적된 호서민들의 불만이 민란으로 터지고, 이 지역 사람들의 호응이 커지자 조선정부가 크게 당황한 결과였다. 조선정부는 이들의 반란이 이반된 민심을 타고 전란 중에 있던 왕조의 운명을 바꿀 수도 있다는 위기의식 때문에 두려움을 크게 느끼고, 이 지역민들을 무자비하게 탄압하고 진압하였다. 반란에 참여했거나, 참여하지 않은 사람까지도 반란 혐의를 씌워 가혹하게 고문하여 처참하게 죽임을 당하는 사례가 많았다. 이런 사실이 속속 알려지자 이 지역민들의 조선정부에 대한 불만과 불신은 하늘을 찌를 듯이 증폭되었다. 이렇게 지역민의 감정은 악화되어 조선정부에 대한 증오심을 더욱 길러갔던 것이다.

Ⅴ. 정유재란과 내포지역 동향

가혹한 탄압으로 이몽학의 난이 겨우 진압되었지만 조정에 대한 호서 내포민들의 불만은 여전히 사그라지지 않았는데 호서지역은 새로운 전란을 다시 피할 수 없게 되었다. 이듬해 정유재란이 발생한 것이다. 5년간 계속된 명·일간의 강화회의가 1596년 9월 일본 오사카성[大

71 藤井誠一,「李夢鶴の亂について」,『青丘學叢』22, 1935.
矢澤康祐,「壬辰倭亂ど朝鮮民衆のたたかい」,『人文學報』118, 東京都立大學, 1977.
貫井正之,「壬辰倭亂における義兵活動ど民衆反亂」,『朝鮮史研究會論文集』16, 1989.
강 미,「壬辰倭亂期 湖西地域의 反亂과 性格」, 부산대 교육대학원 석사논문, 1998.
『선조실록』권77, 선조 29년 7월 29일(갑오).

阪城] 회담에서 결렬되었다. 회담이 결렬된 이유는 명에서는 도요토미를 일본의 왕으로 삼고 그 입공(入貢)을 허락한다는 봉공안(封貢案)으로써 국면을 해결지으려 했으나 도요토미는 1) 명의 황녀로써 일본의 후비(后妃)로 삼게 할 것, 2) 조선의 8도 중 4도를 할양할 것, 3) 감합인(勘合印: 貿易證印)을 복구할 것, 4) 조선의 왕자 및 대신 12명을 인질로 삼을 것 등을 요구하였다.

명나라 장군 심유경은 이 요구를 명이 받아들이지 않을 것을 알고 거짓으로 본국에 보고하여 명은 봉공안에 의해 1596년 도요토미를 일본 국왕에 봉한다는 칙서와 금인(金印)을 보냈는데, 화의는 결렬되고 이듬해 왜군은 재차 침입하게 되었다. 이때에는 조선도 왜군의 재침에 대비하여 경상도의 금오(金烏)·공산(公山)·화왕산성(火旺山城)을 비롯하여 각도의 산성을 수축하는 등 군비를 갖추었고 양호(楊鎬)를 경리, 마귀(麻貴)를 제독으로 한 명(明) 원군 5만 5천명도 즉시 출동했다.

1596년 12월에 고니시군이 부산에 상륙하고 이듬해 1월에는 가토군이 다대포(多大浦)에 상륙하여 양산을 함락하고 서생포(西生浦)에 진을 쳤다. 정유재란 때의 왜군 총병력은 14만 1천5백 명으로, 수군도 강화되었다. 왜군은 임진년 당시와는 달리 경상·충청·전라도의 완전 점령을 전략으로 하여 전주를 점령한 후 북진할 계획을 세워, 7월 말부터 좌군은 남해(南海)·사천(泗川)·고성(固城)·하동(河東) 방면에서, 우군은 광양(光陽)·순천(順天)·김해(金海)·창원(昌原) 방면에서, 가토는 밀양(密陽)·초계(草溪)·거창(居昌) 등을 거쳐 각기 전주로 향하였다. 왜군은 황석산성(黃石山城)의 싸움에서 고전 끝에 승리를 거두었으나 고령(高靈)에서 상주목사 정기룡(鄭起龍)군에 패한 데 이어 직산(稷山) 싸움에서도 패하여 더 이상 북진하지 못하고 남하하여 순천·울산 등지의 연해안에 진주하게 되었다.

1597년 8월 3일 진주가 함락되어 본격적인 일본군의 북상이 우려되자 선조는 유성룡에게 충청도와 경기도의 군사적 취약지를 방어하도록 지시하였다.[72] 5일에 일본군은 의령에 돌입하여 진주·곤양·하동 등처에 일본군이 가득 찼다. 우병사는 성을 버리고 합천으로 퇴진하였으며 도원수는 성주·금산 지역으로 이동하였고 도체찰사는 후퇴하여 금오 산성으로 들어갔다.[73] 전라도로 진입한 일본군에 의해 남원이 포위되었다는 소식에 서울 조정은 다시 피난문제로 논란이 커지고[74] 12일에 왜적이 남원을 포위하고 주야로 공격하였다. 16일 밤에 적이 남문으로 기어오르자 명의 지휘관은 사태가 다급하여 단지 병졸 3백여 명만을 이끌고 서문으로 빠져 나오다가 탄환 두 발을 맞았으며 겨우 10여 명만이 살아 돌아왔다.[75] 남원을 함락한 일본군은 좌군주력 약 5만 명은 전주에서 우군주력 약 6만 명과 합쳐 경상, 전라, 충청 3도를 유린하면서 북상하였다.[76]

남원의 함락과 왜군의 북상소식이 전달되자 전라도와 충청도가 저절로 궤산되어 백성들은 놀라 흩어지고 도로는 불통되었으며 감사는 단지 하인 몇 사람만을 거느리고 있는 상태에서 정탐하는 일도 이미 끊어졌고 장계(狀啓)조차 전달되지 않았다. 적병이 박두해 와도 조정에서는 정보를 얻을 길이 없고 단지 명군의 장황한 당보(塘報)에만 의지

---

72 『선조실록』 권91, 선조 30년 8월 8일(병인).
73 『선조실록』 권91, 선조 30년 8월 12일(경오).
74 『선조실록』 권91, 선조 30년 8월 14일(임신).
75 『선조실록』 권91, 선조 30년 8월 18일(병자).
76 이형석, 『壬辰戰亂史』 中, 신현실사, 1976, 1020쪽.

하기 때문에 인심이 놀라 준동하기 시작하였다. 정확한 전투상황을 알기 위해 무신을 보내 정탐한다 해도 전파된 소문만 전해오기 때문에 상세한 내용을 알 수 없었다.[77] 8월 28일에는 왜적이 지금 여산까지 진출하였고, 명군은 천안에 주둔하고 있었다.[78]

일본군의 침략의 예봉이 드세어 남원이 패몰된 뒤로 전라도, 충청도 백성이 소문만 듣고도 모두 분산되었을 뿐 아니라 전라도 열읍(列邑)의 수령들도 모두 도피하여 직로(直路)의 수백 리가 모두 무인지경이 되었다. 바닷가의 고을은 육로와 같지 않아서 창고의 곡식을 미리 조치해 산실되지 않게 할 수가 있는데도, 대개 다 버려서 난민들이 차지하게 하거나, 수령들이 기회를 틈타 도적질을 해서 피란하는 자산을 삼기도 하였다.[79]

충청도도 공주(公州)·이산(尼山)·은진(恩津) 세 고을의 수령들이 모두 도망하여 거처를 알 수 없었고[80] 온양군수 남절(南截)도 왜적이 고을에 이르기도 전에 도망하였다.[81] 9월 1일경에는 일본군의 선봉이 이미 은진·연산 여산 지경에 다가와 접전이 이루어지자 인심이 붕괴되고 수령들이 먼저 도망하여 토붕와해의 형세가 되었다.[82] 9월 2일에는 일본군이 금산으로부터 회덕·임천·한산 등지에 침입하여 방화하고 약탈하였다. 이때 이시발(李時發)이 대적했지만 과반수가 도망하여 흩어

77 『선조실록』 권91, 선조 30년 8월 27일(을유).
78 『선조실록』 권91, 선조 30년 8월 27일(을유).
79 『선조실록』 권93, 선조 30년 10월 13일(경오).
80 『선조실록』 권91, 선조 30년 8월 27일(을유).
81 『선조실록』 권93, 선조 30년 10월 9일(병인).
82 『선조실록』 권92, 선조 30년 9월 5일(임진).

져버렸고, 이시언(李時彦) 등이 거느린 내포출신의 병사들은 임천과 한산의 변을 듣고 모두 도망하여 흩어졌다.[83] 9월 6일에는 초탐(哨探)하는 왜적 80명이 공주까지 진출하여 금강의 여울을 살펴보기 시작하였다.[84]

정유재란으로 부산에 상륙한 일본군은 일차적인 군사목적을 호남과 호서, 곧 양호(兩湖)를 점령할 것을 목표로 하였다. 일본군의 침략의 칼끝이 이제 호서지방을 직접 겨냥하고 쳐들어오게 되자 호서민들의 민심은 크게 동요하게 된다. 남원성을 함락하고 전주를 공략한 후 호서지방으로 진출한 일본군은 9월초에 이미 부여, 임천, 한산으로 올라와 공주를 거처 천안으로 진출하였다. 이때 내포에 왜군이 가득하다고 할 정도로 많은 왜군이 쳐들어 왔고,[85] 이들이 지나가는 곳은 약탈에 의해 초토화되어 개나 닭도 씨가 마를 정도였다고 한다. 이들은 천안에서 북진하여 다시 서울을 목표로 북상을 시도하였지만 직산의 소사평 전투에서 명군에게 패하여 북상이 저지되고 다시 후퇴하기 위해 남하한다. 남하경로는 두 갈래로 나뉘어 하나는 청주를 지나 상주로 철수하였다. 그러나 한 무리는 내포를 지나 공주, 부여를 거쳐 전라도 금구로 내려갔다. 이 왜적들에 의해 아산을 비롯한 내포지역은 다시 한 번 크게 유린을 당하였다. 아산을 침범한 왜적들에게 이순신의 본가가 분탕질을 당해 잿더미가 되고 막내아들 이면이 살해되는 사건도 이 무렵에 일어났다.

당초에 토요토미 히데요시는 정유재란을 일으키며 "조선의 남녀를

83 『선조실록』 권92, 선조 30년 9월 6일(계사).

84 『선조실록』 권92, 선조 30년 9월 6일(계사).
臣又曰: '今朝撥報入來, 未知賊勢如何' 經理說稱: '哨探倭八十名至公州, 要看錦江淺灘云云。

85 『선조실록』 권92, 선조 30년 9월 18일(을사).

모두 죽이고 닭과 개도 남기지 않도록 하라"고 명령하였다.[86] 이것이 정유재란이 철저히 인명을 살상하는 살륙전으로 전개된 이유이다. 따라서 충청도 지역에 들어오면서부터 공사(公私)의 집들이 모두 초토화되고 도륙당한 참상이 닭이나 개에게도 미쳤으며, 전라도는 더욱 심하였다.[87] 이러한 일본군의 잔혹함에 공포를 느낀 지방관들은 모두 도망하여 충청도는 수령이 있는 곳도 있고 없는 곳도 있었으며 관사(官舍)나 민가는 모두 불타버렸다. 왜적이 지나간 곳에는 20여 리 혹은 30여 리에 연이어 왜적의 막사가 있었던 흔적이 있을 뿐이었다.[88] 호서의 각 고을에는 해골이 들판에 즐비하여 임진년보다도 더 참혹하였다고 한다.[89]

일본군이 후퇴한 후 선조는 다음과 같이 자신을 허물하는 교서를 전라도와 충청도의 백성들에게 내렸다.

> "왕은 이르노라. 내가 부족한 덕으로 하늘의 도움을 받지 못하여 하늘이 화란을 내림이 지금까지 끊이지 않아 저 오랑캐가 짐승 같은 마음을 고치지 않고 다시 침략해 들어와 우리 삼로(三路)를 유린하고 경기 지역까지 올라와 도성을 거의 지키지 못하게 되었는데 다행히 성천자(聖天子)의 위력을 빌려 중국의 여러 장수들이 기회를 살펴 힘을 써서 조금이나마 적의 예봉을 꺾어 저들이 흉악함을 거두고 물러갈 형세가 있으니 삼한(三韓)의 운명이 장차 다시 이어지게 되었다.
>
> 생각건대 호서와 호남은 참으로 거실(巨室)과 세족(世族)이 사는 부고(府庫)로서 백성의 번성함도 다른 고을보다 갑절이나 되었는데 병화

---

86 『선조실록』 권93, 선조 30년 10월 2일(기미).
87 『선조실록』 권93, 선조 30년 10월 23일(경진).
88 『선조실록』 권93, 선조 30년 10월 7일(갑자).
89 『선조실록』 권94, 선조 30년 11월 4일(신묘).

가 일어난 후로 칼날과 기근과 역질에 죽은 자가 십에 팔구가 되니, 외롭게 남은 민생이 피폐가 심하므로 내가 항상 마음 아파하여 하루도 잊지 못하였다. 지금 왜적의 독기를 부림이 전보다 더 심하여 칼날이 미치는 곳에는 어린 아이도 남기지 않아 쌓인 시체가 산과 같고 피가 흘러 시내를 이루니 서울이남 천리 지역이 모두 살육하는 장소가 되었다. 혹시 도륙에서 벗어난 사람이 있더라도 창황분주하다가 굶주림과 목마름을 이기지 못해 서로 시체를 베개 삼아 길거리에서 죽는 자가 몇 명이나 되는지 알 수 없다. 또한 다행히 병란과 기아에 죽지 않고 세상에 살아 있다 해도 늙은이와 어린이를 팽개치고 흩어져 다른 지역에 떠도는데 주머니는 탕진되고 생활할 계책도 없어 궁산황야(窮山荒野)에 부르짖다가 끝내는 죽어가고 말 것이니 인류는 이제 멸망하겠다. 우리들에게 무슨 죄악이 있어 이 지경에 이르렀는가. 조용히 그 이유를 더듬어 보면 그 죄는 나 한 사람에게 있으니 이 천지 사이에 용납될 곳이 없도다. 나의 마음에 더욱 큰 아픔은 내가 비록 덕이 없고 어둡지만 백성의 군주가 된 지 30년이나 되었으니 변고를 치른 이후로 더욱 민심을 단결시키고 민력을 아낌이 급무인 줄을 알았고 보호 안집하는 방도에 마음과 힘을 다하고자 하였지마는 왜적이 문 앞에 있으면서 아침저녁으로 틈을 엿보고 있으므로 왕사(王師)가 우리를 구원하려고 연이어 나왔다. 그 모든 방어의 준비와 접대의 수용을 모두 백성들에게 판출했기 때문에 다른 도보다 그 피해가 더욱 혹독하였다. 아, 우리 백성이 물과 불 속에 울부짖은 지가 이미 6년이 되었다. 하루아침에 도적을 만나 방어하지 못하고 악독한 칼날의 아래에서 짓밟히게 되었는데도 구제하지 못했으니, 비록 백성을 해치어 내 몸을 받들려 한 것은 아니었지만 어떻게 편안하게 해주려는 방도로 백성을 대한 것이라고 하겠는가. 이는 너희들의 고혈을 죽기 전에 짜내고 또 아울러 죽게 한 것에 불과하다. 생각이 여기에 미치니 부끄러움이 더욱 심하다. 장차 무슨 면목으로 백성에게 임하겠는가.

아, 죽은 자에게는 이런 말을 고할 수 없지만, 너희 살아남은 백성들은 모두 나의 말을 들어다오. 옛사람은 한 명의 백성이라도 제 삶의 위치를 얻지 못한 자가 있으면 저자에서 종아리를 맞는 것과 같이 여겼는데, 하물며 나는 너희들의 부모가 되어 생활을 보장해 주지 못하여 이 지경에 이르게 했으니 어떻게 마음을 잡겠는가. 너희들의 굶주림을 생각하면 음식이 목에 메이고, 너희들의 추위를 생각하면 옷을 입어도 몸이 따뜻하지 않으며, 편안한 궁궐에 거처하면 너희들이 집 없이 산이나 골짜기에 처해 있음을 안타깝게 여기고, 수레와 말의 편리함을 사용하면 너희들의 발이 찢어져 피가 흐르는 채 길거리에 넘어져 있음이 생각나니, 곤궁하고 고생하는 상황이 마음과 눈에 어른거려 잠시도 마음속에 잊혀지지 않는다. 돌아보건대 전쟁이 일어난 지 오래되어 공사(公私)가 탕진되었으니 중국 군사를 지공하기에도 넉넉하지 못할까 두려운데 어떻게 창고의 곡식을 풀어 진급해서 너희들의 끊어져 가는 생명을 구제할 수 있겠는가. 한갓 서서 너희들이 죽어감을 보고만 있을 따름이니, 너희 백성들 또한 어떻게 나의 고충을 알 수 있겠는가. 너희들 중 고향으로 돌아가 스스로 살 길을 도모하는 자는 참으로 잘 생각한 것이다. 윤락되어 타향에 우거하고 있는 자도 이미 소재의 군현(郡縣)에 명하여 특별히 보살피고 그 성명을 적어서 올리게 했으니, 실지의 혜택은 없다 하더라도 나의 불쌍하게 여기는 마음을 알 수는 있을 것이다. 이제 하늘이 도움을 주어 위급을 풀 날이 있게 되었으니 남쪽 백성들도 이제부터 다시 삶의 터전을 되찾게 될 것이다. 너희 백성들은 조금만 더 참고 이겨 다시 생활의 즐거움을 얻게 되기를 바란다."[90]

임란시기 내내 국가의 재정은 호서와 호남지방에서 충당해 왔는데 정유재란이 남긴 상처는 깊어 충청·전라 두 도가 혹독하게 병화를 입어 공사(公私)가 탕진되고 흩어진 백성이 모이지 않아, 말먹이를 나르

90 『선조실록』 권93, 선조 30년 10월 8일(을축).

고 양식을 운반할 방법이 없을 정도라고 선조가 한탄할 지경이었다.[91] 그러나 가혹한 전쟁의 참화를 입었음에도 불구하고 조정은 그 해의 공물을 추징하고 있으며 군비확충과 군사 훈련에 냉소적인 호서지역이 인심이 영악(獰惡)하여 그들이 국법을 두려워할 줄 알게 한 뒤에야 모든 일을 할 수가 있을 것이라고 위협을 가했다.[92]

Ⅵ. 임진왜란이 남긴 상처와 내포지역

두 차례의 민란의 상처를 치유키도 전에 또 다시 정유재란으로 초토화된 내포지역은 임란이 끝났음에도 불구하고 그 처참한 전흔(戰痕)을 지울 새도 없이 다시 2차 이몽학난의 연루자를 처벌하는 수난을 경험한다. 다시 많은 이 지역민들이 연루되어 처벌을 당해야 했다. 선조 31년 12월 2일 이몽학에 연루된 수백 명의 지역민들이 동래, 거제도, 함경도 북변 등의 변방에 추방되었다.[93] 또 산성축조, 혹은 주사(舟師)에 충군되어 복무토록 강요되었다.[94] 따라서 호서지방의 민심은 안정이 안돼 새로운 불씨가 계속 지펴지고 있었다. 그 중에 하나가 선조 35년 4월부터 일어난 화수(和愁)의 반역과 복주(伏誅)사건이다.[95] 하지만 지역민들에 대한

91 『선조실록』 권93, 선조 30년 10월 10일(정묘); 『선조실록』 권112, 선조 32년 윤4월 1일(기묘).

92 『선조실록』 권107, 선조 31년 12월 2일(계축); 『선조실록』 권142, 선조 34년 10월 19일(계미).

93 『선조실록』 권93, 선조 30년 10월 10일(정묘); 『인조실록』 권9, 인조 3년 6월 22일(무술).

94 『선조실록』 권117, 선조 32년 9월 12일(무오).

가혹한 처벌로 인해 민심은 극도로 악화되었다. 이러한 일련의 현상으로 충청도는 인심이 극악한 패역의 땅이며, 호서는 인심이 영악하다고 평가되있고 아산현(牙山縣)은 바닷가에 위치하여 풍속이 거세고 백성이 완악하여 다스리기 어려운 곳으로 일컬어졌다.[96]

이러한 가운데 이 지역민들을 자극한 사건은 임진왜란이 끝난 다음 선조 32년 이후에 임란수훈자를 공신으로 책훈하면서 이몽학난의 진압자들인 내포지방수령들을 공신으로 책봉하려는 일이었다. 이 지역민들을 잔혹하게 처벌했던 수령들이 수훈자로 거명되자 호서민들은 크게 반발하였다. 이런 사실에 지역민심은 약화되어 이들의 살을 씹어 먹어도 원한이 풀리자 않을 것이라고 할 정도로 극심한 분노를 표출하였다.[97] 이 지역민들의 조선정부에 대한 분노의 감정은 선조(宣祖) 사후에 광해군이 등극한 후 까지도 사그라지지 않고 지속되었다.

비록 전란은 끝났지만 철저하게 전쟁 중에 수탈당하고 역적으로 몰려 죽음을 당했던 호서민들의 상처는 쉽게 아물지 않았다. 조선정부도 호

95 『선조실록』 권149, 선조 35년 4월 27일(무오); 『선조수정실록』 권36, 선조 35년 5월 1일(임술). 여기서 和金은 和愁의 오기로 짐작된다.

96 『선조실록』 권181, 선조 37년 11월 13일(기축).
김일환, 「임란기 西坰 柳根의 仕宦과 지방관활동」, 『한국인물사연구』 15, 2011, 106~110쪽.

97 『선조실록』 권109, 선조 32년 2월 12일(임술).
헌납 朴承業이 아뢰기를 '경상 감사 李時發은 위인이 강퍅하고 처사가 경망하여 湖西에서 책임을 맡았을 때 조금도 볼 만한 일은 없고 刑杖을 남용하여 인심을 많이 잃었으므로 호서 사람이면 누구나 그의 살점을 씹어 먹고자 하니, 이는 온 나라 사람이 다 알고 있는 일이다.
『선조실록』 권109, 선조 32년 2월 13일(계해).
홍문관 수찬 宋應洵·李必榮, 부수찬 李德泂 등이 상차하기를, "이시발은 湖西에서 직임을 맡고 있을 때 처사가 경망하고 형벌이 지나치게 혹독하여 오랫동안 인심을 잃었습니다. (『선조실록』 권109, 선조 32년 2월 15일(을축))

서는 본래 다스리기 어려운 지역으로 유명한데, 여러 차례 역변을 거치면서 인심이 흉흉해지고 많은 주민들이 궤산(潰散)되었으니, 안집(安集)하여 진정시킬 책임이 다른 도에 비해 더욱 무겁다고 인정하였다.[98] 그 결과 조선정부는 이때 충청도관찰사로 유근(柳根)을 파견하여 민심을 수습하기 위한 조치를 취한다. 새로 부임한 유근은 '호서지방이 두 차례의 전쟁을 겪었고 여러 번 역변이 일어난 후여서 호서의 민력은 탕갈된 지 오래되어 빈말로 달래는 것은 실제의 은혜를 베푸는 것만 못하다. 금년 전세(田稅)는 이미 하지중(下之中)으로 마련하였고 또 전결(田結)로 조세를 징납하여 관저(官儲)로 삼을 것이다. 호서의 폐단 중에 큰 것만 들면 1년 동안 소용되는 주사(舟師)의 군량이 수천여 석을 밑돌지 않는데 지금 민간에서 독촉하여 마련하려고 도임한 초기에 급급하게 거두도록 한다면 백성들이 반드시 놀라서 이산할 것이다. 금년 산골 고을의 전세 수천 석은 우선 부담이 적은 쪽을 따라 작포(作布)하여 연해 지방에서 무역해서 주사의 군량으로 공급하고, 지역이 넓고 좁은 곳을 헤아려 본래의 전세 수량을 마련하여 경창(京倉)에 상납한다면 산골 고을 백성들은 운반하여 경창에 바치는 폐단을 면할 것이며, 도내 백성들도 과외로 침탈당하는 폐단을 모르게 될 것이고, 호조도 원래 전세 수량을 잃지 않게 될 것이다. 호조로 하여금 이에 따라 시행하게 해서 호서 지방 백성들의 일분의 힘이나마 덜어 주자'고 건의하여 허락을 받았다. 이것은 호서지역이 전후 복구과정에서도 여전히 수탈의 대상지였음과 이로 인해 임란시 호서지방의 피폐상을 보여주는 증거이다.[99] 임란 중에 파괴

98 『선조실록』 권152, 선조 35년 7월 30일(기축).
99 『선조실록』 권154, 선조 35년 9월 12일(신미).

된 직산의 온조묘(溫祚廟)를 복원하여 치제(致祭)한다[100]는 조처도 악화된 지역민의 반감을 수습하기 위한 조처로 이해된다.

Ⅶ. 맺음말

조선시대에 충남지역은 금북정맥을 가운데 두고 내포문화권과 금강문화권으로 나누어 있었다. 내포지역은 금강권지역과 달리 그 해양적 특성으로 인해 강한 개방성과 역동성을 보여주는 곳이었다. 또한 이곳은 삼남지방과 수도권을 연결하는 수운의 중계지라는 라는 이유로 상업의 발달로 인해 서민적 전통이 강하였다. 한편 내포지역은 아산만을 감싸고 서울, 경기도와 생활권을 함께 하므로 중앙지향적 특성도 강했다.

이러한 특성과 함께 내포지역이 가진 장점은 전대미문의 대전란인 임진왜란 기간 동안에는 대재앙으로 작용하였다. 임란초기 비록 일본군의 점령지는 아니었지만 최고의 피란지였고, 해상교통의 요충지였다는 지리적 장점이 전쟁수행에 필요한 병참을 지원하는 최고의 배후지 역할을 수행토록 강요되었기 때문이었다. 이 결과 내포지역이 겪은 전쟁의 경험은 점령지 이상으로 가혹한 것이었고 피폐된 민초의 삶은 민중반란 외에 도피처가 없는 실정이었다. 이런 이유로 이 지역은 송

100 『선조실록』 권163, 선조 36년 6월 17일(임인).
忠淸監司柳根啓曰: 百濟始祖溫祚廟, 在稷山。經變之後, 物力雖甚蕩竭, 修擧廢墜之典, 在所當講。請令禮官, 定奪施行。禮曹仍啓曰: "歷代始祖廟宇, 春秋中月, 中祀設行, 載在祀典。亂後凡百祭祀, 多未遑擧, 而崇義殿、箕子殿、三聖祠, 則頃年已爲修改, 今方春秋降香祝設祭。道內稷山地, 溫祚殿, 依狀啓, 自本道, 隨便修造 啓聞後, 處置事行移何如 傳曰: 允。

유진의 난과 이몽학의 난이 연이어 일어나 왕조국가로부터 패역의 땅으로 낙인찍혔고, 민심이 각박하고 사나운 곳으로 치부되었다. 전란이후에도 그 상흔은 깊이 남아 전쟁의 상처를 회복하고 치유하는 데에는 많은 시간이 경과하여야 하였다.

내포지역은 임란이후 서울 사대부들의 새로운 관심지역이 되었다. 임난 중에 피란살이를 해보면서 이 지역이 아산만을 끼고 물산이 풍부하며 기름진 평야지대가 있고 주변에 비교적 산악과 성곽이 있어 피란하기에도 적당하며 인근에 유구와 같은 십승지(十勝地)와도 가까워 위기의 시기에 숨어 지내기도 좋다는 사실이 알려졌기 때문이다. 따라서 17세기 이후에 내포는 새로 입향(入鄕)한 이들이 정착하면서 새로운 사풍(士風)이 형성되고 사족양반문화가 점차 형성되었다고 보인다.

제2장

아산과 역사인물

고불 맹사성의 재상정치활동 연구

Ⅰ. 머리말

맹사성(孟思誠, 1360~1438)은 여말선초의 격변기에 태어나 고려조에 출사하여 조선 세종대에 대성(大成)한 관리로 극적인 삶을 산 역사인물이다. 그는 일생동안 고려왕조에서 3명의 임금, 조선왕조에서 4명의 임금을 경험했고 세종대 좌의정으로 치사하여 관직생활을 마감하였다.

하지만 맹사성의 사환은 평탄하게 이루지지 않았다. 50년간 이어진 사환기 중에 많은 파란을 겪어 조선조에 들어와 13년 2개월 동안 1번의 좌천, 4번의 파직, 2번의 유배를 경험하였다. 특히 태종 8년에 일어난 조대림(趙大臨) 사건은 가혹하여 왕의 역린(逆鱗)을 건드렸다는 이유로 자신은 죽음 직전까지 내몰린 후 오랫동안 유배에 처해졌으며, 아들 맹귀미(孟歸美)는 장사(杖死)되는 불행을 당했다.

이러한 좌절과 고통스런 경험을 딛고 일어서 맹사성은 이후 원숙한 인품과 경륜을 가지게 되었고 태종 9년 방면된 후 재등용되고 나서는 일관하여 성실하고 조신한 태도로 국왕 태종의 신임과 사랑을 회복하여 여러 직함의 판서직에 등용되어 승승장구하게 되었다.

지금까지 맹사성에 대한 역사적 평가는 그가 세종대 뛰어난 명재상(名

宰相)이고 청백리(淸白吏)라는 것이다. 그중 그의 청렴성에 대한 설화적인 이야기는 많이 알려져 있어도 명재상으로 보여준 정치활동에 대한 역사적 조망은 사실 부족한 것이 현실이었다. 그 이유는 맹사성이 재상으로 관직에 있던 시기는 세종 9년 우의정에 발탁되어 13년까지, 다시 좌의정을 역임한 13년부터 17년까지 8년여 간 이었는데, 그의 재상시절에 보여주는 정치활동은 독자적인 맹사성의 활동이라기보다 주로 합좌기관으로서의 의정부를 통해 이루어졌다. 따라서 당시 맹사성과 함께 의정대신인 황희(黃喜)가 맹사성이 우의정일 때 좌의정, 좌의정일 때 영의정이 되어 수상(首相)으로 재직함으로 인해 맹사성이 주도한 의론도 모두 의정부의 이름으로 기록되어 의정부를 대표하는 황희를 앞세운 '황희 등(黃喜等)'이란 형태로 의견이 개진되고 있어 맹사성만의 정치경륜과 정론(政論)의 진면목이 드러나는 사례가 많지 않기 때문이다.

지금까지 맹사성에 대한 연구는 주로 전해오는 그의 일화를 통해 이루어져 설화적인 소재를 중심으로 정리되었다. 따라서 청백리이자 명재상이고,[1] 효자이며, 음악과 풍류를 알고 즐겼던 멋진 인물로 묘사되었다.

---

1 맹사성의 삶을 정리한 관련 주요 논저는 다음과 같다.
맹온재, 「고불 맹사성연구」, 『국악원논문집』 11, 1999; 맹온재, 『古佛孟思誠傳記』, 온양문화원, 1999; 新昌孟氏大宗會, 『新昌孟氏大同譜總編』, 2007;
청백리나 명재상의 측면에서, 맹사성을 부분적으로 다룬 책은 다음과 같다.
노병룡, 「청백리열전-맹사성」, 『지방행정』, 1985; 이전문, 「맹사성-청렴한 정승의 본보기」, 『경영계』, 1990년 5월호, 1990; 신연우 외, 『제왕들의 책사 - 조선시대편』, 생각하는백성, 2001; 이영춘, 『조선의 청백리 - 조선시대 대표 청백리 34인』, 가람기획, 2003; 윤용철, 『조선왕조실록 졸기 - 조선을 움직인 23인의 감춰진 진실과 그 죽음의 기록(卒記)』, 다울, 2007; 이한, 『나는 조선이다 - 조선의 태평성대를 이룩한 대왕 세종』, 청아출판사, 2007; 이수광, 『조선의 마에스트로 대왕 세종』, 샘터, 2008; 이상각, 『이도 세종대왕 - 조선의 크리에이터』, 추수밭, 2008; 김진섭, 『조선시대 재상열전, 조선의 아침을 꿈꾸는 사람들』, 도서출판 하우, 2008; 박주, 「효자 맹사성과 세종대의 유교윤리 보급」,

이러한 설화적인 이야기에 의존하다보니 역사인물인 맹사성의 진면목이 엄밀히 규명되지 못한 부분이 많았다. 다행히 최근 역사학적 시각에서 맹사성을 제대로 조망하는 연구 성과들이 출현하고 있다.[2] 본 연구는 이러한 연구 성과를 바탕으로 세종시대 맹사성의 활동상을 그의 재상 재임기를 중심으로 연구하여 그의 역사성과 진면목을 밝혀내려고 한다.

Ⅱ. 태종대 정치적 위기와 극복

맹사성은 조부 맹유나 부친 맹희도와 달리 신왕조인 조선에 출사하기로 결심했다. 하지만 그의 조선왕조 적응은 쉽지 않았다. 그의 노력에도 불구하고 맹사성의 상황은 더욱 악화되었다. 내직(內職)에 임용되자마자 정희계의 시호 의정 문제로 바로 파면되었고, 복직되어 이방원의 편에 서서 문하부(門下府)와 중추원(中樞院) 중심의 관제 개혁안을 제시하였으나 받아들여지지 않아 결국 공주목사로 좌천되기도 하였다. 그는 노비 변정 문제로 유배되었으며, 급기야 조대림(趙大臨) 사건

『조선시대의 여성과 유교문화』, 2008;

맹사성의 음악 부문에서의 활동은 다음의 두 글에서 정리되어 있다.

권오성, 「맹사성의 음악에 관련된 기록의 관견」, 『국악원논문집』 11, 1999; 송방송, 「세종대왕의 음악업적에 대한 역사적 재조명」, 『이화음악논집』 1, 이대음악연구소, 1997; 박소현, 「대왕세종의 신하, 박연과 맹사성」, 『대한토목학회지』 56(2), 2008; 송혜진, 「조선시대 왕실음악의 시공간과 향유의 특징」, 『동양예술』 18, 한국동양예술학회, 2012; 송혜진, 「조선조 왕실악기 수요와 대응의 역사적 전개 양상」, 『한국음악연구』 54, 한국국악학회, 2013; 이한우, 『세종, 그가 바로 조선이다』, 동방미디어, 2003.

2 이정주, 「고불 맹사성의 정치적 시련과 극복」, 『조선시대사학보』 50, 2009. (이 논문은 『아산 유학의 여러 모습』, 지영사, 2010에 재수록.); 김기승, 『고불 맹사성의 생애와 사상』, 고불맹사성기념사업회, 2014.

으로 목숨을 잃을 뻔하였다. 또 우여곡절 끝에 관찰사가 되었으나 얼마 후 면직되었다. 조선 건국 이후 태종말까지 26년 4개월 가운데, 정확히 절반에 해당하는 13년 2개월의 기간 동안, 1번의 좌천과 3번의 파직, 2번의 유배를 경험한 것이다.

조선 초 맹사성의 관직 생활이 불우했던 것은, 정희계 시호 처리에서 나타나듯이 부지불식간에 개국공신에 대해 부정적인 태도를 보이거나, 관제 개혁의 모델로서 고려 초기를 상정했던 것과도 관련이 깊다. 이러한 사실은 신왕조 개창 이후에도 맹사성이 고려를 동경한다는 의구심을 갖게 하기에 충분하기 때문이다. 여기에 노비 변정 문제에서 보인 우유부단한 태도, 그리고 대사헌과 관찰사 재직 시 보인 부주의한 업무 처리도 정치 활동을 제약하는 요인이었다.[3]

태종대 9년에 그가 만난 조대림 사건은 가장 심각한 상황이었다. 당시 태종이 처족인 민무질 형제를 유배 보내는 등 미묘한 정치적 사건이 진행되던 중에 터진 이 사건은 조사와 처벌을 담당하는 대간이던 맹사성의 일처리가 "모약왕실(謀弱王室)"한다는 오해를 불러일으켰다.

이 무렵 맹사성은 진하사행으로 중국 남경을 다녀온 직후 대사헌이 된지 불과 한 달 만에 일어난 사건이었다. 조대림은 태종의 차녀 경정궁주(慶貞宮主)의 남편이자 개국공신 조준의 아들이었다. 조대림은 나이가 어리고 어리석었는데, 그의 집에 자주 출입하던 목인해(睦仁海)는 조대림의 어리석음을 이용하여 부귀를 도모하려고 하였다. 목인해는 당시 총제(摠制)의 지위에 있는 조대림에게 군사를 움직이게 한 뒤, 그를 반역자로 몰아 죽여서 공을 세우려 한 것이다. 목인해의 모함으로

3 이정주, 전게논문, 22쪽 참조.

인해 조대림이 잡혀 국문을 당하였지만, 조사 결과 목인해의 계략에 넘어간 것이 밝혀져 사건은 결국 목인해를 능지처사(陵遲處死)하는 것으로 결론지었다.

그러나 맹사성 등은 조대림도 잘못한 점이 있다하여, 목인해에 대한 처형을 연기하고, 다시 두 사람을 국문하여 주범과 종범을 가리기를 청하였다. 두 번이나 국문을 했으나, 모두 목인해가 조작한 것이고, 조대림의 죄는 크지 않았음이 드러났다. 그런데 태종은 조대림이 두 차례에 걸쳐 곤장을 맞았는데 사건의 정황을 제대로 파악한 관원이 한 사람도 없었고, 또 왕명 전달 과정에 사소한 오류가 생긴 것에 무척 화가 난 상태였다. 여기에 재차 국문을 하였음에도 조대림의 죄가 없다는 것이 밝혀지자, 국문을 책임진 대사헌 맹사성에게 분풀이를 하고자 한 것이다.[4]

이 사건이 크게 비화된 것은 다른 배경이 있었다. 이 무렵 태종은 처족세력을 약화시킬 목적으로 처남인 민무질 형제를 유배 보내는 등 왕권강화를 위해 거듭되는 정치사건에 골몰하고 있었다. 그런데 당시 맹사성의 아들 맹귀미의 처부(妻父)인 우정승 이무(李茂)가 민씨 형제들과 돈독한 사이였다. 이무는 사돈 맹사성과 함께 태종 7년 9월부터 이듬해 4월까지 세자 양녕을 모시고 진하사로 명경(明京)인 남경(南京)에 갔었다. 이 사행 중에 이무의 문객(門客)인 이지성(李之誠)이 민무질 형제의 억울함을 세자에게 토로하였다. 세자는 외가에서 성장하여 외숙들과 절친하였지만, 중대한 정치적 사건에 관한 일을 숨길 수 없어 귀국 후

---

4 『태종실록』 16권, 태종 8년 12월 5일(무인), 8일(신사).
이정주, 전게논문, 25~27쪽.

태종에게 은밀하게 보고하였다. 태종도 자신과 세자만 아는 것으로 함구하고 이지성을 유배시키는 것으로 마무리 지었다. 그러나 대간들이 집요하게 처벌사유를 밝히도록 요구하자 점차 전모가 알려지게 되었다. 그러자 민씨 형제와 돈독한 우승상 이무를 이지성의 배후세력으로 지목하고 처벌을 요구하면서 큰 정치사건으로 비화된 것이다.[5]

미묘한 정치적 사건이 진행되던 중에 터진 조대림 사건은 대사헌으로 이 사건 조사와 처벌을 담당하는 책임자였던 맹사성의 일처리가 사돈인 이무와 연계되어 "모약왕실(謀弱王室)"한다는 오해를 불러일으켰다.

그 결과 태종은 맹사성과 감찰이던 아들 맹귀미까지 처형하라고 강경하게 명령하였다.[6] 그러자 역변도 아닌 대간의 업무처리문제로 신료를 처형하는 것은 무리한 처사라는 성석린, 이숙번, 권근, 하륜 등 대신들이 간곡하게 만류하였다. 이러한 조정대신들의 반대에 태종도 물러서 맹사성의 사형을 면하고 한산으로 유배하는 것으로 마무리 지었다.

하지만 맹사성의 아들 맹귀미는 다시 이듬해 태종의 처남인 민무구, 민무질 형제와 각별하던 장인 이무가 민씨 형제 사건에 연루되어 처벌될 때 처남들과 함께 구금되었다. 심하게 취조를 받다가 사위는 장인에게 연좌되지 않는다는 태종의 명을 받고 풀려났다.[7] 그러나 심한 취조과정에 입은 장독(杖毒)으로 건강이 악화되어 결국 사망하였다.

당시 맹사성은 유배되었다가 겨우 경외종편(京外從便)된 처지였는데[8], 아들 맹귀미의 억울한 죽음은 그를 더욱 고통과 절망으로 몰아넣

5 김성준, 「태종의 외척제거에 대하여-민씨 형제의 獄」, 『역사학보』 17·18, 1962.
6 『태종실록』 16권, 태종 8년 12월 9일(임오).
7 『태종실록』 18권, 태종 9년 10월 5일(계묘).
8 『태종실록』 17권, 태종 9년 윤4월 7일(기유).

었음에 틀림없다. 이 무렵 태종은 맹사성이 평소 조정 중신들에게 신망이 높았고 자신의 분노도 가라앉자 직첩을 돌려주었다.[9] 나아가 맹사성에게 쌀과 콩 20석을 하사하고[10] 잔치를 베풀어 위로하였다.[11] 마침내 1411년 윤12월 맹사성은 지방관인 판충주목사에 임명되어 관직에 재등용될 기회를 잡았다.[12] 그런데 예조에서 맹사성이 음악에 조예가 깊어 서울에 두고 선왕(先王)의 음악을 회복하기 위해 정악을 가르치는 것이 좋겠다고 하자 12일 만에 공안부윤(恭安府尹)에 임명되어 다시 경직(京職)에 나아갔다.[13]

이렇게 극적인 상황 변화를 가능하게 한 것은 맹사성의 변함없는 충성심이 태종에게 인정받은 결과였다. 맹사성은 조대림 사건으로 구금 중일 때 작은 종이쪽지를 가져다가 "충신이 그 직책으로 인해 죽는 것이 임금의 은혜를 저버리지 않는 것이요, 조종(祖宗)을 저버리지 않는 것이다."라는 말을 적어 대간(臺諫)에게 보여 주었다. 죽음에 임박해서도 변함없는 충성심을 보인 글이 태종에게 전달되자 태종은 맹사성에 대한 의구심을 풀어 신임이 회복된 것이다.[14]

이와 같이 맹사성은 조선조 들어 무려 9년 10개월을 삭직과 유배생활로 보낼 정도로 파란만장한 관직생활을 보냈다. 하지만 이런 불행한 경험과 수차례의 정치적 좌절은 맹사성을 순근(醇謹)하면서도 신중하

---

9 『태종실록』 20권, 태종 10년 8월 10일(갑진).
10 『태종실록』 22권, 태종 11년 8월 9일(무술).
11 『태종실록』 22권, 태종 11년 12월 9일(을미).
12 『태종실록』 22권, 태종 11년 윤12월 7일(계해).
13 『태종실록』 22권, 태종 11년 윤12월 19일(을해).
14 『태종실록』 16권, 태종 8년 12월 9일(임오).

고 원숙한 경륜을 가진 인물로 변화시켰다. 한 가지 예로 죽음에 처한 자신을 적극적으로 변호하고 옹호했던 성석린(成石璘)의 집 앞을 지날 때 평생 동안 하마(下馬)하여 걸으며 공경의 예를 다했다는 일화는 맹사성의 삶의 태도를 말해 주는 증거라고 하겠다.[15]

혹독한 정치적 시련 속에서도 국가와 자신에 대한 변하지 않는 충심을 읽은 태종은 맹사성을 크게 신뢰하고 총애하기 시작하였다. 청렴하고 성실하며 어떠한 당여(黨與)도 결성하지 않은 점은 태종이 우대한 맹사성의 장점이었다. 재기용된 맹사성은 태종 12년 5월 풍해도 관찰사에 임명되었다.[16] 하지만 관찰사 재임 중에 수하 수령들이 곡식이 손상된 상황을 잘못 보고한 사건으로 석 달 만에 다시 면직되었다.[17] 그러나 맹사성을 깊이 신뢰하는 태종은 징계하자는 대간들의 요구를 수락하지 않았다.[18]

힘들게 재기하였지만 다시 면직됨에 따라 맹사성은 또 정치적 동면기에 들어갔다. 그가 사환을 시작한 것은 면직된 지 3년 10개월 만에 이조참판으로 임용되면서였다.[19] 그는 마침내 태종 16년 9월 예조판서[20]로 발탁되었다. 이것은 그가 처음으로 판서직에 진출한 것으로 맹사성은 열심히 정무에 충실하였다. 그는 대사례(大射禮)의 글과 그림을 올리고,[21] 생원시를 관장하면서 권채 등 1백 명을 선발하였다.[22] 문과 시험을

15 『태종실록』 83권, 태종 20년 10월 4일(을묘) 맹사성 卒記.
16 『태종실록』 23권, 태종 12년 5월 3일(병술).
17 『태종실록』 24권, 태종 12년 8월 21일(계유).
18 『태종실록』 24권, 태종 12년 8월 28일(경진).
19 『태종실록』 31권, 태종 16년 6월 24일(갑신).
20 『태종실록』 32권, 태종 16년 9월 27일(을묘).
21 『태종실록』 33권, 태종 17년 1월 27일(갑인).

주관하였고,[23] 문과 복시(覆試)에서 시권관(讀券官)이 되기도 하였다.[24] 태종의 신임이 커서 온양에 계신 부친 맹희도(孟希道)가 병이 들자 부친 시약(侍藥)을 위해 사직을 요청하였지만 거부당하고 역마를 주어 병문안 후에 돌아오라고 하였다.[25] 이때부터 맹사성은 1년에 한번 씩 판서직을 바꾸어 가며 국정에 성실히 임했다.

그는 태종 17년 6월에 호조판서로 임명되었다.[26] 맹사성은 과전(科田) 급전(給田)을 주관하였고,[27] 태종은 여러 관리들과 함께 맹사성의 노고를 위로하기 위해 명황제의 하사품인 중국산 저사(苧絲) 한필을 하사하였다.[28] 그해 맹사성은 12월 3일 충청도도관찰사에 임명되었다.[29] 83세의 부친을 가까이에서 봉양하라는 태종의 따뜻한 배려의 결과였다. 태종은 여러 가지 약도 나누어 주며 후의(厚意)를 보였다.[30]

Ⅲ. 세종시대의 인재등용과 맹사성의 재상직 진출

1. 세종초 정치운영과 맹사성의 등용

맹사성은 태종 7년 7월 세자 양녕이 혼례할 때 고기사(告期使)로 세

22 『태종실록』 33권, 태종 17년 2월 12일(기사).
23 『태종실록』 33권, 태종 17년 3월 16일(임인).
24 『태종실록』 33권, 태종 17년 4월 8일(갑자).
25 『태종실록』 33권, 태종 17년 4월 22일(무인).
26 『태종실록』 33권, 태종 17년 6월 16일(경자).
27 『태종실록』 33권, 태종 17년 6월 27일(신해).
28 『태종실록』 34권, 태종 17년 7월 15일(무진).
29 『태종실록』 34권, 태종 17년 12월 3일(갑신).
30 『태종실록』 34권, 태종 17년 12월 15일(병신).

자빈가에 혼인날을 통고하러 가는 예문관 대제학 성석인을 부사(副使)로 수행하면서 양녕과 인연을 맺었다.[31] 같은 해 9월부터 이듬해 4월까지 예문관제학으로 재직하면서 정조사(正朝使)로 가는 세자를 수행하여 당시 명나라 수도인 남경(南京)까지 갔다 왔다.[32] 이 여정 중에 양녕도 어려운 일을 성실하게 수행하는 맹사성에게 깊은 인상을 받았다.

귀국 후 5월에 맹사성은 한성윤과 세자우부빈객이 되어 양녕과 더욱 가까워졌다.[33] 이런 인연으로 맹사성이 조대림 사건으로 순금사에 갇히고 죽음이 임박했을 때 양녕이 자신과 입조(入朝)하여 어려운 일을 같이 겪으며 맹사성의 성품이 얼마나 졸직(拙直)하냐하는 것을 알았는데 구해주고 싶은 마음은 간절했지만 태종의 뜻을 거스릴 수 없어 말을 못했다고 하면서 그를 위해 탄원하였다.[34]

하지만 세자 양녕과의 인연은 여기까지였다. 세자의 방탕한 생활에 분노한 태종은 왕세자 교체를 결심하고, 유정현의 건의를 수용하는 형식으로 세자를 셋째 왕자 충녕으로 바꾸었다. 하지만 사실 이 문제는 복잡한 정치적인 이유가 있었다.[35] 태종은 처족인 민씨 형제의 숙청이 가져온 복잡한 정치문제가 여전히 잠복해 있고 이들에 동정하는 여론이 존재하기 때문에 만약 민씨 형제와 돈독한 세자가 왕에 즉위하게 되면 지금까지 자신이 구상한 왕권강화정책이 수포로 돌아갈 것을 우

31 『태종실록』 14권, 태종 7년 7월 11일(임술).

32 『태종실록』 14권, 태종 7년 9월 25일(을해), 『태종실록』 15권, 태종 8년 4월 2일(경진).

33 『태종실록』 15권, 태종 8년 5월 1일(기유).

34 『태종실록』 17권, 태종 9년 1월 1일(갑진.

35 류주희, 「조선태종대 정치세력연구」, 중앙대 대학원 박사논문, 2001.

려했던 것이다.

하지만 '택현(擇賢)'이란 이유로 갑작스럽게 결정된 왕세자 교체는 조정대신들에게 큰 충격을 주었고, 많은 논란을 낳아 세자교체를 끝내 반대하던 황희는 이 무렵 파직되고 유배를 떠났다. 맹사성은 공조판서와 겸직인 세자우빈객(世子右賓客)[36]으로 임명되어 세자 충녕과 처음으로 인연을 맺었다.[37] 충녕을 왕세자로 책봉한 후 태종은 곧 선위(禪位)를 결심하고 세자 교체 두 달 만에 세종을 새로운 국왕으로 즉위시켰다. 세종의 나이는 22세였다.

그러자 갑작스런 선위로 상왕이 된 태종과 주상인 세종이 권력을 분점하는 양상체제(兩上體制)가 태종이 승하할 때까지 한동안 유지되었다. 상왕인 태종은 국방, 외교 등 중요한 국정을 여전히 장악하고 있었고[38] 태종이 임명한 의정, 육조판서와 관료들이 국정운영의 핵심을 이루었다.

맹사성은 세종이 즉위한 이후에도 공조판서직을 계속 수행하였다.[39] 그런 가운데 세종이 맹사성을 주목하게 된 계기는 음악이었다. 맹사성이 관습도감제조(慣習都鑑提調)를 겸하면서 영인(伶人)에게 새로 지은 사곡(詞曲)을 가르쳐 율조를 합하게 하여 태종을 기쁘게 했다는 이유로 세종에게 칭찬을 받았다.[40] 음악에 대한 맹사성의 뛰어난 소양은 태종

---

36 『태종실록』 35권, 태종 18년 6월 5일(갑신).

37 『태종실록』 35권, 태종 18년 6월 5일(갑신).

38 민현구, 「조선 세종조 초엽의 兩王體制와 국정운영」, 『역사민속학』 22, 2006; 유재리, 「세종초 兩上統治期의 국정운영」, 『조선시대사학보』 36, 2006.

39 『세종실록』 1권, 세종 즉위년 9월 16일(계해).

40 『세종실록』 2권, 세종 즉위년 11월 10일(병진).

대부터 잘 알려졌고 이것을 태종도 인정하여 맹사성으로 하여금 중국 음악인 '명칭가곡(名稱歌曲)' 중에 우리 속악(俗樂)인 '진작(眞勺)'에 합하는 것을 뽑아 정리하도록 하였다.[41] '진작'은 『고려사(高麗史)』 「악지(樂志)」에 나오는 고려시대 악곡으로 낙양춘(洛陽春)·환궁악(還宮樂)·금전악(今殿樂) 등 세 진작이 있다.

세종초 양상체제하에서도 태종의 신임을 받던 맹사성은 세종 1년 4월 이조판서에 임명되었다.[42] 그는 잠시 9월 25일 판한성부사[43]로 옮겨가 산릉도감제조(山陵都監提調)를 겸직하였다.[44] 이후 예문관대제학(藝文館大提學)이 되었고[45] 세종 2년 10월 이조판서에 복귀[46]하였다. 태종 14년에 실시된 육조직계제에 의해 정무에 있어 의정부보다 육조의 비중이 높았던 시기에 예조, 호조, 공조판서를 각각 1번, 이조판서는 2번을 역임했다는 것은 태종이 맹사성을 대단히 신임하였음을 알 수 있게 한다. 세종 4년에 태종이 승하하였을 때 맹사성은 국장도감제조(國葬都監提調)로 국장(國葬)을 집행하면서 태종에 대한 마지막 예의를 다했다.[47]

이후 맹사성은 판서직을 떠난 후에 우의정으로 발탁되기까지 6년 동안에 다양한 관직을 경험한다. 세종 3년 12월 의정부찬성사에 임명되었고[48] 세종 6년 12월에는 판좌군도총제부사에 제수되었다.[49] 1425년 8월

---

41 『세종실록』 2권, 세종 즉위년 12월 26일(신축).
42 『세종실록』 3권, 세종 1년 4월 17일(신묘).
43 『세종실록』 5권, 세종 1년 9월 25일(정묘).
44 『세종실록』 5권, 세종 1년 9월 27일(기사).
45 『세종실록』 6권, 세종 1년 12월 7일(정축).
46 『세종실록』 10권, 세종 2년 10월 17일(임자).
47 『세종실록』 16권, 세종 4년 5월 10일(병인).
48 『세종실록』 14권, 세종 3년 12월 7일(병신).

에는 문신으로 최초로 도진무에 추천되어 삼군도진무에 임명되었다.[50] 이러한 일련의 관직은 그가 비록 병조판서가 된 적은 없어도 군사 분야까지 두루 섭렵하여 경험하게 하였다. 나아가 세종 8년에는 육전수찬색(六典修撰色)으로 『속육전(續六典)』 편찬을 주도하여 법전에 대한 지식과 경험도 풍부하게 쌓았다. 이것은 병조, 형조판서로 임명된 적은 없었지만 사실상 육조의 업무를 고루 다 경험함과 같다고 할 수 있다. 이렇게 맹사성은 국정 전반에 대해 경륜을 충분히 쌓아 노성(老成)한 국가원로가 되었는데, 이것은 그를 의정(議政)으로 발탁하기 위한 사전 포석으로 느껴진다.

2. 세종대 정치변화와 맹사성의 재상등용

1) 김도련 회뢰사건과 정계 개편

세종의 본격적인 통치는 동왕 4년 5월에 태종이 사망하면서 시작되었다. 하지만 세종은 친정(親政)이 개시된 이후에도 곧바로 강력한 통치력을 발휘하지 못했다. 정계에는 여전히 태종을 따르던 시종구신(侍從舊臣)들이 포진해 있었기 때문이다. 이들은 친정을 계기로 왕권강화를 도모해야 했던 세종에게 정치적으로 매우 부담스런 존재들이었다. 따라서 세종은 강력한 왕권 행사와 정치 주도권을 장악하기 위해서 시종구신 중심의 정치구도를 해체하고 정계를 새로 개편해야 했다.

'김도련 회뢰사건(金道練賄賂事件)'은 바로 이런 요구가 있던 시기에 발생하여 세종 초반 정계개편의 결정적인 요인이 되었다. 이 사건은

---

49 『세종실록』 26권, 세종 6년 12월 4일(을사).
50 『세종실록』 29권, 세종 7년 8월 14일(경진).

세종 8년에 밝혀졌는데 김도련이란 자가 자신의 노비를 쟁송하는 과정에서 자신에게 소송을 유리하게 이끌기 위해 17명의 전, 현직 대소신료에게 많은 노비를 증여한 전형적인 뇌물수수사건이었다.[51]

김도련 회뢰사건은 내용도 엄청나고 연루된 자들의 정치적 비중도 커서 세종도 이 문제 처결에 고심하면서 진상조사를 명하게 되는데, 곧 전모가 드러나기 시작하였다. 세종의 명으로 조사를 담당한 행대감찰 이사증(李師曾)의 보고는 더욱 놀라운 것이었다.

"처음에 철원 호장(鐵原戶長) 김생(金生)이 간성 호장(杆城戶長)의 딸에게 장가들어 아들 김송(金松)과 김진의(金珍衣) 등을 낳고, 도망하여 함흥부(咸興府)의 홍원현(洪原縣)에서 살았는데, 여러 대(代)의 자손이 남녀 4백 26명이나 됩니다. 김도련(金道練)의 아버지 원룡(元龍)이 상업으로 인하여 김진의(金珍衣) 집에 주인을 정하여, 김생의 아들 김송의 명자(名字)와 근각(根脚)을 자세히 알게 되었는데, 도망한 종[奴] 허송(許松)의 소생(所生)이라고 인정하고 임견미(林堅味)의 세력을 의지하여 경신년(庚申年)에 문천(文川)의 관청에 알리어 법을 굽혀 공초(供招)를 받아 천인(賤人)으로 만들었습니다. 견미(堅味)가 참형(斬刑)을 당한 뒤 무진년(戊辰年)에 양인(良人)이 되어 군역을 정했는데, 김도련(金道練)과 일족(一族)인 손봉(孫鳳)·이안(李安) 등이 또 노비(奴婢)로써 추핵(推覈)하여 판결을 얻어, 권세가(權勢家)에게 증여하였는데, 돌아간 평성 부원군(平城府院君) 조견(趙狷)에게 17명, 돌아간 우의정 정탁(鄭擢)에게 7명, 우의정 조연(趙涓)에게 6명, 곡산 부원군(谷山府院君) 연사종(延嗣宗)에게 7명, 이원(李原)에게 4명, 고 참의(參議) 조숭덕(曹崇德)에게 8명, 조말생에게 36명, 정주 목사(定州牧使) 남궁계(南宮啓)에게

51 유재리, 「세종초반 金道練 賄賂事件과 政界改編」, 『조선시대사학보』 48, 2009.

2명, 총제 이흥발(李興發)에게 4명, 지의천군사(知宜川郡事) 윤간(尹諫)에게 14명, 지안산군사(知安山郡事) 김이공(金理恭)에게 3명, 소경(少卿) 최득비(崔得霏)에게 1명, 대호군 이을화(李乙和)에게 1명, 전 정랑(正郞) 오비(吳備)에게 1명, 전 사정(司正) 신득지(申得止)에게 8명, 변귀생(卞貴生)에게 12명, 전 판사(判事) 이열(李烈)에게 1명입니다."[52]

위에서 보듯이 이 사건에 다수의 태종의 주요 시종구신들이 연루되었음이 확인되었다. 태종대 공신이던 좌의정 이원(李原), 우의정 조연 등 의정대신들이 관련되었고, 오랫동안 병권을 쥐고 있던 정치실력자 병조판서 조말생은 뒤에서 몰래 김도련을 조종하였고, 또 그를 위하여 청탁하여 주었으며, 판결을 받은 뒤에 36명의 노비를 증여받았고[53] 또 다른 고액의 뇌물수수도 추가로 밝혀졌다.[54] 세종은 이 사건 처리에 고심하다가 마침내 좌의정 이원은 공신녹권과 직첩을 회수하고 여산(礪山)에 안치하였다.[55] 우의정 조연은 황해도 수안(遂安)에, 연사종은 강원도 인제(麟蹄)에, 조말생은 직첩을 빼앗고 충청도 회인(懷仁)에 부처하였다. 하지만 조연과 연사종은 공신이므로 특별히 감면 조처하였다.[56] 이들은 대부분 태종대의 공신들이었는데, 이 사건을 계기로 공신 출신 의정들이 모두 물러나고 조말생과 같이 오랫동안 병권을 잡고 있던 태종대 구신들이 일제히 몰락하였던 것이다.[57]

---

52 『세종실록』 32권, 세종 8년 4월 26일(기축).
53 『세종실록』 31권, 세종 8년 3월 4일(무술).
서정민, 『세종, 부패사건에 휘말리다 - 조말생 뇌물사건의 재구성』, 살림, 2008.
54 『세종실록』 32권, 세종 8년 5월 13일(병오).
55 『세종실록』 31권, 세종 8년 3월 15일(기유). 그는 유배지에서 4년 후 죽었다.
56 『세종실록』 31권, 세종 8년 3월 4일(무술).

세종은 이 문제를 수습하기 위하여 영의정에서 치사한 유정현(柳廷顯)을 좌의정으로 다시 기용하고, 황희를 이조판서로 임명하여 인사권을 맡겼다.[58] 하지만 유정현조차 재산축적이 문제되어 사헌부의 서경을 통과하지 못하자 왕명으로 특별히 임명하였다.[59] 얼마 후 유정현이 병으로 좌의정 사직을 요청함을 계기로 그를 치사케 하고[60] 이직(李稷)을 좌의정, 황희(黃喜)를 승진시켜 우의정으로 임명하였다.[61] 그러나 6개월만인 세종 9년 1월 좌의정 이직도 건강을 이유로 사퇴를 요청하자[62] 세종은 황희를 좌의정으로, 맹사성을 우의정으로, 최윤덕(崔閏德)을 판좌군부사(判左軍府事)로, 조비형(曺備衡)을 참찬의정부사(參贊議政府事)로 교체하는 결단을 내렸다.[63]

김도련 회뢰사건을 계기로 인사권과 병권을 장악하며 정권을 주도하던 시종구신들을 전면 퇴진시키고 의정부를 황희, 맹사성과 같은 비(非)공신출신으로 교체한 것이다. 황희와 맹사성을 중심으로 새로 의정부를 구성한 세종의 의도는 분명하였다. 이제 부왕의 영향에서 벗어나 자신의 정치적 포부를 펼치기 위한 인적 구성을 갖춘 것이다. 세종이

57 서정민, 전게서, 살림, 2008.

58 『세종실록』 31권, 세종 8년 3월 17일(신해).

59 『세종실록』 31권, 세종 8년 3월 26일(경신).

60 영의정 유정현(1355~1426)은 태종의 元勳으로 태종 16년(1416)에 이미 좌의정이 되고 세종이 즉위하자 영의정이 되었다. 세종 8년에 다시 좌의정에 복귀하였다가 병으로 치사한지 4일 만에 사망하였다.

61 『세종실록』 32권, 세종 8년 5월 13일(병오).

62 『세종실록』 35권, 세종 9년 1월 24일(계축).
유정현의 뒤를 이어 영의정인 된 李稷(1362~1431)은 개국공신 3등, 좌명공신4등으로 세종 6년에 영의정이 되었지만 세종8년에 좌의정이 되었다가 이듬해 사직하였다.

63 『세종실록』 35권, 세종 9년 1월 25일(갑인).

태종대의 공신세력을 대신하여 비공신인 황희와 맹사성을 의정대신으로 발탁한 것은 왜일까?

황희와 맹사성은 부왕인 태종에 의해 총애 받는 신하들이있다. 두 사람이 모두 정치적 파란으로 많은 시련이 있었지만 두 사람의 공통점은 모두 청백리로 인정될 정도로 청렴하고 검박(儉朴)하며 충심으로 국정에 임하는 성실한 사람들이라는 점이다. 황희는 그의 졸기에

> "황희는 관후(寬厚)하고 침중(沈重)하여 재상의 식견과 도량이 있었으며, 풍후(豊厚)한 자질이 크고 훌륭하며 총명이 남보다 뛰어났다. 집을 다스림에는 검소하고, 기쁨과 노여움을 안색에 나타내지 않으며, 일을 의논할 적엔 정대(正大)하여 대체(大體)를 보존하기에 힘쓰고 번거롭게 변경하는 것을 좋아하지 아니하였다."[64]

라고 하여 진중한 인품, 식견과 도량, 자질과 총명의 탁월함, 검소하고 노여움을 보이지 않는 진중함, 일의 처리에 보여주는 공명정대함과 맥락을 잘 알고 있는 뛰어난 균형감각, 이런 점이 장점이었다. 따라서 정사(政事)를 의논하는데 있어 깊이 계교하고 멀리 생각하는 데는 황희를 따를 자가 없다는 것이다.[65]

맹사성의 경우도 졸기에

> "사성의 사람됨이 종용하고 간편하며, 선비를 예절로 예우하는 것은 천성에서 우러나왔다. 벼슬하는 선비로서 비록 계제가 얕은 자라도 뵈

64 『문종실록』 12권, 문종 2년 2월 8일(임신).
65 『세종실록』 53권, 세종 13년 9월 8일(기사).

이고저 하면, 반드시 관대(冠帶)를 갖추고 대문 밖에 나와 맞아들여 상좌에 앉히고, 물러갈 때에도 역시 몸을 꾸부리고 손을 모으고서 가는 것을 보되, 손님이 말에 올라앉은 후에라야 돌아서 문으로 들어갔다. 그러나 타고난 성품이 어질고 부드러워서 무릇 조정의 큰일이나 거관처사(居官處事)에 과감하게 결단하는 데 단점이 있었다."[66]

라고 하였다. 이렇게 맹사성은 인품이 종용하고 간소하며 예절로 사람을 대하여 상하를 막론하고 남을 높이고 공손하게 대하는 인격자였다. 천성이 어질고 부드러워 조정의 큰일이 있거나 관직에서 업무를 볼 때 과감하고 결단력이 부족하다고 할 정도로 점잖은 성품이었다. 세자 양녕은 맹사성을 졸직(拙直)한 성품을 가진 사람[67]이라 하였고, 맹사성의 시호가 '문정(文貞)'인 것도 충신(忠信)하고 예로써 사람을 대접하는 것을 문(文)이라 하고, 청백(淸白)하게 절조를 지킴을 정(貞)이라 한 점에서도 그의 인품을 엿볼 수 있다. 세종은 동왕 11년 6월 우의정에게 궤장(几杖)을 내리며 '경은 유독 겸공(謙恭)하고 온아(溫雅)한 미덕이 있어 조종(祖宗)을 두루 섬기며 직임은 재상의 지위에 처하여 모든 관원을 모범적으로 거느리며 나의 정치를 도왔다.'[68]하며 겸손과 공경, 온아한 미덕과 모범적인 리더십을 맹사성의 장점으로 인정했다.

세종에 의해 황·맹체제(黃·孟體制)라고 할 수 있는 신(新)의정부를 구축하였지만 그동안의 관력을 보면 두 사람은 큰 인연이 없었다. 이들이 처음 만난 것은 정종 1년(1399)에 문하부 낭사를 함께 했을 때였

66 『세종실록』 83권, 세종 20년 10월 4일(을묘).
67 『태종실록』 17권, 태종 9년 1월 1일(갑진).
68 『세종실록』 44권, 세종 11년 6월 24일(기해).

다. 황희는 보궐(補闕)로, 맹사성은 우간의대부(右諫議大夫)로 근무[69]하였는데 당시 문하부 낭사들은 이방원이 발탁한 인물로 대부분 태종대 중용되어 지신사나 대언을 지냈던 관료들이었다.[70] 이후 두 사람은 함께한 관직이나 부서도 없었다.

그럼에도 세종이 양인을 의정으로 발탁한 이유는 부왕인 태종시대에 양인은 초기에 정치적 시련과 파란을 겪었지만 그 충심에 의심할 여지가 없다는 사실을 태종이 인정하였고, 이들에 대한 신임과 지우(知遇)가 각별하였음을 잘 알고 있다는 점. 또한 양인은 태종대 공신들이 아니어서 세종이 이들에 대해 정치적 부채의식이 존재하지 않는다는 점. 양인이 모두 청백리로 인정될 정도로 행신이 조신하고 검약 검소가 체질화되었으며 권력욕이 크지 않았다는 점. 오랜 관직생활을 통해 국정전반에 걸쳐 해박하고 노련한 경험이 많다는 사실 등을 높이 샀기 때문이다.

2) 서달사건과 황·맹체제의 위기

그러나 황희와 맹사성의 의정부는 이들이 임명된 지 5개 월 만에 큰 위기를 만났다. 세종 9년 1월에 황희가 충청도 신창(新昌)에서 발생한 사위 서달(徐達)이 아전을 죽인 살인옥사에 개입하면서 신창이 고향인 맹사성에게 도움을 청했던 사실이 알려지게 되었다. 언간들의 계속되는 탄핵으로 조정여론이 악화되자 세종은 황희와 맹사성을 파직하고 의금부에 가두었다.[71] 사건의 전말은 아래의 인용과 같다.

---

69 『정종실록』 2권, 정종 1년 9월 10일(정축).

70 이정주, 전게논문 참조.

71 『세종실록』 36권, 세종 9년 6월 17일(갑술).

"좌의정 황희와 우의정 맹사성은 관직을 파면하고, 판서 서선(徐選)은 직첩을 회수하고, 형조 참판 신개(申槪)는 강음(江陰)으로, 대사헌 조계생(趙啓生)은 태인(泰仁)으로, 형조 좌랑 안숭선(安崇善)은 배천(白川)으로 각각 귀양보내고, 서달(徐達)은 장 1백 대에 유(流) 3천 리를 속(贖)으로 바치게 하고, 온수 현감(溫水縣監) 이수강(李守剛)은 장 1백 대에다 유(流) 3천 리에 처하여 광양(光陽)으로 보내고, 전 지직산현사(知稷山縣事) 조순(趙珣)은 장 1백에 도 3년을 속으로 바치게 하고, 직산 현감(稷山縣監) 이운(李韻)과 목천 현감(木川縣監) 윤환(尹煥)은 각각 장 1백에 도 3년을 속으로 바치게 하고, 대흥 현감(大興縣監) 노호(盧皓)는 장 90에 도 2년 반을 속으로 바치게 하고, 신창 현감(新昌縣監) 곽규(郭珪)와 신창 교도(新昌敎導) 강윤(康胤)은 각각 장 1백과 도 3년에 처하고, 도사 신기(愼幾)는 장 1백에 처하였다. 서달(徐達)은 선(選)의 아들이며 황희(黃喜)의 사위인데, 모친 최씨를 모시고 대흥현(大興縣)으로 돌아가는 길에 신창현(新昌縣)을 지나다가 그 고을 아전이 예로 대하지 않고 달아나는 것을 괘씸하게 여기어, 종 잉질종(芿叱宗) 등 세 사람을 시켜 잡아오라고 하였는데, 잉질종이 길에서 어떤 아전 하나를 붙잡아 묶어서 앞세워 가지고 그에게 달아난 아전의 집으로 인도하게 하였다. 아전 표운평(表芸平)이란 자가 이것을 보고 말하기를,

"어떠한 사람인데 관원도 없는 데서 이렇게 아전을 묶어 놓고 때리느냐."

하니, 종들이 그 말에 성이 나서 운평의 머리채를 잡은 채 발로 차고 또 큰 작대기로 엉덩이와 등줄기를 함부로 여남은 번 두들기고서 끌고 달(達)이 있는 데까지 왔는데, 운평이 어리둥절하여 말을 못하는 지라, 달(達)이 화김에 잘 살펴보지 않고 말하기를,

"일부러 술취한 체하고 말을 안하는구나."

하면서, 수행원 서득(徐得)을 시켜 되려 작대기로 무릎과 다리를 50여 번이나 두들겼다. 운평이 그 이튿날 그만 죽어버렸는데, 그 집에서 감사에게 고소하니, 감사 조계생(趙啓生)이 조순(趙珣)과 이수강(李守剛)을

시켜 신창(新昌)에서 함께 국문하게 하였다. 순(珣)과 수강(守剛)이 달(達)이 주장하여 때리게 한 것으로 조서를 작성하여 신창(新昌) 관노(官奴)에게 주어 감사에게 보고하였다. 그때에 희(喜)가 찬성(贊成)으로 있었는데, 신창은 바로 판부사 맹사성의 본고향이므로 그에게 부탁하여 원수진 집과 화해를 시켜 달라 하였다. 운평(芸平)의 형 복만(卜萬)이란 자가 때마침 서울에 왔기로, 사성이 불러 오게 하여 힘써 권하기를,

"우리 신창 고을의 풍속을 아름답지 못하게 하지 말라."

고 하고, 또 신창 현감 곽규에게 서신을 보내어 잘 주선해 주도록 하고, 서선도 또한 규(珪)와 수강(守剛)이 있는 곳에 나아가서 〈달이〉 외아들임을 말하여 동정받기를 청하고, 노호(盧皓)는 선(選)의 사위인지라, 이웃 고을 수령으로서 혹 몸소 가기도하고, 혹 사람을 시켜서 애걸하기도 하였다. 이에 규(珪)가 호(皓)에게 내통하여 일러주기를,

"차사관(差使官)의 보고가 막 떠났다."

하므로, 호(皓)가 길목을 질러 그 서류를 손에 넣었으며, 강윤(康胤)이 또한 최씨의 겨레붙이인지라, 원수진 집을 꾀어 이익을 줄 것을 약속하고 사화(私和)를 권하매, 복만(卜萬)이 역시 뇌물을 받고 사성(思誠)과 규(珪)의 말대로 원수진 집에 가서 달래어 이르기를,

"죽은 자는 다시 살아날 수가 없는 것이고, 본고을 재상과 현임 수령의 명령을 아전으로서 순종하지 않다가 나중에 몸을 어디다가 둘 것이냐."

고 하여, 드디어 사홧장을 써 받아 가지고 운평(芸平)의 아내에게 주어 신창(新昌)에 바쳐서 온수현(溫水縣)으로 보내니, 수강(守剛)이 순(珣)과 함께 의논하여 다시 관련된 증인을 모아 가지고 드디어 조서를 뒤집어 만들어 달(達)을 면죄되게 하고 죄를 잉질종(芿叱宗)에게 돌리어 감사에게 보고하였다. 감사가 윤환(尹煥)과 이운(李韻)을 시켜 다시 국문하게 하였는데, 환(煥) 등도 또한 선과 호와 수강의 청한 말을 받았는지라 그 안(案)대로 회보하니, 감사 조계생과 도사 신기(愼幾)도 다시 살펴보지 않고 형조에 그대로 옮겨 보고하였으며, 형조 좌랑 안숭선(安崇善)은 7개월 동안이나 미루적거리다가 다시 더 논하지도 않고 참판 신

개(申概)에게 넘기니, 역시 자세히 살피지 아니하고 서달(徐達)을 방면하고, 옥사는 잉질종(芿叱宗) 등에게 돌아가게 되어 법에 비추어 정부에 보고하니, 정부는 그대로 위에 아뢰었는데, 임금이 사건의 조서에 어긋난 점이 있음을 의아하여, 의금부에 내려서 다시 국문하여 죄를 매기니, 달(達)은 율이 교형(絞刑)에 해당되는데, 임금은 그가 외아들이기 때문에 특히 사형을 감하고 유형(流刑)을 속으로 바치게 하고, 순(珣)은 그 때에 상중(喪中)이었기 때문에 또한 속으로 바치게 하였다."[72]

살인사건을 저지른 황희의 사위 서달을 보호하기 위해 일어난 이 대형 독직사건(瀆職事件)은 황·맹체제가 들어선 후 최대의 위기였다. 영의정을 임명치 않은 상황에서 좌의정 황희는 사실상 수상이었고, 우의정 맹사성은 차상(次相)이었다. 이 두 사람이 모두 서달사건에 연루되어 파직된다는 것은 국정이 총체적으로 정지됨을 뜻한다. 따라서 이들에 대한 처벌은 세종에게도 곤혹스런 일이었다. 고위 관료들이 연루된 김도련 회뢰사건으로 인해 자신의 주도로 막 정계 개편을 끝냈는데, 새로 구성된 의정대신들이 개입된 대형비리가 또다시 터졌기 때문이다.

세종은 크게 고민하지 않을 수 없었다. 세종은 황희와 맹사성같이 노성(老成)한 두 의정대신을 대신하여 새롭게 의정부를 구성할 적당한 인물도 없었을 뿐 아니라, 이들만큼 국정에 원숙하여 자신을 보좌할만한 인물을 만나기란 더욱 어려웠기 때문이다. 세종은 결단을 내릴 수 밖에 없었다. 세종의 인재 보호의지는 확고해서 의금부에 구금된 양인을 불과 하루 만에 풀어주었다.[73] 또한 좌의정, 우의정에서 관직을 일시

72 『세종실록』 36권, 세종 9년 6월 21일(무인).

73 『세종실록』 36권, 세종 9년 6월 17일(갑술); 『세종실록』 36권, 세종 9년 6월 18일(을해).

적으로 파면하기는 하였지만[74] 그것도 불과 2주 만에 다시 회복시켜 주었다.[75]

그러자 대사헌 이맹균이 관대한 은전에 따라 가장 가벼운 죄에 처하여 관직만을 파면시킨 것만 하더라도 오히려 그 적당함을 잃었는데, 수십 일도 되지 않아서 그 직위를 회복하도록 명하니, 이들에 대한 형벌이 너무 가벼워 죄가 있는 사람이 징계됨이 없다고 항의하였다. 그러나 세종은 이 말에 충분히 수긍하지만 '대신을 진용퇴출(進用退出)시키는 일은 경솔히 할 수 없는 것이다'라고 선을 그으며 황희, 맹사성을 끝내 보호하였다.[76]

의정대신들이 연루된 희대의 부패사건과 황·맹 양인의 독직사건을 경험한 세종은 의정부보다 육조직계제(六曹直啓制)하에 실무관서인 6조를 중심으로 정치장악력을 높여 나갔다. 따라서 세종은 자신이 신임할 수 있는 황희, 맹사성에게 의정부를 맡겼지만 의정부 중심의 정치 운영은 피하였던 것이다. 이것이 세종 8년부터 황희가 영의정에 임명되는 세종 13년까지 영의정을 임명치 않고 비워둔 이유였다.

이 서달사건 이후 황희와 맹사성은 세종의 깊은 지우(知遇)를 받아 자신들을 향한 두터운 국왕의 신임을 확인하였다. 하지만 황희와 맹사성의 의정부로서는 자신들이 성심으로 국왕을 보필하고, 유능하고 효율적인 국정 운영을 통해 자신들의 능력과 충심을 증명해야 했다. 따라서 황희가 좌의정, 맹사성이 우의정으로 재임하는 약 4년 7개월간은

74 『세종실록』 36권, 세종 9년 6월 21일(무인).
75 『세종실록』 37권, 세종 9년 7월 4일(경인).
76 『세종실록』 37권, 세종 9년 7월 15일(신축).

양인에 대한 세종의 시험 기간이었다 해도 과언이 아니었다.

3) 상정소제조 활동

태종 14년에 실시된 육조직계제하에서 의정부의 기능은 약화되는 추세였다. 의정부서사제가 폐지된 상황에서 의정대신들이 국정에 개입할 여지는 크지 않았다. 이 때 국정에 참여할 수 있는 창구로 기능한 곳이 예조의 자문기관인 의례상정소(儀禮詳定所)였다.

의례상정소[77]는 태종 2년 무과 관함(觀銜)의 제정, 이전거관법(吏典去官法)의 제정, 악조(樂調)의 상정을 목적으로 설치된 임시관청으로 예조에 소속되었다. 이후 이 기관은 일시적으로 폐지되었다가 태종 10년 8월에 다시 설치되었다. 상정소는 영의정부사 하륜, 예문관제학 변계량, 참지의정부사 이조(李慥)로 제조를 삼았다.[78]

세종조에 들어 의례상정소의 기능과 업무영역이 확대, 강화되었다. 특히 태종 14년 4월부터 시행된 육조직계제[79]와 관련된다고 보인다. 그것은 이전에는 모든 법안과 문서가 의정부를 경유해야 했으므로 의정부 대신들은 자동적으로 모든 국정 사안에 대하여 빠짐없이 자신들의 의견을 개진할 수 있었다. 그러나 의정부 서사제가 없어짐에 따라 대신들이 이 같은 역할을 할 수 있는 공식적인 절차가 사라졌다. 그런데 일반적인 행정절차라면 큰 문제가 없을 수도 있지만 법제나 예제의 제정 같은 중요한 사안은 고도의 전문성과 식견을 요구하는 것이라서 육

---

77 임용한, 「조선초기 의례상정소의 운영과 기능」, 『실학사상연구』 24, 2002. (『경제육전과 육전체제의 성립』, 혜안, 2007에 재수록.)

78 『태종실록』 20권, 태종 10년 8월 28일(임술).

79 『태종실록』 27권, 태종 14년 4월 경신.

조에 맡겨놓을 수는 없는 것이었다. 따라서 이때부터 의정대신들의 의례상정소를 통한 자문기능은 강화되어 세종 즉위 후에는 예조업무 전반에 걸쳐 간여하게 되었다.[80]

황·맹체제가 들어서기 전인 세종 9년 이전까지 의례상정소는 예조의 자문기관, 혹은 예조의 상위기구로서 역할을 하였다. 세종 5년 각사의 제조수를 상정할 때 의례상정소는 도제조 1명, 제조 2명뿐이었다. 하지만 황·맹체제가 수립된 후 세종 10년부터는 제조수가 크게 늘어 도제조 이직을 비롯하여 제조로 황희, 허조, 이수, 변계량, 신상, 조계생, 정초, 김효손 등이 활약하였다. 맹사성은 우의정이 되고난 후 상정소의 제조, 도제조로 활동하며 상정소를 실질적으로 이끌었다.

이 때 오면 의례상정소의 역할도 확대되어 법전편찬 업무까지 맡게 되었다. 맹사성이 상정소 제조로 관계한 사항만 보더라도 다음과 같다. 국가 예제논의,[81] 평양기자묘 신위 표기법논의,[82] 종친의 관복제도 상정논의,[83] 정조 동지 등에 조하받을 때의 예에 대해 의논,[84] 문과 초장에 두 가지 경서를 택하여 출제할 것에 대한 논의,[85] 무묘(武廟) 설립에 대한 논의[86] 등에 관여하였다. 세종 13년 3월에는 맹사성이 도제조가 되어서는 한식날 실화에 대책 논의,[87] 종묘와 문소전, 광효전 등에 천신(薦新)할

---

80 임용한, 전게논문, 98쪽.

81 『세종실록』 41권, 세종 10년 9월 14일(계해).

82 『세종실록』 48권, 세종 12년 4월 9일(무인); 『세종실록』 48권, 세종 12년 4월 17일(병술).

83 『세종실록』 48권, 세종 12년 4월 25일(갑오).

84 『세종실록』 50권, 세종 12년 12월 2일(무진).

85 『세종실록』 51권, 세종 13년 2월 25일(경신).

86 『세종실록』 51권, 세종 13년 3월 17일(신사).

때 올리는 과일에 대한 예법논의,[88] 기친복(朞親服)일 경우 부의(賻儀)의 범위에 대한 논의,[89] 대전·세자궁의 산선차비(繖扇差備)는 충의위가 대신하는 것에 대한 논의,[90] 품관과 이민들이 수령을 고발하는 것을 금하는 것에 대한 논의,[91] 세자가 회례연(會禮宴)에 참예하는 의식에 대한 논의,[92] 아악(雅樂)의 관복 제도에 대한 논의,[93] 강무시의 임금과 신하의 의복을 당제(唐制)에 의거 의주에 기록하는 논의,[94] 수원부 판관 재설치 논의,[95] 원묘 묘실의 간수를 획정하는 논의,[96] 노비종모법에 대한 논의,[97] 아악에 대한 논의,[98] 관직제수를 일체 상제(喪制)준행에 따라 엄격히 제한하는 것에 대한 논의[99], 문무(文舞), 무무(武舞)와 남악(男樂)의 복색에 대한 논의,[100] 사초(史草)를 유실한 자에 대한 처벌 사항논의,[101] 장죄를 세 번 이상 범한 수령의 파출 여부에 대한 논의,[102] 예조에서 대마도주 종정성

---

87 『세종실록』 51권, 세종 13년 3월 27일(신묘).
88 『세종실록』 52권, 세종 13년 6월 8일(경자).
89 『세종실록』 52권, 세종 13년 6월 23일(을묘).
90 『세종실록』 52권, 세종 13년 6월 24일(병진).
91 『세종실록』 53권, 세종 13년 7월 11일(계유).
92 『세종실록』 53권, 세종 13년 9월 24일(을유).
93 『세종실록』 54권, 세종 13년 10월 1일(임진).
94 『세종실록』 54권, 세종 13년 10월 30일(신유).
95 『세종실록』 54권, 세종 13년 11월 5일(병인).
96 『세종실록』 55권, 세종 14년 1월 18일(무인).
97 『세종실록』 55권, 세종 14년 3월 15일(갑술); 『세종실록』 55권, 세종 14년 3월 25일(갑신).
98 『세종실록』 55권, 세종 14년 3월 28일(정해).
99 『세종실록』 56권, 세종 14년 4월 18일(병오).
100 『세종실록』 56권, 세종 14년 5월 2일(기미).
101 『세종실록』 56권, 세종 14년 6월 16일(계묘).
102 『세종실록』 57권, 세종 14년 7월 4일(경신).

이 진상한 물건과 서계를 수납할지에 대한 논의,[103] 양로연에서 노인이 출입할 때에 임금이 자리에서 내려서서 기다려야 하는가에 대한 논의,[104] 송·원의 세도에 따라 악을 제성할 것에 관한 유사눌의 상서문에 대한 논의,[105] 태조·태종에 대한 문무·무무의 가사에 대한 논의,[106] 원묘를 봉성전(奉誠殿)으로 고치는 것에 대한 논의,[107] 사헌부에서 결송하는 관리들이 처결을 지연하는 것을 징벌하는 것에 관한 논의,[108] '신(申)'자의 사용에 대한 논의,[109] 부민 고소금지법에 관한 논의,[110] 중군 소속인 내금위·충의위·별시위·사금 등의 예속 체계 문제논의[111] 등을 의론하였다.

이와 같이 의정대신들이 의례상정소를 중심으로 다양한 문제에 대한 국가 현안을 논의하였다. 상정소에서 논란되는 문제는 고제(古制)와 예제(禮制), 법제(法制)에 관한 것이 많아 논란이 크므로 전문적인 지식과 문제를 보는 노련한 식견이 요구되는 것이어서 노성한 맹사성, 황희 같은 의정대신들이 할 수밖에 없는 사항이었다.

4) 맹사성의 정치활동과 문화업적

맹사성은 황희와 함께 국정 전반에 대하여 깊이 관여하였다. 유능한

---

103 『세종실록』 57권, 세종 14년 7월 19일(을해).
104 『세종실록』 57권, 세종 14년 8월 1일(정해).
105 『세종실록』 57권, 세종 14년 8월 28일(갑인).
106 『세종실록』 57권, 세종 14년 9월 1일(병진).
107 『세종실록』 57권, 세종 14년 9월 17일(임신).
108 『세종실록』 58권, 세종 14년 11월 15일(경오).
109 『세종실록』 61권, 세종 15년 윤8월 27일(정축).
110 『세종실록』 62권, 세종 15년 10월 24일(계유).
111 『세종실록』 66권, 세종 16년 10월 27일(경오).

인재선발을 위해 과거제 운영에 대한 강경과 제술의 시행 방법을 논의하고, 직접 과제 시험문제를 출제하기도 하였다. 과거응시 자격문제를 논의하여 풍속을 교정하기 위해 개가녀의 자식에게는 과거응시 자격을 부여하지 않도록 하였다.

유능한 인재를 선발하기 위해서는 공정한 인재선발과 함께 인사에서는 능력을 중시해야함을 주장하였다. 나아가 지방관 임기제에 대해서도 논의하여 외관(外官)의 경우 60개월에 두 차례 평가하도록 하였다.

국가기강 확립을 위해서 전국적인 암행어사 파견을 반대하였다. 이것은 백성들의 고발로 인해 수령들의 비위가 억제되는 것도 좋지만 대부분은 악용되는 사례가 많아 폐해가 크다는 점 때문이었다. 따라서 부민고소금지법도 보완되어야 함을 주장하였다.

그는 국방문제에 있어서도 뚜렷한 소신을 보여주었다. 압록강, 두만강을 경계로 한 국경 확정은 세종대 최대의 업적이었다. 당시 북방 여진족과 영토 경쟁을 해야 하는 조건에서 국경지역은 항상 위태로운 상황이었다. 따라서 국경을 위협하는 파저강 야인에 대한 정벌은 국가적인 논쟁거리였다. 최초의 문관출신 삼군도진무를 경험한 맹사성도 군사문제에 관한 전문가적 식견이 있었다. 그는 군사적 방어체계를 위해 군사주둔지의 이설문제, 고토회복 정책논의, 여진족 포용정책의 필요에 적극적으로 의견을 개진하였다. 야인정벌이 결정됨에 따라 이 문제의 이해당사국인 명나라에 여진정벌을 고지할 것인가, 아닌가를 논의하는 외교적 현안이 대두했을 때에도 양국 간에 불편한 관계형성을 피하기 위해서 고지(告知)해야한다는 의견을 적극적으로 진달하였다.

맹사성은 또한 대중국, 일본외교의 중심에 있었다. 그는 대명사절로 수차례 중국을 왕래하였고 중국사신을 접대하는 일을 전담하였다. 그 결과 당시 조·명간에 큰 현안이었던 금은세공 면제 문제를 타결 지어 채굴로 고통당하는 백성들의 삶을 안정시키는데 공헌하였다.

사회경제적으로는 빈민구휼을 위한 환곡제도의 개선방안을 제시하였고, 병들고 가난한 환자들이 탕치(湯治)를 목적으로 찾는 온양과 평산온천에 의창을 설립하여 백성을 구휼하는 방안을 제시하였다. 또한 백성이 고통당하는 부역동원의 한계를 설정하자는 제안을 하였고 공법 전세제 도입을 반대하였다.

그는 유교적 원칙이 지배하는 이상적 사회구현을 목표로 학술 진흥책을 건의하였고 인재양성을 위해 집현전의 기능을 강화할 것을 주장하였다. 또한 여러 종류의 『속육전』과 같은 법전, 『태종실록』, 『고려사』, 『신찬팔도지리지』 편찬을 주도하였다.

그의 문화적 업적으로는 예악(禮樂)문제를 들 수 있다. 고려가 망하고 조선이 창건되었을 당시 국악은 정비해야 하는 국가의 숙원사업 중 하나였다. 유교적 예치주의(禮治主義) 사회를 지향하는 조선왕조에서는 왕의 음악인 궁중음악의 정비는 국가정책의 기초기반 사업이었다. 예치사회에서는 예악을 국가 통치의 기반으로 한다. 예를 통해 국가질서를 바로 잡고, 음악을 통해 백성의 마음을 화락하게 만드는 것이 국가통치의 요체였던 것이다.

세종은 사회적 위기를 바로잡는 방법은 예악을 바로 하는 일이라 생각했다. 때문에 세종은 오례의(五禮儀)를 만들어 국가통치 질서를 확립하면서 음악에 있어서는 난세지음(亂世之音)을 혁파하고 치세지음(治世之音)을 추구하였다. 박연이 아악을 일신하는데 공이 크다면 맹사성은 음악자문에 출중한 실력을 보여주었다. 맹사성은 예술적 자질이 뛰어나 시문에 능하고 음율(音律)에도 밝아 향악을 정리하고 악기도 만들었다. 이러한 그의 해박한 음악성은 태종대부터 궁중음악을 정비하는데 크게 기여했다. 세종대에 들어와서는 박연, 정양(鄭穰), 남급(南伋) 등의 음악이론가들과 함께 혼란한 아악을 바로잡고 중국계 아악과 전통적인 향악과의 모순을 극복해 나가는 한편, 당시 새롭게 창작한 악장가사(樂章歌詞)들을 향악 곡에 맞추어 악공들에게 가르쳐 줌으로써 세종의 특별한 사랑을 받았다.[112]

맹사성이 정비한 향악곡은 고려시대의 가사를 고쳐 음란하고 비속한 음악을 정화하여 궁중음악으로 사용하였다. 음악적 재능이 탁월한 세종과 음악에 능한 맹사성은 음악정치에 있어서 환상적인 콤비를 이룬다. 또한 맹사성은 종묘제사 때에는 당악(唐樂)을 연주할 것이 아니라 조상들이 생존 시기에 늘 듣던 향약을 연주하도록 하였으며, 조회음악에 부족한 악공들을 보충하기 위한 문제도 제기하였다. 그리고 향악과 아악을 함께 써야한다고 주장하였다. 이러한 맹사성의 음악관(音樂觀)은 우리나라 전통 음악인 향악의 중요성을 인지하는데 지대한 역할을 하였다.

Ⅳ. 세종시대 재상정치의 성공과 맹사성의 역할

이러한 맹사성, 황희 두 의정의 헌신적인 노력의 결과 황·맹체제 1기에 해당하는 세종 9년 1월부터 13년 8월까지 두 사람이 보여준 국정운영

112 『세종실록』 51권, 세종 13년 1월 21일(병술); 『세종실록』 52권, 세종 13년 6월 15일(정미).

의 활약상은 눈부신 것이었다. 이것은 국가 운영에 있어 의정부라는 조직의 중요성과 필요성을 재인식하게 하는 계기가 되었다.

이점에 대해서는 세종도 긍정적인 평가를 내려 세종 13년 9월 황희를 영의정으로, 맹사성을 좌의정으로 승진시키고 새로 권진을 우의정으로 임명하였다. 지금까지 미완의 체제였던 의정부의 기능을 완전히 회복시켰던 것이다. 그 결과 세종시대의 빛나는 업적들이 이 무렵에 많이 나타났다. 세종시대 문화의 황금기가 개막한 것이다.

〈표 1〉 맹사성의 재상활동기

세종친정기 2기					
시기		세종9.1.25	세종13.9.3	세종15.5.28	세종17.2.1
영의정	유정현		황희	황희	황희
좌의정	이직	황희	**맹사성**	**맹사성**	최윤덕
우의정	황희	**맹사성**	권진	최윤덕	노한

의정부 기능의 회복과 국정에서의 의정부 역할의 중요성은 국정에 대한 의정대신의 주도권의 확대로 이어졌다. 따라서 세종의 절대적 신임을 바탕으로 의정부가 국가 운영을 주도하게 된 것은 황희, 맹사성, 권진의 체제가 들어선 시기부터였다. 비록 제도적으로 이 체제를 인정하는 의정부서사제도는 세종 18년에 공식화되지만 이미 세종 13년부터 세종의 의정부에 대한 의존은 크게 증대하였다.

그 결과 세종은 17년 11월 오랫동안 황·맹체제의 골간을 이루었던 의례상정소의 혁파를 명하였다. 원래 상정소는 특수목적을 위한 임시관청이었다. 그러나 오랫동안 유지된 것은 국가 창업기에 법령제도 정비와 국가 질서체제 확립에 필요한 예제 정비, 각종 편찬사업의 주도를 유지하기 위한 것이었는데, 이제 이것을 혁파하자는 것이다. 그 이유를 세종은 "국가에서 일을 의논함에는 정부와 육조가 있고, 중국과의 교섭하는 일은 승문원(承文院)이 있으며, 또 상정소 제조(詳定所提調)도 또한 정부와 육조의 사람이니 어찌 각각 설치할 필요가 있겠는가."[113]라는 것이었다.

이것은 황·맹이 주도하는 의정부의 역할과 기능이 믿을 만하고 황·맹 양인의 국정 주도에 강한 신뢰를 표하는 것이었다. 이제 국가운영의 주도권을 신뢰할 수 있는 황희, 맹사성과 같은 의정부에 위임해도 되겠다는 세종의 확신에 찬 의사 표현이었던 것이다.

이러한 군신간에 깊은 신뢰의 결과, 세종 18년 4월 세종은 의정부서사제를 복구하였다. 그러나 이미 이전에 의정부에 대한 정치적 비중을 높여주었고 황희, 맹사성의 의견을 수시로 묻고 들어 국정에 한 치의 빈틈도 없도록 하였다.

세종은 이러한 맹사성과 황희를 극진히 예우하였다. 맹사성의 경우 부친을 위해 휴가를 주었고, 등창이 났을 때 의원과 약을 보내주었다.[114] 늙어 기동하기 힘들게 되자 궤장을 하사하였고, 노루를 한 마리씩 하사하여 몸을 보호하게 배려하였다.[115] 세종 9년에는 좌의정 황희·우의정 맹사성에게 아청필단홍견(鴉靑匹段紅絹) 각 한 필을 내려주어 격려하기도 하였다.[116] 또한 우의정 맹사성의 나이가 70세가 넘자 강무(講武)시에 의정부 대신으로 하여금 거가수행을 중지하게 하였고[117] 또 맹사성을

113 『세종실록』 70권, 세종 17년 11월 19일(병술).
114 『세종실록』 21권, 세종 5년 7월 17일(을미).
115 『세종실록』 57권, 세종 14년 9월 30일(을유).
116 『세종실록』 36권, 세종 9년 4월 21일(기묘).

비롯한 권진, 허조가 연로하니 조계(朝啓)를 정지한 날에는 예궐을 면제하게도 하였다.[118]

맹사성은 황희보다 3살이 많아 72세가 되는 1431년 9월 치사(致仕)를 요청하였다. 세종도 연로한 노대신을 위하여 수락하였다. 하지만 국가적인 중요한 사항이 있으면 맹사성을 부르거나, 신료들을 보내 자문하게 하였다. 그가 치사한 1년 후에 의정부서사제도가 실시되었고 군신공치(君臣共治)의 유교적 이상이 실현되었다. 맹사성은 향리인 온양으로 돌아가 학문에 몰입하였고 자연과 더불어 유유자적하다가 그의 나이 79세인 1438년 10월에 세상을 떠났다.

Ⅴ. 맺음말

고불 맹사성의 젊은 날은 정치적 파란과 고통스런 기억이 많았던 시기였다. 그러나 항상 검약하고 청렴하며 순후(醇厚)한 자질과 성품으로 성실하게 국정에 임한 결과 태종의 신임을 다시 회복하고 세종대의 현군(賢君)을 만나 일세의 중흥을 도모하는데 큰 역할을 수행할 수 있었다.

맹사성이 재상으로 활동한 세종 초년은 세종이 가장 의욕적으로 국정에 비전을 보여주고 활발히 국정에 임하던 시기였다. 젊고 총명하며 패기만만한 국왕 세종과 숙성하고 노련한 재상들이 협력하여 신생 조선왕조의 기반을 튼튼하게 세울 수 있었던 것이다. 젊고 명석하며 패

117 『세종실록』 51권, 세종 13년 1월 9일(갑술).
118 『세종실록』 51권, 세종 13년 1월 21일(병술).

기에 찬 국왕과 원숙한 노 재상의 결합은 신생국가인 조선왕조의 기틀을 강화하고 다지는데 크게 공헌하였다.

그 과정에서 맹사성이 보여주는 공인(公人)의 자세는 지금도 큰 울림을 준다. 그는 평생 동안 벼슬과 권력에 대한 집착이 없었다. 그러나 책임감은 강했다. 자기 수하의 관리가 잘못이 있으면 언제든지 자신이 책임을 함께 하려 하였다. 실례로 이조판서 재임시에 이조좌랑이던 정분(鄭苯)이 광의전 집사(廣孝殿執事)를 차임하지 않았다는 일로 의금부에 구금될 때 맹사성은 자기도 책임이 있다고 출사를 사양하였다.[119] 그 결과 태종은 맹사성으로 하여금 직소(職所)에 나오라 하고 구금된 정분마저 석방하였다.

이런 점은 좌의정이 되어서도 마찬가지였다. 세종이 파저강 야인정벌을 성공적으로 끝내고 개선한 최윤덕의 공을 치하하며 포상을 고민하자 자신의 좌의정 자리를 선뜻 양보 하겠다[120]는 의사를 보이는 모습도 이런 태도에서 나온 것이다. 자신보다 더 적절한 인물이 있다면 미련없이 자신의 직책을 내려놓겠다는 태도를 보였다.

이러한 모습은 황희도 마찬가지여서 양인의 헌신적인 노력의 결과 세종 16년 전후에 정치적으로 안정되고 왕권은 확립된 것으로 보인다.[121] 또 양 정승에 대한 세종의 확고한 믿음이 이후 의정부서사제를 실시하여 국정을 양 재상들에게 전적으로 일임해도 되겠다는 결심을 가능하게 하였다.

---

119 『세종실록』 10권, 세종 2년 12월 13일(정미); 『세종실록』 10권, 세종 2년 12월 15일(기유).

120 『세종실록』 60권, 세종 15년 5월 16일(무진).

121 최승희, 「세종대의 왕권과 국정운영체제」, 『한국사연구』 87, 62쪽.

재상시기에 맹사성이 관인(官人)으로서 보여준 모습은 백관의 사표가 되는 것이었다. 무릇 공직에 임하는 재상이란 이래야한다는 전범이 되었나. 이들에 내한 세종의 믿음도 커서 맹사성은 8년간 의정부 재상으로 복무하였고, 황희는 89세가 되어 치사할 때까지 무려 우의정이 된 때로부터 21년, 영의정이 된 때로부터 18년간 재상의 자리를 지켰다.

황희와 맹사성을 발탁한 세종의 선택은 가장 성공적인 인사(人事)였다. 세종시대의 빛나는 역사적 성과는 세종과 황·맹 두 재상의 헌신적인 보필의 결과물인 것이다. 맹사성은 세종시대 문화의 황금기를 여는 기초를 닦는 인물이었다.

〈표 2〉 부표: 태조~세종대 맹사성의 관직 이동 상황

年代	年齡	관직 변동	징계 내용
1392(태조 1년)	33세	水原判官에 임명되었다가, 沔川郡守가 되었음.	
1396(태조 5년)	37세	한성으로 올라와 內史舍人이 되었음.	
1396(태조 5년)	37세	9월, 禮曹議郞으로 奉常寺에서 鄭熙啓의 諡號를 잘못 마련한 것을 반박하지 않은 죄로 탄핵당하여 파면됨.	파면
1399(정종 1년)	40세	9월, 右諫議大夫에 임명됨.	
1400(정종 2년)	41세	8월, 右散騎常侍에 임명됨.	
1400(정종 2년)	41세	11월, 左散騎常侍에 임명됨.	
1401(태종 1년)	42세	公州牧使에 임명됨.	좌천
1403(태종 3년)	44세	윤 11월, 左司諫大夫에 임명됨.	
1404(태종 4년)	45세	1월, 노비 변정 문제로 정직당하고 溫水로 귀양감.	정직. 유배
1404(태종 4년)	45세	2월, 京外從便됨.	
1405(태종 5년)	46세	1월, 同副代言에 임명됨.	
1406(태종 6년)	47세	1월, 左副代言에 임명됨.	
1406(태종 6년)	47세	吏曹參議에 임명됨.	

年代	年齡	관직 변동	징계 내용
1407(태종 7년)	48세	文臣 親試에서 對讀官이 됨.	
1407(태종 7년)	48세	藝文館提學이 됨. 9월, 세자를 수행하여 侍從官으로 명나라로 가게 됨.	
1408(태종 8년)	49세	4월, 漢城尹이 됨. 進獻色 提調로 명에 보낼 처녀를 선발하는 경차관이 됨. 5월, 世子 右副賓客이 됨.	
1408(태종 8년)	49세	11월, 大司憲이 됨.	
1408(태종 8년)	49세	12월, 趙大臨 사건으로 순금사에 갇힘. 아들 맹귀미와 함께 죽을 고비에 이르렀는데, 이숙번·권근·하윤·성석린·조영무 등이 구함. 杖 1백 대를 맞고, 韓州 鄕校의 齋僕으로 定配됨.	杖一百. 鄕校齋僕 定配.
1409(태종 9년)	50세	윤4월, 外方從便됨.	
1409(태종 9년)	50세	8월, 職牒을 환급받고, 京外從便됨.	
1409(태종 9년)	50세	10월, 아들 맹귀미 민무구·민무질의 옥사와 관련하여 하옥 후 석방되었으나, 옥고와 장독으로 인하여 사망함.	
1411(태종 11년)	52세	윤12월, 判忠州牧事로 제수되었으나, 예조에서 음악을 가르칠 사람이 없으니, 중앙에 머무르게 하자는 청을 올림. 恭安府尹이 됨.	
1412(태종 12년)	53세	5월, 豊海道 都觀察使에 임명됨.	
1412(태종 12년)	53세	8월, 곡식이 손상된 상황을 妄報한 이유로 면직됨.	면직.
1416(태종 16년)	57세	6월, 吏曹參判에 임명됨.	
1416(태종 16년)	57세	9월, 禮曹判書에 임명됨.	
1417(태종 17년)	58세	2월, 변계량과 함께 生員試 주관함.	
1417(태종 17년)	58세	3월, 남재·변계량과 함께 文科 주관함.	
1417(태종 17년)	58세	4월, 변계량·조말생과 함께 文科 覆試 주관함.	
1417(태종 17년)	58세	6월, 戶曹判書에 임명됨.	
1417(태종 17년)	58세	12월, 父 맹희도를 봉양하라는 배려로, 忠淸道 都觀察使에 임명됨.	
1418(태종 18년)	59세	6월, 工曹判書·世子右賓客에 임명됨.	
1418(태종 18년)	59세	8월, 태종, 세자에게 선위함	

年代	年齡	관직 변동	징계 내용
1419(세종 1년)	60세	4월, 이조판서에 임명됨	
1419(세종 1년)	60세	9월, 판한성부사에 임명됨	
1419(세종 1년)	60세	12월, 예문관대제학에 임명됨	
1420(세종 2년)	61세	10월, 이조판서에 임명됨	
1421(세종 3년)	62세	12월, 의정부찬성사에 임명됨	
1422(세종 4년)	63세	5월 찬성사 맹사성, 태종의 죽음으로 國葬都監提調에 임명됨	
1422(세종 4년)	63세	8월, 육전수찬색제조에 임명됨	
1424(세종 6년)	65세	12월, 판좌군도총제부사에 임명됨	
1425(세종 7년)	66세	8월, 삼군도진무에 임명됨	
1427(세종 9년)	68세	1월, 우의정에 임명됨	
1427(세종 9년)	68세	6월, 21일 황희 사위 徐達사건으로 우의정파직됨	파직
1427(세종 9년)	68세	7월, 4일 우의정에 재임명됨	
1429(세종 11년)	70세	6월, 궤장을 하사받음	
1431(세종 13년)	72세	9월, 좌의정에 임명됨	
1435(세종 17년)	76세	2월, 좌의정에서 致仕함	
1438(세종 20년)	79세	10월, 맹사성 卒	

※ 본 〈부표〉는 이정주의 전게논문에 정리된 부표에 세종대 맹사성의 활동을 첨가한 것임.

복재 기준의 생애와 정치활동

Ⅰ. 머리말

기준(奇遵)은 조선 중종대 개혁사상가로 도학정치(道學政治)의 꿈을 펼치며 정치개혁을 선도하던 대표적인 사림파 인물이다. 기준은 종종반정이후 관직에 진출하는 동료 사림세력과 함께 성리학적 질서가 지배하는 이상적 사회론을 기반으로 한 지치주의(至治主義)의 실현을 자신의 정치적 목표로 하였다. 당시 조광조를 위시한 사림세력은 과거를 통해 관직에 등장한 후 주로 삼사(三司)에 등용되어 홍문관, 사헌부, 사간원의 관리로 진출하였다. 이러한 사림세력은 경연과 언론활동을 통해 국왕과 직접적으로 대면하면서 자신들의 도학적 이상론을 활발히 전개하였다. 그 중심에 기준이 있었다.

기준이 아산과 인연을 맺은 것은 기묘사화로 인해 피화(被禍)되어 아산이 그의 첫 유배지가 됨으로 비롯되었다. 그의 일생 중 가장 불행한 시기였던 아산의 유배기는 그가 곧 온성으로 이배(移配)될 때까지 불과 1달여 정도에 걸치는 짧은 시간이었다. 그러나 아산이 그의 생애에서 지울 수 없는 장소가 된 것은 그의 삶이 짧게 마감하는데 결정적인 단초가 된 소위 망명사건이 이곳에서 일어났기 때문이다. 이런 이유로 그의 정치적 복권은 기대할 수 없게 되었으며 결국 죽음으로 짧은 생을 마감하게 되었던 것이다. 이러한 인연으로 1601년 그는 아산에 있는 인산서원(仁山書院)에 배향되었고 아산의 역사 속에 중요한 인물로 자리 잡게 되었다.

현재 학계에서 이루어낸 기준에 대한 연구 성과는 3편에 불과할 정도로 미미하다.[1] 그의 시(詩)에 대한 문학적 연구가 1편이 있고, 그의 사상에 대한 철학적 연구가 2편이 있다. 하지만 1편은 경기도 고양에 있는 문봉서원 배향자를 다루는 중에 간략히 서술된 정도이다. 역사적 측면에서 그에 대한 연구는 중종대 사림파연구의 일부분으로만 다루어져왔고 본격적인 연구는 전무하다. 본 연구는 그간의 연구 성과를 토대로 하면서 조선 중종대 사림파의 대표적 인물인 기준의 극적인 삶을 통해 그가 추구했던 정치개혁과 좌절, 죽음에 이르는 과정까지 그의 치열했던 삶과 함께 아산과의 연관을 통해 이 지역의 역사성을 탐구할 목적으로 쓰여졌다.

Ⅱ. 복재 기준의 가문적 배경

기준은 성종 23년(1492) 2월 23일에 서울의 청파동(靑坡洞) 만리현(萬里峴) 구제(舊第)에서 태어났다. 그는 본관이 행주(幸州)이며 자를 자경(自敬), 호를 덕양(德陽) 혹은 복재(服齋)라고 한다. 『행주기씨대동보(幸州

1 金鍾振, 「服齋 奇遵의 詩에 대한 考察」, 『향토문화연구』 4, 원광대 향토문화연구소, 1987; 金基鉉, 「服齋 奇遵의 도학사상」, 『민족문화』 5, 한성대 민족문화연구소, 1991; 윤사순, 「조선조 선비와 文峯書院 八賢」, 『민족문화』 5, 한성대 민족문화연구소, 1991.

奇氏大同譜)』를 보면 행주 기씨는 고려 인종(仁宗)때 문하평장사를 지낸 기순우(奇純祐)를 시조로 하였다. 이후 3세 기윤숙(奇允肅), 기필선(奇弼善)에서 갈라져 기윤숙의 가계는 손자 기관(奇琯) → 기자오(奇子敖) → 기식(奇軾), 기철(奇轍), 원나라 순제(順帝)의 황후인 기황후(奇皇后)남매로 연결된다. 이들은 고려시대 몽골 간섭기에 대표적인 친원세력으로 고려말 최고의 벌열가문을 형성하였지만 공민왕의 반원정책으로 몰락하였다. 그러나 기준의 집안은 기필선의 혈통으로 기필선의 손자 기절(奇節) → 기효순(奇孝順) → 기현(奇顯)으로 연결되는 가계였다. 7세인 기현은 고려말 공민왕 때 권신이던 신돈과 같은 당으로 신돈의 집권기간에는 정치적 세력을 크게 떨쳤다. 하지만 그 이유로 신돈이 몰락할 때 아들 기중평(奇仲平), 기중수(奇仲脩)와 함께 죽임을 당하였고[2] 이를 계기로 기준의 가계도 정치적으로 크게 몰락하게 되었다.

기씨 문중이 다시 정치적으로 부활하는 것은 조선왕조가 창건된 이후였다. 기중평의 자인 9세 기면(奇勉)이 신왕조에 출사함을 계기로 가문이 다시 일어 설 기반을 확보할 수 있었다. 기준의 고조부인 기면은 『조선왕조실록』 속에는 그 이름이 나타나지 않지만 조선 국초에 공조전서(工曹典書)를 역임하였다한다.[3] 그런데 사실 기씨 문중을 크게 일으킨 인물은 기준의 증조인 10세 기건(奇虔)이었다.[4] 기건은 학행으로 이름이 나서 세종 때에 효렴(孝廉)으로 발탁되어 사헌부 집의, 제주목사, 첨지중추원사, 병조참의, 형조참의, 이조참의, 전라도 도관찰사겸 전

2 『고려사』 권43 세가 43 공민왕6 신해 20년 7월 병진, 병자.

3 奇大升, 『高峯集』 권3, 行狀, 資憲大夫 漢城府判尹 奇公行狀.

4 기건은 원래 근거지가 松都였다. 하지만 그가 조선조에 出仕하면서부터 한양으로 주거지를 옮긴 것 같다. (『輿地圖書』 補遺篇 松都誌 권6 名宦)

주부윤, 호조참판을 두루 역임하였다. 세종의 사후에는 부고청시사행(訃告請諡使行)의 부사(副使)로 선발되어 정사인 이선(李渲)과 함께 명나라를 나녀왔다.[5] 이후 호조참판, 의금부 제조를 지내고 외식에 나아가 함길도 관찰사, 개성부유수를 역임하였다. 단종대에 이르면 사헌부 대사헌, 인순부윤(仁順府尹)을 역임하고 다시 외직에 나아가 평안도 관찰사가 되었다. 세조대에는 원종공신이 되었으며 판한성부사를 역임하고 세조 3년에 중추원사로 있으며 사은사부사로 재차 명나라에 다녀왔고 이후 세조 6년에 사망하였다. 그는 성품이 맑고 검소하고 글읽기를 좋아했다고 한다. 일찍이 연안군수(延安郡守)가 되었을 때, 군민이 진상하는 붕어잡이의 고충을 생각하고 부임 3년 동안 한 번도 먹지 않았고, 제주목사로 나가서 주민이 전복따기에 괴로워하는 것을 보고 전복을 먹지 않았다고 한다.[6] 이와 같이 증조 기건의 오랜 사환과 고위관직의 역임을 계기로 기준의 가문은 신왕조에 들어와 중앙에 확고한 입지를 세우고 정치적 기반을 확보하게 되었던 것이다.

---

5 『문종실록』 권1, 문종 즉위년 2월 26일(경자).

6 『세조실록』 권22, 세조 6년 12월 29일(신축).
전라남도 장성의 秋山書院에 제향되었고 시호는 貞武이다.

〈표 1〉 기준 가문의 세계표

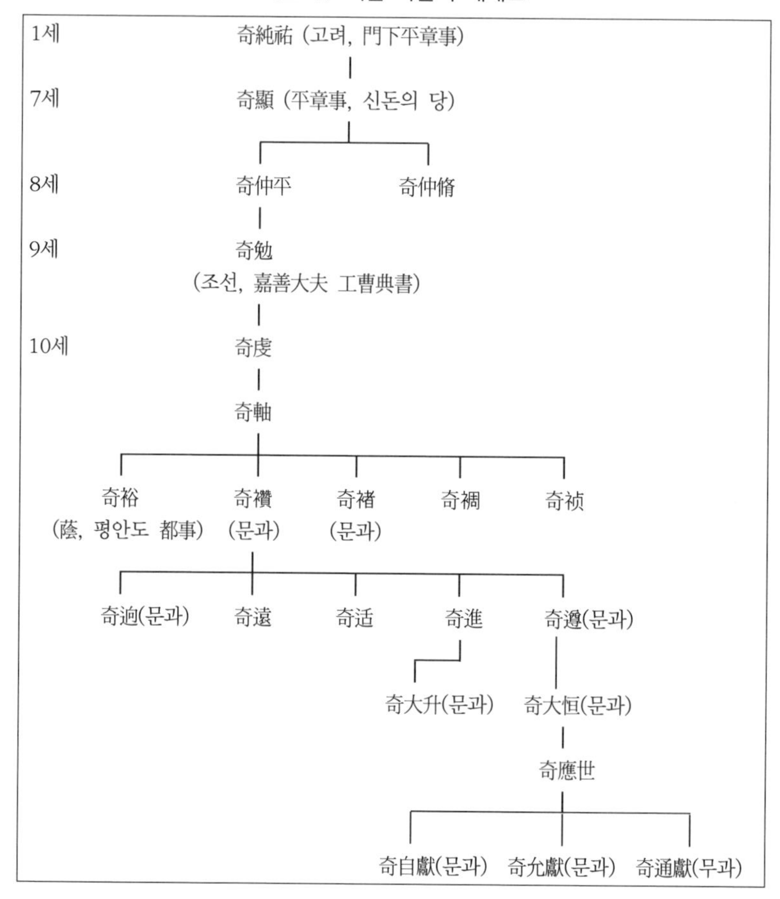

출전: 『행주기씨대동보』, 2004.

기준의 조부인 기축(奇軸)은 문음으로 출사하여 사헌부 감찰, 풍저창 부사를 역임하고 세조대에 원종공신이 되었다.[7] 기축의 장자 기유(奇裕)

---

7 『세조실록』 권2, 세조 1년 12월 27일(무진).
기축은 세조 10년(1464) 3월 9일에 사망하였다.

는 음서로 입사하여 평안도 도사(都事)를 지냈다. 차자인 기찬(奇襸)[8]은 바로 기준의 부친으로 생원시에 합격한 후 문과로 출신하여 이조정랑과 홍문관 부응교를 지냈다. 기찬의 초취부인은 파평 윤씨로 첨추 윤준원(尹俊元)의 딸인데 아들 2명을 낳고 일찍 타계하였다. 재취부인인 안동김씨는 풍저창 직장 김수형(金壽亨)의 딸로 3남 1녀를 낳았으며 기준은 안동김씨의 소생이다. 외조부 김수형은 세조대의 권신이면서 정국공신인 좌의정 권람(權擥)의 사위이며 남이(南怡)와는 동서지간이 된다. 그는 나중에 장예원 사의(掌隸院 司議)를 지내기도 하였다. 김수형의 딸 중에 하나는 사산감역관(四山監役官) 정세명(丁世明)에게 시집가서 사림파 인물인 정환(丁煥)과 정황(丁熿)을 낳았다.[9]

기준의 부친 기찬은 기준이 태어난 지 불과 4개월만인 1492년 6월 16일에 사망하였다. 기준은 위로 4명의 형이 있는 5형제의 막내였다. 이중 첫째 기형(奇逈)[10]은 기준보다 2년 늦게 문과에 합격하여 권지정자와 주서를 지내다가 무장현감으로 외직에 나갔다. 기묘사화 후 종5품을 거치지 않고 정랑(正郎)에 승진하였으며[11] 중종 19년(1524) 사헌부지평을 마지막으로 관직을 떠났다.[12] 둘째 기원(奇遠)은 기묘사화로 동

8 기찬은 성종 5년(1474)에 식년시 을과3위로 과거에 급제하였다.

9 金安國, 『慕齋集』 권13, 故都正丁君墓碣銘
丁煥과 丁熿은 이종사촌인 기준과 함께 조광조의 문인이다.(『靜菴先生續集』 附錄 권5 門生錄)

10 奇逈은 연산군 7년(1501)에 생원2등 21위, 진사3등 19위에 합격하고 중종 11년(1516) 식년시에 병과 12위로 급제하였다. 奇逈의 사마시 동년으로 주목되는 사림파 인물은 金安國, 成世昌, 柳沃, 金湜, 朴壕 등이 있다. 그러나 문과급제는 많이 늦어 동년으로 梁彭孫, 尹衢, 尹溉 등이 확인된다.

11 『중종실록』 권47, 중종 18년 2월 25일(병신).

12 『중종실록』 권52, 중종 19년 10월 26일(정사).

생 기준이 피화(被禍)되는 것을 보고 사진(仕進)에 뜻을 버리고 전라도 장성으로 옮겨가서 살았다. 셋째 기괄(奇适)은 문사(文辭)가 뛰어나 동생 기준과 수창(酬唱)한 시가 기준의 문집인 『덕양유고(德陽遺稿)』에 있지만 기묘사화 후 동생을 구하려고 노력하다가 여의치 않자 숨어 지내며 벼슬길에 나가지 않았다한다. 넷째 기진(奇進)은 아우 기준과 함께 도학으로 세상에 이름이 났고[13], 중종 17년(1522) 사마시에 합격하여 잠깐 경기전(慶基殿) 참봉을 지냈으나 그만 두고 전라도 광주 고룡리(古龍里)에 은둔하였다.[14] 그의 학문은 아들인 선조대에 유림의 종장이자 거유(巨儒)이던 성리학자 기대승(奇大升)으로 계승되었다.

기준이 죽은 후 그의 자인 기대항(奇大恒)은 명종 1년(1546)에 식년문과 을과로 급제하였다. 부친에 대한 사림의 중망이 높아 그 덕분으로 청환직을 역임하였다. 1561년 대사간, 1563년 부제학을 역임하고 대사헌, 이조참판을 거쳐 1564년 공조참판, 한성부판윤으로 발탁되었다. 기준의 증손자인 기자헌(奇自獻)은 1590년에 문과에 급제하고 영의정을 역임하였다. 위에서 보듯이 기준의 집안은 고조부터 조선조에 들어와 사환을 하였지만 기준대(奇遵代) 이전에 정치적으로 벌열가문에 들어간다고는 볼 수 없고 꾸준히 사환이 이루어진 보통의 사족 가문이었음을 알 수 있다.

그러나 반대로 기준의 처가는 공신가문으로 처부는 중종반정에 공을 세워 정국공신 3등으로 책봉되고 우찬성을 역임한 윤금손(尹金孫)이었다.[15] 윤금손의 종제인 윤세호(尹世豪)도 정국공신이었다. 하지만 기준보

13 『선조수정실록』 권6, 선조 5년 10월 1일(갑인) 기대승의 졸기.
14 중종 17년(1522)에 식년시 진사3등 32위에 합격하였다.

다 4살 위인 처남 윤자임(尹自任)은 기준과 평생의 지우이며 개혁적 사림파의 중심인물이었다.[16] 윤자임은 기준보다 1년 먼저 중종 8년(1513) 별시에 합격하였고, 그 뒤 홍문관 박사·성언·부수찬·교리·지평·장령·집의 등 삼사의 청요직을 두루 역임하였다. 1519년 의주목사·직제학·우부승지를 거쳐 좌승지로 있을 때 조광조의 일파로 몰려 온양으로 중도 부처되었고 기준이 온성으로 유배될 때 그도 북청으로 이배(移配)되었다가

---

15 이병휴, 『조선전기 기호사림파연구』, 일조각, 1984, 69~70쪽.
 윤금손(세조 4년(1458)~명종 2년(1547))은 본관은 坡平. 자는 引止. 호는 西坡이며 尹太山의 증손으로, 할아버지는 尹岑이고, 아버지는 仁壽府副正 尹之崗이다, 성종 22년(1491) 진사로서 별시 문과에 병과로 급제하였다. 연산군 3년(1497) 홍문관 부교리에 제수되고, 연산군 7년(1501) 舍人에 승직하였다. 연산군 9년(1503) 執義에 제수되고, 연산군의 후궁인 淑儀 閔氏의 외숙임으로 인해 특별히 정3품 통정대부에 오르면서, 홍문관 부제학에 제수되었다. 그 뒤 다시 종2품 가선대부에 오르면서 永興都護府使로 파견되었다. 연산군 11년(1505) 지중추부사로서 賀登極副使가 되어 명나라를 다녀왔다. 중종 1년(1506) 경기도관찰사로 파견되고, 곧 정국공신 3등에 녹훈되면서 坡城君에 봉군되었다. 중종 3년(1508) 정2품 자헌대부에 오르면서 공조판서에 발탁되고, 이후 중종 8년(1523)까지 형조판서, 의정부좌참찬과 우참찬, 경상도관찰사·공조판서, 대사헌, 함길도관찰사·평안도관찰사 등을 두루 지냈다. 중종 14년(1519) 조광조 일파의 僞勳削除때 공신호를 박탈당했다가, 조광조 일파가 몰락하자 복구되었다. 중종 19년(1524) 봉군되고 중종 21년(1526) 致仕를 청했으나 허락을 받지 못하고 계속 관직생활을 하였다. 중종 38년(1533) 종1품 숭정대부에 승자하면서 우찬성에 제수되고, 곧 耆老所에 들어갔다. 명종 2년(1547) 종1품 숭록대부에 올랐다가 사망하였다.

16 윤자임(성종 19년(1488)~중종 14년(1519))은 坡城君 윤금손의 아들로 중종 8년(1513) 생원으로 별시문과에 3등으로 급제하였다. 1518년 사간으로 『性理大全』을 進講할 수 있는 26인 가운데 한 사람으로 뽑힐 정도로 성리학에 조예가 깊었다. 이어 昭格署의 혁파에 대하여 정계와 사림이 팽팽하게 대립하고 있을 때, 사림을 모함하는 「矢幹係書」에 趙光祖·金淨 등과 함께 그의 이름이 열거되기도 하였다. 또, 향약의 보급, 賢良科실시, 僞勳삭제 등 삼사를 중심으로 한 사림의 입장을 실천시키는 데 핵심인물로 활약하였다. 그는 『尙書』 無逸篇을 진강하는 등 학식이 뛰어났고, 무예도 겸비하였기 때문에 기묘사화를 일으켰던 洪景舟·南袞 등에 의하여 일차적인 제거대상이 되기도 하였다. 중종 33년(1538) 기묘사림이 다시 서용되면서 신원되어 직첩이 환급되었고, 영조 22년(1746)에 증직·贈諡가 이루어졌다.

배소에서 생을 마감하였다. 한편 기준의 동서인 황효헌(黃孝獻)[17]은 기준과 함께 문과 동방(同榜)인데 영의정 황희(黃喜)의 현손이다. 황효헌은 기묘사화 때 외직에 나가있어 죽음을 면했지만 기준과 함께 중종대 사림파의 중요 인물이었다. 위와 같이 기준의 가문적 배경을 살펴보면 기준의 집안은 훈구적 특성을 가지지도 않았지만 반면에 사림세력으로 입지를 갖춘 특별한 가문적 배경도 찾아지지 않는다는 사실이다. 그러므로 그의 사림적 특성은 학문적 배경을 통해 찾을 수밖에 없다.

Ⅲ. 수학과정과 학문적 배경

기준은 7세부터 소학(小學)을 공부하였다. 그러나 당시에는 무오사화의 여파가 여전히 남아 소학풍이 되살아나지 못한 상황이어서 그 자신도 소학의 의미를 잘 몰랐다고 고백한 적이 있다.[18] 그는 점차 성장하면서 학문에 깊은 뜻을 두고 발분망식하면서 공부에 열중하였다한다. 기준은 17세인 중종 3년(1508)부터 성리학공부에 전심(專心)으로 몰두하였다. 그 계기는 당시 명망이 높아가던 조광조를 만나 서로 종유(從

17 황효헌(성종 22년(1491)~중종 27년(1532))은 영의정 黃喜의 현손이며, 부사 黃瓘의 아들이다. 중종의 母后인 貞顯王后의 7촌조카이고 정국공신 4등이며 정난공신 3등인 黃孟獻의 동생이다. 진사로서 중종 9년(1514) 별시문과 을과로 급제하여 이듬해 홍문관 정자가 되어 사가독서한 뒤 홍문관 직제학·동부승지 등을 지냈다. 1526년 강원도관찰사를 거쳐, 이듬해 대사성과 황해도관찰사, 1528년 이조참의, 그리고 이조참판에 올랐고 1530년 李荇 등과 함께 『新增東國輿地勝覽』의 편찬에 참여하였다. 1532년 안동부사로 나갔다가 죽었다. 상주 玉洞書院에 제향되었다.

18 『중종실록』 권29, 중종 12년 8월 27일(경오).

遊)한 것이 결정적 이유가 되었다고 짐작된다.[19] 처음 조광조와 기준이 어떻게 만났는지는 상세히 알 수 없지만, 함께 서울에 거주한다는 지리적 동일성으로 인해 양인이 학문적으로 교류할 기회가 있었던 듯하다. 기준은 훗날 회고하기를 조광조와 뜻이 같아 젊은 날부터 교류하였다고 하였다. 뜻이 같다는 것은 학문적 입장과 이상(理想)이 같다는 것을 말한다. 따라서 이때부터 기준이 조광조와 가까이 종유하면서 도학풍에 대한 이해를 넓혀갔음을 짐작할 수 있다.

두 사람간의 학문적 교류를 더욱 두텁게 만든 계기는 중종 5년(1510) 조광조가 진사 회시에 장원한 후 여름부터 가을까지 개성의 천마산(天磨山), 성거산(聖居山)을 유람하며 독서할 때였다. 기준도 조광조를 따라 사찰에 기거하면서 각고의 노력으로 성리학 공부에 몰입하였다.[20] 이후 기준이 문과에 급제할 때까지 조광조와 학문적 교류는 계속되었다. 이렇게 깊어진 조광조와 관계는 기준의 학문성향을 성리학풍으로 바꾸어 놓았고, 사환 후에는 두 사람으로 하여금 사림파로서 개혁정치에 의기투합하여 평생의 정치적 동지가 되는 인간적 유대를 형성하였다고 짐작된다.

조광조와 교류하는 동안 기준의 성리학에 대한 이해 정도가 어느 정도 성숙되었는지는 구체적으로 알 수 없다. 그러나 이후 그의 독서편력을 보면 『성리대전(性理大全)』, 『대학(大學)』, 『대학연의(大學衍義)』, 『근사

19 기준이 조광조의 門人인가 아닌가는 논란이 되는데 『정암집』의 문인록에는 기준이 문인으로 등재되어 있다. 그러나 두 사람이 從遊했다는 사실에서 사제간이기 보다는 학문적 교류를 이어간 師友로 해석하는 것이 타당하다는 견해도 있다. (金基鉉, 전게논문, 1991, 283~284쪽)

20 『服齋先生文集』 附錄 권2 行狀, 『靜菴集』 年表; 『중종실록』 권37, 중종 14년 11월 16일(병오).

록(近思錄)』과 『예기(禮記)』 등의 성리학 기본서가 망라되어 있음을 보아 성리서적을 깊이 연구한 듯하다. 이러한 성리학에 대한 탐구노력은 사환이후에도 지속되어 당시로서는 난해한 『성리대전』을 강(講)할 사람으로 선발될 정도로 성리학에 대한 조예가 깊었고[21] 실제로 경연에서 『성리대전』[22]뿐 아니라 『대학』,[23] 『대학연의』,[24] 『근사록』,[25] 『예기』[26] 등 성리학의 핵심서적들을 강하였다. 이런 까닭에 기준은 '금(金)처럼 쟁쟁하고 옥처럼 윤택하여 염락(濂洛)의 학문에 깊다'고 평가될 정도로 사림계의 명망이 높았고, 성리학에 대한 이해가 깊어 당시 사람들이 정응(鄭膺)과 함께 쌍벽이라고 지목하기도 하였다.[27]

한편 기준은 문학적 재질도 뛰어나 국왕 앞에서 작시(作詩)로 장원하고 녹비(鹿皮)를 하사받을 정도로 탁월한 문재(文才)를 가지고 있었다.[28] 그의 문학적 재질의 탁월함은 그의 문집인 『덕양유고(德陽遺稿)』 속에

---

21 『중종실록』 권26, 중종 11년 10월 8일(병진); 『중종실록』 권26, 중종 11년 10월 13일(신유); 『중종실록』 권34, 중종 13년 11월 6일(임인); 『중종실록』 권36, 중종 14년 5월 17일(기유).

22 『중종실록』 권36, 중종 14년 6월 20일(임오).

23 『중종실록』 권24, 중종 11년 4월 13일(갑자).

24 『중종실록』 권26, 중종 11년 10월 8일(병진); 『중종실록』 권26, 중종 11년 11월 13일(경인).

25 『중종실록』 권36, 중종 14년 7월 2일(계사); 『중종실록』 권36, 중종 14년 9월 28일(기미).
기준이 1519년 4월 11일 친구인 구례현감 안처순에게 보내는 편지에서 『近思錄』을 거의 다 읽어 기쁘다는 내용을 전하고 있는 사실을 보아 성리서적을 항상 탐독했음을 알 수 있다. (『德陽遺稿補遺』, 答安順之書)

26 『중종실록』 권23, 중종 10년 10월 23일(병자); 『중종실록』 권26, 중종 11년 11월 2일(기묘); 『중종실록』 권26, 중종 11년 11월 7일(갑신).

27 『중종실록』 권36, 중종 14년 7월 16일(정미).

28 『중종실록』 권26, 중종 11년 11월 15일(임진).

수록된 수많은 시문(詩文)이 이를 증명한다. 이런 이유로 기준은 그의 홍문관 동료 중에서 가장 젊었으나 문학적 재질이 넉넉하여 그 명성이 조광조에 버금갈 정도로 사림의 중망(重望)이 있었다.[29] 하지만 이렇게 문학적 감성이 풍부하면서도 기준은 현실정치에 대하여는 과격하다고 할 정도로 강직한 면을 보였다. 그는 늘상 강개(慷慨)하여 일을 논하면 고려하는 바가 없고 늘 국왕인 중종 앞에서 언론을 격렬하게 펴서 사람들의 귀를 용동(聳動)시켰기 때문에 대신들은 이런 기준의 성격을 미워하였다고 한다.[30]

Ⅳ. 기준의 사환과 정치활동

1. 기준의 관직 생활

기준은 21세인 중종 8년(1513)에 사마시인 생원, 진사 양시를 모두 합격하고[31] 그 이듬해인 중종 8년(1514) 9월 18일에 22세의 나이로 별시(別試)를 통해 문과 대과에 급제하였다.[32] 이때 동년(同年)으로 합격한 인물 중에 주목되는 사림파 인사는 박세희(朴世憙), 정응(鄭膺), 황효헌(黃孝獻), 이약빙(李若氷), 이언적(李彦迪), 안처순(安處順) 등이 있다. 기준이 사환을 시작하던 중종 8년(1513)은 중종반정을 주도했던 훈구대신

29 『명종실록』 권23, 명종 12년 10월 19일(무술).

30 『중종실록』 권30, 중종 12년 10월 30일(임신).

31 기준은 생원시 일등 5위, 진사시 2등 7위로 합격하였다.

32 기준은 對策으로 병과 5위의 성적으로 합격하였다. 이때 장원급제자는 朴世憙였다. (『중종실록』 권20, 중종 9년 9월 18일(정축))

들이 자연적인 수명을 다하고 점차 퇴조하던 시기이며, 남은 훈구세력을 견제하면서 국왕의 위상을 높이려고 중종이 새로이 사림세력을 활발히 관직에 등용시키던 때였다.[33] 이렇게 등용된 사림세력은 연산군의 폐정이래 누적된 정치, 사회문제를 개혁할 호기로 생각하고 사헌부와 사간원을 통해 언론활동을 활발히 하는 한편 홍문관에서 개혁론을 입안하고, 이를 경연을 통해 펼쳐 나갔다.[34]

기준은 관직에 나가면서 동서인 황효헌과 함께 문한직인 권지 승문원 부정자(종9품)로 초임(初任)되었다.[35] 이듬해인 중종 10년(1515) 3월 27일 두 사람은 모두 홍문관 정자(正字)로 임용될 예정이었다. 하지만 처남인 윤자임(尹自任)이 이미 3월 17일 홍문관 박사가 되었기에 한집안에서 홍문관 관리 3명을 차지할 수 없다는 이조판서 박열의 반대로 인해 기준은 탈락되었다. 그것은 홍문관 정자가 춘추관 기사관을 겸하기 때문에 상피해야 한다는 논리였다. 하지만 두 달 후인 5월 12일에 결국 홍문관 정자로 임명되었다.[36] 이때부터 기준은 기묘사화가 일어나 관직에서 파출(罷黜)될 때 까지 사헌부 장령으로 재임한 2개월 반의 짧은 기간을 빼고 대부분의 관직생활을 홍문관 관리로 벼슬하면서 학문을 연구하는 한편 경연관을 겸직하였다. 그런 가운데 기준은 김안로(金安老)·김정(金淨)·소세양(蘇世讓)·유옥(柳沃)·유돈(柳墩)·정사룡(鄭士龍)·신광한(申光漢)·표빙(表憑)·박세희(朴世熹)·김구(金絿)·윤계(尹溪)·황효헌(黃孝獻)·정응(鄭譍)·손수(孫洙)·유성춘(柳成春)과 함께 사가독서를 명받기도 하

33 권연웅, 「조선 중종대의 經筵」, 『吉玄益敎授停年紀念史學論叢』, 1996, 495쪽.
34 이병휴, 「조선전기 사림파의 실체와 성격」, 『조선시대사학보』 39, 2006, 218쪽.
35 『중종실록』 권21, 중종 10년 3월 27일(갑신).
36 『중종실록』 권22, 중종 10년 5월 12일(무술).

였다.[37] 이후 기준은 고속으로 승진하여 곧 홍문관 박사가 되고[38] 다시 홍문관 부수찬이 되었다.[39] 그 후 홍문관 수찬, 홍문관 부교리에 임용되고, 한 자급을 뛰어 넘어 홍문관 부응교로 승진하였다. 다음에 사헌부 장령으로 잠시 이직하였다가 홍문관 직제학과 홍문관 응교를 차례로 역임하였다.

〈표 2〉 기준이 역임한 관직의 변천내역

직책	임명일	비고
권지 승문원 부정자	임용일은 불명	전거: 중종실록 10년 3월 27일
홍문관 정자	중종 10년 5월 12일	
홍문관 저작	임용일은 불명	전거: 중종실록 11년 3월 10일
천문이습관	중종 11년 11월 7일	
홍문관 박사	중종 12년 4월 3일	
홍문관 부수찬	중종 12년 4월 7일	
홍문관 수찬	중종 12년 윤12월 13일	전거: 중종실록 12년 10월30일
홍문관 부교리	중종 13년 3월 3일	
홍문관 부응교	중종 13년 10월 3일/11월 11일·17일	
사헌부 장령	중종 14년 4월 17일/4월 28일	
의정부 檢詳	중종 14년 2월 24일 중종 14년 7월 13일	종종 14년 2월 24일에 나오는 검상직은 史臣의 史評속에 언급되고 있어 당일이 임용일인지는 불명함

37 『중종실록』 권22, 중종 10년 5월 5일(신묘).
하지만 사헌부에서 선발인원을 줄여 학문에 전심하게 하자하여(『중종실록』 권22, 중종 10년 5월 10일(병신)) 蘇世讓, 鄭士龍, 申光漢, 朴世熹, 金綵, 黃孝獻, 鄭鷹 등 7인만 최종 선발되었다.(『중종실록』 권22, 중종 10년 5월 22일(병오))

38 『중종실록』 권27, 중종 12년 4월 3일(무신).

39 『중종실록』 권27, 중종 12년 4월 7일(임자).

홍문관 직제학	중종 14년 7월 13일	
홍문관 응교	중종 14년 7월 18일	

중종대 홍문관은 성종대와 마찬가지로 학문연구기관의 역할 뿐 아니라 경연을 통한 언론활동이 더 큰 의미를 가진다. 기준은 5년여에 걸친 길지 않은 사환기동안 거의 대부분을 홍문관에서 재직하면서 경연관을 겸직하였다. 이런 이유로 하위직에 있을 때부터 다른 홍문관 관리들과 함께 경연을 통해 자신의 정치적 견해를 활발히 주장하였고 사림세력의 정치, 사회개혁론을 적극적으로 펼치는 언론활동을 주도하였다. 연산군의 폐정을 개혁한다는 의미에서 중종대 이르러 경연(經筵)은 정책토론장으로서 그 중요성이 커졌으며 그 토론의 주제는 성리학적 학문기반을 갖춘 신진 사림세력들이 주도하고 있었다. 사림세력은 경연을 자신들의 도학정치론을 펼치는 강론장으로 삼으며 지치주의(至治主義)의 이상(理想)과 실천을 국왕인 중종에게 끊임없이 강조하였다.

이무렵 홍문관은 사림파 개혁정치의 산실이었다. 이들의 개혁적 주장은 대부분 경연을 통해 국왕에 전달되어 이 자리를 통해 펼쳐졌던 것이다. 홍문관의 젊은 관리 중에 경연에서 가장 활발하게 개혁주장을 펼친 인물이 기준이었다. 기준은 홍문관의 하급관리 때에는 다른 홍문관 관리들과 공동으로 정치개혁을 주장하였지만 점차 직급이 높아지면서는 독자적인 건의와 주장을 적극적으로 피력하였다. 당시 기준과 같은 젊은 사림파 관리들은 연산군의 폐정으로 무너진 사회 기강을 바로잡고 국초부터 내려오던 사회적 불합리를 일소하여 성리학적 사회질서를 실현시키려 하였다. 마침 국왕인 중종이 사림세력을 등용하고 지치주의적 개혁을 지지하는 것으로 판단한 사림세력을 이것이 도학

정치의 이상을 실현할 수 있는 천재일우(千載一遇)의 기회라고 생각하였다.[40]

기준은 경연관으로 능력을 크게 발휘하였다. 홍문관 관직이 승진함에 따라 경연관의 지위도 따라 올라 기준은 전경(典經)(중종 10년 8.23~11년 4.18), 설경(說經)(중종 11년 4.13~10.22), 사경(司經)(중종 11년 10.13~12년 4.4), 검토관(檢討官)(중종 12년 7.28~13년 2.28), 시독관(侍讀官)(중종 13년 4.18~5.19), 시강관(侍講官)(중종 13년 12.3~14년 9.28)을 차례로 역임하며 사림파 동료들과 함께 활발하게 개혁정치를 논하였던 것이다. 이러한 경연관으로서 기준의 능력은 중종도 인정하여 그를 순차를 뛰어넘어 탁용(擢用)하려고 하였다. 실례로 중종 14년(1519) 7월 일시적으로 의정부 검상(檢詳)을 임명하자 대간들이 기준은 경연관으로서 능력이 더 중요하다고 하여 철회된 적이 있다.[41] 이때 중종은 바로 기준을 자급을 뛰어넘어 공석이던 홍문관 직제학으로 탁용하였다. 이때 이조판서 신상은 기준이 인물의 국량은 임명할 만하지만 너무 젊고 경력이 짧아 승직이 빠르다고 반대하였다. 그러나 중종은 의지를 꺾지 않고 기준을 홍문관 직제학으로 제수하였다.[42] 이렇게 자급을 뛰어 넘어 이루어진 승진은 대간들 사이에 논란의 대상이 되었다. 대간들은 기준이 재기(才氣)는 합당하지만 벼슬한 지 오래지 않았고 나이도 30세가 넘지 않아 부제학에 임명하기에는 너무 젊다고 반대하였다.[43] 논란이 커지자 대사헌 조광조가 중재에 나서 기준이 인재이므로 발탁해 쓸 수는 있으나 너무 나이가

---

40 『중종실록』 권36, 중종 14년 9월 28일(기미).
41 『중종실록』 권36, 중종 14년 7월 13일(갑진).
42 『중종실록』 권36, 중종 14년 7월 13일(갑진).
43 『중종실록』 권36, 중종 14년 7월 14일(을사).

젊어 도(道)가 이루어지고 덕(德)이 세워진 다음 큰 자리에 나가야한다고 대간의 주장에 동의하며 임용논의를 취소할 것을 요청하였다. 이에 중종도 물러서서 기준을 홍문관 응교로 낮추어 재임명하는 것으로 결론지었다.[44] 이후 기묘사화가 일어날 때 까지 홍문관 응교를 마지막 관직으로 재임하였다.

2. 개혁적인 정치활동

1) 언로의 확대

기준은 언로의 개방은 심학을 바로잡고 인재를 변별하는 것과 함께 국정에 중요한 요소로 인식하였다.[45] 이런 이유로 신씨 복위문제를 정면으로 거론한 박상과 김정의 상소문제가 정치적 쟁점이 되자 양인을 적극적으로 옹호하였다.[46] 그는 박상과 김정사건을 언로의 문제로 해석하고 언로는 국가에 매우 중대하므로 범상한 사람의 말이라도 쓸 만하면 쓰고 어진 사람의 말이 맞지 않은 경우에도 용서하여 성덕을 보여주어야 한다고 주장하였다. 따라서 박상 등을 용서하면 언로가 넓어지는 것이라고 하였다. 나아가 구언(求言)을 하고서 그 내용을 벌준다는 것은 언로를 막는 것이며 말할 일이 있는 데도 사람들이 감히 말을 하지 않으면 반드시 나라를 잃게 될 것이라고 주장하였다.[47]

---

44 『중종실록』 권36, 중종 14년 7월 16일(정미).

45 『중종실록』 권23, 중종 11년 1월 6일(무자); 『중종실록』 권23, 중종 11년 1월 16일(무술); 『중종실록』 권23, 중종 11년 1월 19일(신축); 『중종실록』 권24, 중종 11년 3월 8일(기축).

46 『중종실록』 권23, 중종 10년 11월 28일(경술); 『중종실록』 권24, 중종 11년 4월 13일(갑자).

47 『중종실록』 권22, 중종 10년 8월 23일(정축); 『중종실록』 권23, 중종 10년 9월 13일

2) 민생의 안정

기준은 백성이 없으면 나라가 존재할 수 없다고 생각하였다. 따라서 백성이 근본이 되고 농사가 백성의 하늘이 된다는 것을 망각해서는 안된다. 조선도 연산군 이후 해마다 기근이 들어 민생이 곤궁한데 백성 중에서 전토(田土)를 가진 자가 얼마 안 되고, 한 두둑의 전토를 가진 자도 마침내 생계를 유지할 수 없어, 있을 곳을 잃고 떠돌며 굶어 죽는 사람이 많다. 백성은 굶주림을 면해야 항심(恒心)이 생기고 교화가 가능하다고 말하였다.[48] 이에 백성의 이익을 빼앗아 가는 공잠(公蠶)을 폐지하고, 내수사(內需司) 장리(長利)를 철폐하기를 주장하였다. 한편 정부의 재정 지출을 절약할 것도 주장하였다. "정부 지출이 절약되지 않으면 백성의 재물을 노략하게 될 것이다"라고 하였다. 이점에서 국가가 거두는 공물 수취제도의 문제점을 지적하면서 공물을 상정(詳定)할 때에도 해당지역의 공물 산출정도를 참작하여 정할 것을 주장하였다.[49]

3) 구습의 혁파

기준은 기전(祀典)체제의 개혁에도 착수하여 불교식 사전(祀典)인 기신제(忌晨祭)의 혁파를 주장하였다.[50] 반대로 주자가례의 보급과 실천을 주장하며 소학(小學)과 삼강행실도의 인간(印刊)을 건의하였다. 나아가 혼례에 있어서는 친영례(親迎禮)를 주장하였고[51] 친영이후에 가묘

(병신); 『중종실록』 권23, 중종 10년 10월 9일(임술).

48 『중종실록』 권27, 중종 12년 2월 22일(무진).

49 『중종실록』 권29, 중종 12년 8월 5일(무신).

50 『중종실록』 권23, 중종 11년 3월 8일(기축); 『중종실록』 권25, 중종 11년 5월 17일(정유).

를 배알하는 묘현(廟見)을 주장하기도 하였다.[52]

4) 종친의 우대

기준은 효제(孝悌)를 인간의 모든 행실의 근본으로 보았다. 따라서 형제는 형체만 나뉘었지 기운은 연속되어 있으니, 두 사이에 정의가 간격이 없다. 종실대우를 후히 하라는 덕목을 국가 통치의 요강(要綱)으로 생각하고 국왕이 왕실을 화합하게 하여야 하며 이점에서 종친을 충후하게 대우해야한다고 주장하였다.[53] 따라서 후손이 없는 모든 종친들에게 제사를 지내주어야 하는데, 연산군과 노산군을 제사지내 주자고 제안하였다.[54] 나아가 성종의 자로 중종 2년(1507) 모반을 꾀한 이과(李顆)에게 왕으로 추대되었다가 간성에 유배된 이후 죽은 견성군의 신원도 건의하였다.[55] 이들의 제사를 주관할 후손을 세우면 국가의 기맥이 연장되고 왕의 덕도 지극하여 질 것이라며[56] 실례로 세종도 무안군(이방석)의 후손으로 광평대군을 삼았음을 상기시켰다.[57] 한편 종친이 국가의 녹만 먹고 학식이 없으므로 죄를 짓는 것이니 이들을 교육할 것을 주장하였다.[58]

---

51 『중종실록』 권23, 중종 10년 10월 23일(병자).
52 『중종실록』 권29, 중종 12년 8월 2일(을사).
53 『중종실록』 권24, 중종 11년 4월 13일(갑자).
54 『중종실록』 권24, 중종 11년 10월 22일(경오).
55 『중종실록』 권26, 중종 11년 11월 13일(경인).
56 『중종실록』 권24, 중종 11년 10월 22일(경오).
57 『중종실록』 권24, 중종 11년 10월 22일(경오).
58 『중종실록』 권24, 중종 11년 4월 13일(갑자).

5) 원자(元子)교육 강화

기준은 사림세력과 같이 원자교육의 중요성을 자주 강조하였다. 기준은 조기에 원자를 교육하여 가르쳐 어릴 때부터 마음과 귀에 익혀서 습관이 성품으로 이루어져야 한다고 주장하고[59] 환시와 부녀자에게 맡기면 안되며 사가집에 피접나가는 것은 불가하다고 하였다. 항상 궁중에 두고 정인(正人)과 군자(君子)를 접하고 버릇이 천성대로 성취토록 해야 한다고 건의하였다.[60] 그 결과 기준을 비롯한 홍문관 관리들이 원자를 교양하는 방법을 편찬하여 진상하기도 하였다.[61]

6) 궁금(宮禁)세력 단속

기준은 국왕이 통치할 때 궁금(宮禁)세력을 멀리할 것을 건의하였다. 특히 인물진퇴, 대간이 아뢴 긴요한 말 등을 환관을 시켜 전언하지 말도록 요구하였다. 이런 일은 경연 때 승지가 직접 보고하고 경연이 아닐 때는 승지가 먼저 취품(取稟)하여 직접 아뢰도록 윤허한 다음 친계토록 할 것을 건의하였다.[62] 따라서 국왕은 혼자 있을 때 존양을 다해야하고 경(敬)을 주로 하여 극복해야하며, 잠심 자득한다.[63] 이를 위해 간알, 사은을 막아야하며 자신이 초하여 홍문관관리들과 함께 상소하여 여알(女謁)의 대표적인 사례로 연산조부터 궁중에 출입하던 윤순의 처를 내칠 것을 건의하였다. 나아가 외척에게 사정(私情)을 두고 비호하

59 『중종실록』 권28, 중종 12년 7월 28일(신축).
60 『중종실록』 권26, 중종 11년 10월 19일(정묘).
61 『중종실록』 권27, 중종 12년 1월 19일(을미).
62 『중종실록』 권26, 중종 11년 10월 9일(정사).
63 『중종실록』 권26, 중종 11년 10월 13일(신유).

고 정론(正論)을 막거나, 환관궁첩을 가까이 하는 것은 국가화란의 싹이라고 주장하였다.[64] 따라서 국왕은 평상시에 의원(醫員)을 불러 사통하는 것도 피해야하며 궁궐내 내치(內治)가 엄해야한다. 이런 점에서 궁중(宮中)과 부중(府中)이 일체가 된다면 절로 엄숙하여져서 난잡하고 비벽한 간알이 없어질 것이다.[65] 따라서 여사(女史)의 설치를 요구하였다. 이유는 임금은 깊은 궁궐 속에 거처하므로 그 하는 일을 외부인은 알 수 없기에 여사를 두어 규문 안에서 임금의 거동과 언행을 모두 다 기록하여 깊숙한 궁궐 속에서도 국왕이 방과(放過)하지 못하도록 하자는 취지였다.[66]

7) 성리학장려와 학문 탐구

기준은 치란(治亂)이 모두 학술에 달린 것이라 하며 왕이 도학으로 치국하면 백성이 바람에 풀 쏠리듯하여 사습과 풍속이 저절로 교정될 것[67]이라고 주장하였다. 따라서 성리학을 장려하면 우리 동방에 교화가 크게 행해질 것[68]이며 제왕은 마땅히 심학(心學)에 힘을 다하여 조금도 간단이 없어야 하는 것[69]이며 경연을 활성화하고 학문토론을 자주 할 것을 건의하였다.[70] 나아가 『근사록』과 같은 성리서를 읽어 공력을 들여 존양(存養)하고 성찰(省察)하여 국왕의 마음 다스리는 요법을 알면,

64 『중종실록』 권28, 중종 12년 7월 22일(병신).
65 『중종실록』 권28, 중종 12년 7월 28일(신축).
66 『중종실록』 권35, 중종 14년 4월 22일(을유).
67 『중종실록』 권27, 중종 12년 2월 14일(경신).
68 『중종실록』 권26, 중종 11년 10월 19일(정묘).
69 『중종실록』 권26, 중종 11년 10월 8일(병진).
70 『중종실록』 권31, 중종 12년 윤12월 19일(경인).

자연히 온갖 정사와 온갖 일이 환하게 막힘이 없게 될 것이라고 건의하였다.

8) 인재등용과 사습배양

기준은 국가경영에 필요한 인재의 중요성을 강조하며 인재등용의 폐단을 지적하였다. 조선은 과거로만 인재를 선발하는데, 과거가 너무 좁아 현명한 사람이 임용되지 못한다. 특이한 효렴이 있는 사람이면 발탁하여 임용하자며 효렴과의 실시를 건의하였다.[71] 인재를 일찍 배양하는 것은 미래에 쓰기 위한 것이니 이것이 동몽학(童蒙學) 성립의 취지이며 이를 강화하자[72]고 주장하였다. 현재 성균관의 일강(日講), 월강(月講), 제술(製述)이 모두 과거에 응시하기 위한 것이므로, 심신을 수양하는 것과는 다르다. 외방에 뜻있는 선비가 성균관에 유학하려고 해도 재생(齋生)의 비웃음을 받아 사습(士習)이 무너진다. 이것은 사장(師長)이 문제가 있는 것이고 사장이 적격자면 이러지 않을 것[73]이라며 성균관 교육의 문제를 개선할 것을 주장하였다.

이점에서 이학(理學)을 숭상하지 않는 풍습을 교정토록 정몽주, 김굉필의 문묘종사를 주장하였다.[74] 무오사화의 발발로 사림이 숙청되자 사습이 무너져 관학(官學), 동몽학(童蒙學)에서 대학, 소학을 모른다. 성균관은 국가 인재를 양성하는 곳이므로 선비는 이곳에서 학문에 힘쓰고 세상에 쓰여야 한다. 현재 선비는 사장(詞章)에 힘쓰고 있어 문제가 크다

71 『중종실록』 권26, 중종 11년 11월 2일(기묘).
72 『중종실록』 권26, 중종 11년 11월 4일(신사).
73 『중종실록』 권28, 중종 12년 7월 28일(신축).
74 『중종실록』 권29, 중종 12년 8월 8일(신해).

고 진단하였다.

Ⅴ. 기묘사화의 발발과 기준의 정치적 몰락

중종 12년(1517)부터 급속히 성장한 사림파는 성리학적 정치개혁을 주도하면서 훈구파와 정치적 갈등이 커지면서 훈구계 인물들로부터 적대적 존재로 주목되었다.[75] 종종 13년 8월 21일 「시간게서사건(矢幹揭書事件)」이 발생하여 기준을 비롯한 김정, 조광조, 이자(李耔), 한충(韓忠), 김안국(金安國) 등 30여 사림파세력이 국정을 변경하고 어지럽히며 사직을 위태롭게 한다고 지적하며 사림세력을 붕당으로 비판하였다.[76] 이러한 갈등은 위훈삭제사건으로 인해 훈구파의 조직적인 저항으로 증폭되었다. 홍경주, 남곤, 심정이 주동이 된 훈구세력은 종중의 마음을 움직여 마침내 기묘사화를 일으켰던 것이다. 기묘사화가 일어나던 중종 12년(1519) 11월 15일 밤 2고(鼓)에 홍문관에서 직숙하던 기준은 동료인 부수찬 심달원과 승정원에 직숙하던 승지 윤자임, 공서린, 주서(注書) 안정(安珽), 한림(翰林) 이구(李構) 등과 함께 가장 먼저 하옥되었다. 곧이어 중종이 금부(禁府)에 명하여 우참찬 이자, 형조 판서 김정, 대사헌 조광조, 부제학 김구, 대사성 김식(金湜), 도승지 유인숙, 좌부승지 박세희, 우부승지 홍언필, 동부승지 박훈(朴薰) 등 사림세력의 핵심인물들을 모두 구금하였다. 나아가 승정원·홍문관·대간·한림을 모두 다 체직하

75 이병휴, 전게서, 94쪽.

76 『중종실록』 권34, 중종 13년 8월 21일(무자).

였다.[77] 그 다음 죄안(罪案)을 만들어 조광조, 김정, 김구, 김식, 윤자임, 박세희, 박훈, 기준 등 8인을 핵심대상으로 지목하였다. 그 중에 조광조, 김정, 김구, 김식은 상층(上層)으로 격론(激論)을 주도한 주동자로, 기준을 비롯한 윤자임, 박세희, 박훈은 화부(和附)한 동조자로 분류하였다.[78] 중종은 조광조와 김정·김식·김구 등이 서로 붕당을 맺고 자신들에게 붙는 자는 천거하고 자신들과 뜻이 다른 자는 배척하여, 성세로 서로 의지하여 권요의 자리를 차지하고, 후진을 유인하여 궤격이 버릇이 되게 하여 국론과 조정을 날로 그릇되게 만들었다고 처벌의 이유를 들었다. 그 결과 조정에 있는 신하들이 그 세력이 치열한 것을 두려워 아무도 입을 열지 못하게 된 일과, 기준과 윤자임·박세희·박훈 등은 궤격한 논의에 화부한 혐의로 의금부로 하여금 추고토록 명하였다.[79]

다음날 16일 본격적으로 조광조를 위시한 8인을 차례로 공초하기 시작하였다. 그 자리에서 기준은 자신의 나이가 28세이며 젊어서부터 옛 사람의 글을 읽었으므로, 집에서는 효제(孝悌)를 다해야 하고 나라에서는 충의를 다해야 한다고 생각하였다. 뜻을 같이하는 선비와 고도(古道)를 강구하고 국가가 반드시 요·순의 정치에 이르게 하고자 하여 선한 자는 허여하고 선하지 않은 자는 미워하였다고 고백하였다. 또 조광조와는 젊어서부터 사귀어 왔으며, 김식·김구·김정은 늦게 상종하였는데, 그들의 논의가 궤격한지는 모르겠으며, 함께 교유하였을 뿐이고 서로 부화한 일은 진실로 없다고 주장하였다.[80] 조광조는 옥중 상소

77 『중종실록』 권37, 중종 14년 11월 15일(을사).
78 『중종실록』 권37, 중종 14년 11월 15일(을사).
79 『중종실록』 권37, 중종 14년 11월 15일(을사).
80 『중종실록』 권37, 중종 14년 11월 16일(병오).

에서 자신들의 억울함을 토로하기 위하여 중종의 친국(親鞫)을 요청하였지만 거절되었다.[81]

이들은 『대명률(大明律)』의 「간당조(奸黨條)」로 조율(照律)하여 조광조, 김정, 김구, 김식은 참하고 처자를 종으로 삼고 재산은 몰수하는데 해당하며 기준과 윤자임, 박세희, 박훈은 수종(隨從)으로 1등을 감하여 각각 장 1백에 유삼천리하며 고신은 진탈해야 한다고 건의하였다.[82] 그러나 애시당초 이 법률의 적용은 무리한 것이었다. 그것은 「간당조」의 원율(元律)이 사림파 숙청의 명분과 맞지 않아 무리하게 비율(比律)로 맞춘 것이어서 처벌이 너무 과중하였다. 따라서 만약 이 율대로 죄주면 만세에 관계될 것이라는 중신들의 건의에 중종은 조광조, 김정, 김구, 김식은 원방(遠方)에 안치(安置)하고 기준과 윤자임, 박세희, 박훈은 외방에 부처(付處)하게 하였다.[83] 기묘 8인은 16일 결장(決杖)을 당하고 17일 한강을 지나 유배길에 올랐다.[84]

Ⅵ. 아산 유배와 망명사건

기준은 아산으로 유배가 결정되자 성주로 유배지가 결정된 박훈(朴薰)과 동행하면서 경기도 갈원(葛院)을 거쳐 아산으로 내려왔다.[85] 이때 그

81 『중종실록』 권37, 중종 14년 11월 16일(병오).
82 『중종실록』 권37, 중종 14년 11월 16일(병오).
83 『중종실록』 권37, 중종 14년 11월 21일(신해).
84 『중종실록』 권37, 중종 14년 11월 17일(정미).
85 『중종실록』 권82, 중종 31년 8월 5일(무자). 葛院은 현재 평택시 七院洞이다.

의 처남인 윤자임도 아산과 이웃한 온양으로 유배되었다. 기준의 유배지가 현재 아산의 어느 곳인지를 알려주는 명확한 자료는 없다. 다만 온양에 있는 처남 윤자임과 가형(家兄)에게 보낸 몇 편의 한시에 유배지의 풍경이 그려져 있다. 바닷가이며 새가 나르고 호수가 있는 곳이라는 것을 보아 현 아산시 인주면 공세호(貢稅湖) 주변에 부처된 것임은 짐작할 수 있다. 이것을 뒷받침하는 근거로 이후 아산에 유배되는 다른 사람의 경우를 보아도 주로 공진(貢津)에 유배되었다[86]는 사실에서 공세창이 있는 인주면 주변의 해변 지역이 유배지였을 것으로 생각된다.

아산에서 기준의 유배생활은 암담함과 쓸쓸함, 외로움으로 요약할 수 있다. 그의 『덕양유고』에는 아산 배소에서 보냈던 막막한 심정을 담은 시를 몇 편 남기고 있다. 같은 처지의 처남 윤자임에게 보낸 다음의 시에서 그의 힘들고 괴로운 심사를 잘 읽을 수 있다.

외로운 죄인은 바다 한 모퉁이에서	孤囚海一徼
다만 물고기, 새와 어울릴 뿐	魚鳥但相群
눈물은 관산의 눈을 가리지만	淚暗關山雪
마음은 고향 구름되어 날아가네.	心飛故國雲
기러기는 풍상에 기운이 다하고	雁風霜氣逼
등불은 밤비에 빛이 흩어진다.	燈雨夜光分
꽃다운 젊은 시절 저물어가니	苒苒芳年暮
강을 사이하고 부질없이 그대를 생각하네.[87]	隔江空憶君

86 李浩彬, 『新定牙州志』(奎17384) 謫居條.
87 『德陽遺稿』, 「牙山謫居詠懷」, 『한국문집총간』 25, 300쪽.

기준의 아산 유배생활은 짧게 끝났다. 그해 12월말에 다시 함경도 온성으로 이배(移配)되었기 때문이다. 그러나 아산에서 보낸 유배기 동안 향후 그의 운명을 가르는 사건이 발생하였다. 소위 기준의 '망명사건'이 이곳에서 일어난 것이다. 기묘 8인이 임시로 지방에 부처된 후 중종은 조정의 대신들과 이들의 처벌을 둘러싸고 긴 논란을 진행하고 있었다. 많은 사람들은 이들에 대한 처벌이 처음부터 무리한 것이어서 이들의 유배가 일시적인 것으로 이해하려고 생각했다. 그러나 훈구파들은 이들의 정계복귀를 원천적으로 봉쇄하기 위한 정죄(定罪)와 여타 사림세력에 대한 2차 숙청에 골몰하였다. 그 결과 많은 조정대신들이 반대하였고 성균관 유생들이 집단적으로 항의했음에도 불구하고[88] 그해 12월 16일에 유배된 기묘 8인에 대한 2차 조율(調律)이 최종 결정되었다. 수괴로서 조광조는 사사(賜死)하는 것으로 결정되었고 나머지 7인중에 김정, 김구, 김식은 절도(絕島)에 안치하고 기준과 윤자임, 박세희, 박훈은 극변(極邊)에 안치한다는 무거운 처벌이었다. 나아가 사림파에 대한 2차 숙청을 단행하여 유용근, 정응, 최산두, 정완을 원방에 부처하고 안당, 유운, 김안국을 파직하고 이자, 최숙생, 이희민, 이약빙, 이연경, 조광좌, 윤광령, 송호지, 송호례, 양팽손, 이충건은 고신(告身)을 추탈하였다.[89]

---

88 『중종실록』 권37, 중종 14년 11월 17일(정미).

89 『중종실록』 권37, 중종 14년 12월 16일(병자).

〈표 3〉 기묘 8인의 유배상황

성명	나이	관직	유배지	비고
趙光祖	38	대사헌	능성	賜死
金淨	34	형조판서	금산 → 진도 → 제주도	絞死
金湜	39	대사성	선산	망명 후 자살
金絿	32	부제학	開寧 → 남해 → 임피	放送(1533년(중종28) 3월 26일) 예산에 돌아와 죽음
奇遵	28	응교	아산 → 온성	絞死
朴薰	36	동부승지	성주 → 의주 → 안악	放送(1533년(중종28) 3월 26일)
朴世熹	29	좌부승지	상주 → 강계	유배지 강계에서 죽음
尹自任	32	좌승지	온양 → 북청	유배지 북청에서 죽음

조광조에 대한 사사(賜死)명령은 이미 지방에 부처(付處)되어 있던 기묘사림 7인에게 커다란 충격을 주었다. 결국 자신들도 죽음이 임박했다고 생각하고 극심한 절망과 죽음의 공포를 느꼈다. 그러자 이 국면을 벗어나기 위해 배소(配所)를 떠나 망명하는 사례가 발생하였다. 그중 김식(金湜)의 망명은 파장이 가장 컸다.[90] 그런데 기준과 김정의 경우는 애매한 부분이 있었다. 기준은 함경도 온성(穩城)으로 극변안치, 김정은 전라도 진도(珍島)로 절도안치가 결정되자 자신들이 앞으로 살아 돌아오기가 어려울 것이라 판단하였다. 그래서 이배(移配)전에 모친과 영결(永訣)하기 위해 김정은 유배지인 금산을 벗어나 모친이 있는 보은으로 떠났고, 기준은 모친이 계신 전라도 무장(茂長)을 향해 배소를 이탈한 것이 망명사건으로 비화된 것이었다.

90 김식의 망명사건은 송웅섭, 「기묘사화와 기묘사림의 실각」, 『한국학보』 31(2), 2005, 98~103쪽을 참조.

현재 기준의 망명사건은 두 가지의 상이한 사실이 전승되고 있다. 첫째는 기준이 아산에 귀양 가 있을 때 그의 맏형 기형(奇逈)이 무장현감으로 발령받아 그의 모친을 모시고 임지로 가는데, 충청도 직산(稷山)을 경유하게 되었다. 직산은 아산과의 거리가 50리 밖에 되지 않았다. 기준이 그 현감 배철중(裵鐵重)에게 간청하여 중로(中路)에 가서 그 어머니를 보고 하룻밤을 자고 돌아왔다. 그 뒤 그 사실이 발각되자 배철중이 제 마음대로 죄인을 놓아 보냈다는 자신의 죄를 면하기 위하여 기준이 도망했다가 돌아왔다고 위증을 한 것이라는 것이다.[91] 이 이야기는 『기묘당적(己卯黨籍)』과 『은봉전서(隱峯全書)』「기묘유적(己卯遺蹟)」, 『동유사우록(東儒師友錄)』에 수록된 내용인데 어떤 과정을 통해 형성되었는지는 알 수 없지만 그 사실성을 확인하려면 기준의 맏형 기형이 언제 무장현감으로 임명되었는지를 알면 해결될 수 있는 사실이다. 그러나 적확한 사료가 없어 확인되지 않는다. 그런데 기묘사화가 발발하기 전 중종 13년(1518) 7월에 기준이 근친(覲親)을 위해 잠시 서울을 떠나 모친이 있는 전라도 무장(茂長)으로 간 적이 있었다.[92] 그의 문집인 『덕양유고』에는 이 무렵 호남일대를 유람하면서 지은 여러 편의 시가 실려 있다. 따라서 이 사실로 볼 때 기준의 모친은 1518년 이전에 이미 무장에 있었다고 보는 것이 타당하며, 위 이야기는 사실과 거리가 먼 것으로 보인다.

둘째는 『중종실록』에 나오는 내용으로 기준이 아산으로 귀양갔을 때 그의 형 기형이 이미 무장 현감이었고, 그 어머니가 따라와 있었다. 기준이 장차 온성으로 귀양지를 옮기게 되자, 어머니를 만나보고 오기

---

91 『隱峯全書』 권14, 己卯遺蹟.

92 『중종실록』 권34, 중종 13년 7월 11일(무신).

위하여 배소를 이탈하여 천안부(天安郡) 남원(南院)에 이르렀는데 발이 부르트고 배가 고파 걷지 못하고 시냇가에 엎드려 있다가 마침 아산의 보장인(報狀人)을 만나 잡혔다는 것이다.[93] 이것은 이후 기준이 자신의 망명사건을 변명하는 상소[94]에서도 유사한 사실을 언급하는 것을 보아 사실에 가까운 것 같다. 다만 아산의 보장인을 만나 잡혔다는 말은 기준의 말과 다르다. 기준은 자신이 길을 가다가 다시 생각하니 어머니를 만나게 되더라도 뒷일이 참으로 난처하고 마침내 자수하더라도 망명의 죄를 면치 못할 것 같아 자진해서 배소(配所)로 돌아왔다고 하였다.[95]

아무튼 김식의 망명이 중앙에 보고되어 큰 파란을 일으키고 있는 중에 기준의 도망사건이 중종에게 보고된 것은 영의정 정광필에 의해서였다. 정광필은 도망사건을 이유로 기준을 온성으로 멀리 유배 보내지 말고 도성과 가까운 곳으로 이배하자고 건의하였다.[96] 이 사건의 처리를 둘러싸고 조정에서 논란이 진행되는 중에 기준은 예정된 온성으로 이배되었다. 그는 배소로 가는 도중 안변(安邊)에서 함경북도 병마절도사로 재임 중이던 사림파 동료 유용근(柳庸謹)을 만나고,[97] 회령에서는 온양에서 북청으로 이배된 처남 윤자임을 잠시 만났다.[98] 하지만 김식의 망명시간이 길어지고 망명 후 권신들을 타도할 목적으로 동조세력을 규합하여 군사적 모반을 계획했다는 사실이 속속 보고되었다. 나아가 상주에 부

93 『중종실록』 권38, 중종 15년 1월 4일(계사).
94 『중종실록』 권39, 중종 15년 5월 25일(임자).
95 『중종실록』 권39, 중종 15년 6월 3일(기미).
96 『중종실록』 권38, 중종 15년 1월 4일(계사).
97 『德陽遺稿』 권2, 安邊龍塘別主復柳庸謹.
98 『德陽遺稿』 권2, 到會寧書示仲耕.

처된 박세희에 대한 망명권유 사실도 알려지면서 사태가 심각한 국면으로 전개되었다. 그러자 기준, 김정 양인에 대한 처벌도 처음에는 정광필 같은 온건론자들의 주장이 힘을 얻었지만 곧 대간을 중심으로 강력하게 처벌하자는 강경론자의 주장이 힘을 얻어갔다. 그 결과 조정에서는 해당 도의 관찰사로 하여금 이배된 기준과 김정을 추문하게 하였다. 이때 기준은 일찍 도망사실을 자복하였으나 김정의 경우는 그 결과가 신속하지 않자 중종은 의금부에 명하여 기준과 김정 두 사람을 모두 서울로 나치(拿致)하여 국문케 하였다.[99] 기준은 유배지 온성에서 다시 서울로 압송되어 의금부에 투옥되었다. 기준은 5월 25일 옥중에서 열폭(裂幅)하여 자신을 변호하는 상소를 다음과 같이 올렸다.

> "신의 성품이 경망하고 죄려(罪戾)가 심중(深重)하나, 회포가 있는데 죄다 아뢰지 못하면 어찌 성세(聖世)의 아름다운 일이겠습니까? 신이 당초 죄를 입었을 때에 홀어머니가 무장(武長)에 있었는데 적소(謫所)를 옮긴다는 말을 듣고 밤낮으로 울다가 병까지 나서 얼마 보전하기 어렵게 되었으나, 가 보려 하여도 가 볼 길이 없었습니다."
>
> "온성(穩城)으로 이배(移配)하게 되니 생사도 서로 통하기 어려울 것이므로 한 번 얼굴을 보고 서로 영결(永訣)하려 하였는데, 일이 갑자기 닥쳤으므로 경망하게 나갔으나, 다시 생각하니 어미를 보게 되더라도 더욱 놀랄 뿐 아니라 뒷일의 어려움도 염려되므로 배소(配所)로 돌아왔습니다. 도망했던 죄는 스스로 변명하기 어려울 듯 하나, 날을 넘긴 것도 아니고 다른 뜻이 있었던 것도 아닙니다. 임금의 명은 천지간에 도피할 데가 없는 것인데 어디에 가서 피하겠습니까? 신은 그 죄를 달게 받아야 하겠으나, 바야흐로 효(孝)로 나라를 다스리시니, 미정(微情)

99 『중종실록』 권39, 중종 15년 4월 27일(갑신).

을 굽어 살피신다면 또한 생성(生成)의 일덕(一德)이 되겠습니다."[100]

위 내용을 정리하자면 기준은 자신이 유배지에서 일탈한 것은 왕명에 저항하려는 불순한 의도가 있었던 것이 아니고 온성으로 이배가 결정된 후 슬퍼하는 모친을 만나 영결(永訣)하기 위한 것이었다. 더구나 하루를 넘기지도 않고 중도에 되돌아 와 명백히 망명이 성립되지 않았기에 선처해 달라는 것이었다. 중종은 기준을 김정(金淨)의 망명사건과 함께 조율하도록 명하였다. 6월에 본격적인 추국이 시작되자 동월 3일 기준이 옥중에서 다시 상소를 올렸는데, 그 내용은 대략 이러하다.

"신의 도피는 참으로 도망하고자 한 것이 아니고, 늙은 어미를 보고 싶은 마음에서 앞뒤를 생각할 겨를 없이 어린아이 같은 뜻만을 품고서 한 번 얼굴을 보고 서로 영결하고자 한 것입니다. 그런 뜻이 심중에 급박하여 스스로 억누르지 못하고 창졸간에 경망하게 나갔으나, 중도에서 다시 생각하니 어미를 만나게 되더라도 뒷일이 참으로 난처하고 마침내 자수하더라도 망명의 죄를 면치 못할 것이므로, 곧 배소(配所)로 도로 향하였습니다. 정상이 곧바르고 일이 분명함이 이러한데도 살펴지지 않으니, 신은 참으로 몹시 답답합니다."[101]

기준의 망명이 불순한 의도가 없었다는 사실은 기묘사화의 기화자(起禍者)인 좌의정 남곤조차도 인정하여 상소를 올려 구명을 요구하였다.[102] 한편 6월 17일 계복을 듣는 자리에서 영의정 김전은 김정의 경우 도망하

100 『중종실록』 권39, 중종 15년 5월 25일(임자).
101 『중종실록』 권39, 중종 15년 6월 3일(기미).
102 『중종실록』 권39, 중종 15년 6월 5일(신유).

였다가 배소로 돌아와 잡혔으므로 망명이라고 하기에는 애매한 부분이 있다고 지적하였다. 더구나 처벌법규로 『대명률』 「모반조(謀叛條)」의 '산택으로 도피하여 추환(追喚)에 복종하지 않는 것'이란 율로 조율하는 것은 온당치 않다고 문제를 제기하였다. 이것은 법규상 적용률이 마땅치 않아 억지로 끌어 붙인 결과였다. 중종도 이 점을 인정하고 기준과 김정이 비록 망명을 했지만 다른 일을 꾀한 것이 없고 적용할 율도 적절치 못하다는 이유로 사죄(死罪)로 결단하지 말고 감경할 것을 결정하였다. 그 결과 두 사람을 장 1백에 처한 후 다시 배소로 보내졌다. 다만 망명에 대한 벌칙으로 위리안치(衛籬安置)하도록 명하였다.[103]

Ⅶ. 죽음과 추창

죽음의 고비를 넘기고 유배지 온성으로 되돌아 왔지만 이후 죽음에 이르기까지 1년여 동안 기준의 유배생활은 죽음에 대한 공포와 가족에 대한 그리움으로 회한이 가득 찬 시간이었다. 고통스러운 유배생활을 달랠 수 있는 일은 아무것도 없었고 우울하고 답답한 시간을 보내기 위해 시작(詩作)에 몰두하였다. 특히 온성에서는 사면이 가로 막힌 좁은 공간에 위리안치되어 주변사람들과 격리된 속에서 아래 시의 내용과 같이 외롭고 쓸쓸하게 지낼 수밖에 없었다.

흐트러진 머리는 달을 넘겨 한번 빗질하고　　　　頭蓬梳隔月

103 『중종실록』 권39, 중종 15년 6월 17일(계유).

때 절은 얼굴은 열흘에 한번 세수한다네.	顔垢洗經旬
음식은 배 채우기 어렵고	飮食難充腹
의복은 몸조차 가리지 못하는 구나.	衣裳欠蔽身
뼈와 살은 비록 형체를 갖추었으나	筋骸雖備體
움직이고 쉬는 것이 어찌 남들과 같으리오.	動息豈同人
문득문득 안보이고 안들림에 놀라고	忽忽驚聾瞽
망망한 것이 귀신을 만난 듯하다.	茫茫觸鬼神
하늘과 땅은 있으되 밤낮을 모르겠고	乾坤無晝夜
세월은 흘러도 가을인지 봄인지 알 수가 없구나.	時序不秋春
구멍 속에 개미도 제 본성을 다하고	蟻穴猶全賦
가지 위에 뱁새도 참 이치를 갖는데	鷦枝尙獲眞
누가 말했는가, 목숨을 보전할 수 있다고	誰云生可保
애오라지 죽음이 이웃하고 있다.	聊自死爲隣
다만 미미한 충심은 남아 있어	但有微衷在
때때로 늙으신 어머니를 생각한다네.[104]	時時念老親

그런데 서울의 정치상황은 기준의 바램과 달리 더욱 악화되고 있었다. 기묘사화가 발발한 이듬해 사림세력에 대한 2차 숙청사건인 안처겸의 무옥사건[辛酉誣獄]이 발생한 것이다.[105] 이 사건은 기준을 죽음으로 몰아가는 직접적인 단초가 되었다. 중종 16년(1521) 10월 관상감 판관 송사련(宋祀連)과 그의 처남 정상이 안처겸 등이 기묘사화를 일으킨 대신들을 제거하기 위하여 역적모의를 꾸미고 있다고 고변하였다.[106] 이 사건은 처벌에 연루된 사람이 100명에 이를 정도의 대옥사였다. 그

---

104 『德陽遺稿』 卷2, 詩 「自悲」.

105 송웅섭, 「기묘사화와 기묘사림의 실각」, 『韓國學報』 31(2), 2005, 103~109쪽 참조.

106 『중종실록』 권43, 중종 16년 10월 11일(기축).

러자 주동자인 안처겸과 종친인 시산정 이정숙이 망명하는 사건이 일어났던 것이다. 이들은 얼마 후 체포되어 문초를 받았지만, 이들의 망명사건으로 왕명에 순응치 않고 도망한 자들을 모두 죽여야 한다는 새로운 논의가 일어났다. 중종은 망명자들이 많이 나타나게 된 것은 기준·김정 등이 망명했을 때 제대로 논죄하지 않았기 때문이라고 판단하였다. 따라서 지금 망명자들이 속출한 것은 모두 기준과 김정 등의 소행 때문이며 망명을 하게 된 조짐이 그들에게서 나온 것이라고 하였다. 따라서 처음 도피한 사람인 기준과 김정을 징계하지 않는다면 지금 귀양살고 있는 사람들 중에 다시 망명하는 사람이 생길 것이라 우려하였다. 이때 김전·남곤 등은 기준과 김정 등을 극변 안치한 것은 그들의 망명에 대한 처벌의 결과인데, 안처겸 등이 망명한 것으로 인하여 추가하여 김정 등의 죄를 논한다면 귀양 간 자들이 조정에서 귀양 간 사람들을 모두 중한 법에 처하려는 것이라 여겨, 조정을 불신하게 하고 이것이 향후 정치적 부담이 된다고 반대하였다. 하지만 중종은 시산정 이정숙과 안처겸의 망명은 기준과 김정이 길을 열어놓은 것이어서 양인을 망명한 율로 단죄해야만 후일의 망명하는 조짐을 막게 될 것이라는 생각을 굽히지 않고 결국 이들을 사사(賜死)하기로 결정하였다. 다만 율대로 하면 참형(斬刑)이지만 한 단계 낮추어 교형(絞刑)에 처하라고 명하였다.[107] 같은 달 28일에 금부도사가 온성에 도착하였다.[108] 죽음에 이르게 되자 기준은 조용히 시를 읊으며 스스로 만사(輓詞)를 다음과 같이 지었다고 한다.

---

107 『중종실록』 권43, 중종 16년 10월 17일(을미).

108 『服齋先生文集』 附錄 권2, 行狀.

해 지자 하늘은 먹빛 같고	日落天如墨
산속 깊은 골짜기는 구름 같구나	山深谷似雲
천년토록 지키자던 군신의 의는	君臣千載意
슬프다! 하나의 외로운 무덤뿐[109]	惆悵一孤墳

기준은 기묘사화가 일어난 지 2년 만에 30세의 젊은 나이로 고통과 회한에 가득 찬 유배생활을 마감하고 죽음을 맞이한 것이다. 기준의 시신은 맏형 기형이 수습하여 행주(幸州) 원당리에 있는 선영으로 옮겨 안장하였다.[110]

억울하게 죽거나, 쫓겨나 유배된 기묘사림에 대한 신원(伸寃)작업은 중종 33년(1538) 4월에 이루어졌다. 먼저 윤자임, 박세희, 김구 등 22명의 직첩을 돌려주었던 것이다.[111] 하지만 조광조와 망명자인 기준과 김식, 김정은 여타 기묘인과 달리 자신이 죄를 범한 것이므로 직첩을 추급(追給)한다면 전례에도 없을뿐더러 향후 다른 정치적 사건의 선례가 되는 것을 막아야 한다는 명분으로 거절되었다.[112] 이후 사림들의 수차에

109 허균, 『惺所覆瓿藁』 제26권 부록 1, 「鶴山樵談」.
기준의 絕命詩라고 할 수 있는 이 만사는 내용은 약간 다르지만 그의 문집인 『德陽遺稿』 附錄에도 실려 있다. 허균이 이 시를 수집한 경위는 다음과 같다. 기준이 사망한 후 57년만인 선조 11년(1578) 2월 28일에서 3월 사이에 허균의 형인 許篈이 巡撫御史로 함경도에 파견되었다.(『선조실록』 권12, 선조 11년 3월 14일(을축)) 허봉은 巡歷 중에 온성에 당도하여 기준의 유허지를 방문하였고 弔文한 후 현지 古老들 사이에 구전되고 있던 기준의 自挽詩를 채록해 왔다. 그것이 전해져 許筠의 詩評書인 『鶴山樵談』에 실렸던 것이다. 이 책은 허균이 25세 때인 선조 26년(1593) 임진왜란을 피하여 江陵에 머무를 때 쓴 것으로 시화·시평 99則, 기타 9則 등 108칙으로 구성되어 있다.

110 『幸州奇氏大同譜』 元編.

111 『중종실록』 권87, 중종 33년 4월 12일(을묘).

112 『중종실록』 권95, 중종 36년 4월 10일(병인).

걸친 신원요구가 있었지만 중종은 끝내 거절하였다.[113] 이들에 대한 신원은 인종이 즉위한 이후에 이루어졌다. 인종 1년(1545) 3월 13일 성균관 진사 박근(朴謹)이 상소를 올려 조광조를 비롯한 기묘사림들의 신원을 요구하면서 기준과 김정의 억울한 죽음에 대한 신원도 요청하였다.[114] 이후 계속되는 사림과 대간들의 요구와 조정의 논의를 거쳐 인종은 임종이 임박한 동왕 1년 6월 29일에 기준을 조광조, 김정과 함께 신원하고 복직시켰다.[115]

기준에 대한 추증은 현종 7년(1666) 8월에 그의 배소였던 온성의 충곡서원(忠谷書院)에 병향됨을 시작으로 현종 9년(1668)에 아산 염치면 서원리에 있는 인산서원(仁山書院)에 추배되었다. 숙종 11년(1696) 10월에는 함경북도 종성에 세워진 종산서원(鍾山書院)에 배양되었다.[116] 영조 22년(1746) 9월에 영의정 김재로(金在魯)의 건의로 기준은 윤자임, 한충, 박세희 등 사림파 동료들과 함께 증직과 증시를 받았다. 증직은 이조판서[117]이고 증시는 문민공(文愍公)이다.[118]

---

113 『중종실록』 권101, 중종 38년 7월 20일(계해); 『중종실록』 권102, 중종 39년 4월 7일(을해); 『중종실록』 권103, 중종 39년 5월 29일(병인).

114 『인종실록』 권1, 인종 1년 3월 13일(을해).

115 『인종실록』 권2, 인종 1년 6월 29일(경신); 『명종실록』 권6 명종 2년 9월 3일(신해).

116 『숙종실록』 권16, 숙종 11년 10월 15일(임인); 『숙종실록』 권31 숙종 23년 11월 24일(경자).

117 『영조실록』 권64, 영조 22년 9월 6일(기해).

118 『승정원일기』 1376책, 영조 52년 2월 25일(정묘).

〈표 4〉 기준을 배향하는 서원

서원명	건립년도	소재지	비고
仁山書院	1610년(광해군 2) 건립	忠南 牙山 염치면 서원리	1619년(광해 11) 홍가신 추배 1668년(현종 9) 기준, 이지함, 이덕민, 박지계를 추배 1871년(고종 8) 훼철
忠谷書院[119]	1606년(선조 39) 건립, 사액	咸鏡 穩城	1606년(선조 39)에 지방유림의 공의로 기준(奇遵)의 학문과 덕행을 추모하기 위해 향교 경내에 복재사(服齋祠)를 창건하여 위패를 모셨다. 1666년(현종 7) 8월에 장충동으로 이건하였고, 1702년(숙종 28)에 김덕성(金德誠)과 유계(兪棨)를 추가 배향하면서 충곡서원으로 개편되었다.[120]
鍾山書院[121]	1666년(현종 7) 건립[122] 1686년(숙종 12) 사액	咸鏡 鍾城 涪溪	일명 종성서원(鍾城書院)이라고도 한다. 1666년(현종 7)에 지방유림의 공의로 기준(奇遵)·유희춘(柳希春)·정엽(鄭曄)·조석윤(趙錫胤)·유계(兪棨)의 학문과 덕행을 추모하기 위해 십주도회서원(十州都會書院)을 창건하여 위패를 모셨다. 그 뒤 1669년에 정여창(鄭汝昌), 1684년(숙종 10)에 정홍익(鄭弘翼)을 추가 배향하였다. 지방유림이 회령서원(會寧書院)을 이 서원에 통합할 것을 건의하여 1686년 '종산(鍾山)'이라 사액되어 종산서원으로 명칭을 변경하였으며, 회령서원에 봉안되었던 김상헌(金尙憲)과 정온(鄭蘊)을 추가 배향하였다. 그 뒤 다시 민정중(閔鼎重)과 남구만(南九萬)을 추가 배향하였다.
文峰書院	1688년(숙종 14) 건립 1709년(숙종 35) 사액	京畿道 高陽市 문봉동 빙석촌 마을	1865년(고종 2) 훼철

119 『輿地圖書』 下 咸鏡道(關北邑誌) 咸鏡北道穩城都護府 學校.

秋山書院	1677년(숙종 3) 창건	전라남도 장성군 황룡면 장산리	奇虔을 주벽으로 하고 奇遵, 奇孝諫, 奇挺翼, 趙纘韓 등을 배향 1868년(고종 5)의 서원철폐령 이전에 이미 철폐된 상태

Ⅷ. 맺음말

기준(奇遵)은 조선 중종대 조광조와 함께 자기 시대의 사회적 모순을 개혁하기 위해 열정을 보였던 개혁사상가였다. 연산군의 폐정으로 무너져 버린 사회질서를 바로 잡고 삼대(三代)의 요순정치를 현실에 구현하려고 시도한 이상주의적 사림파 인물이었다. 10대부터 성리학공부

鄉校在城內東 北隅 忠谷書院在府西五里 南山底 卽服齋祠宇 姓奇名遵以己卯士類 謫本府仍賜死 鄉人爲立祠 舊在鄉校東墻內 康熙丙午(1666 현종 7)移建于長忠洞市南 俞先生名棨竝享 康熙丙申 移于南山底 醒翁金先生名德諴 竝享 未賜額.

120 『비변사등록』 8집 영조 4년 2월 20일.

121 『숙종실록』 권16 숙종 11년 10월 15일(임인).

122 『春官通考』 卷38 [目錄] 吉禮 [院祠] [咸鏡道].

鍾山書院, 在鍾城府。顯宗丙午, 創建, 肅宗丙寅, 賜額。主享文獻公鄭汝昌見上景賢書院。謫本府。配享應敎奇遵見上文峯書院。謫本府。·文節公柳希春見上義巖書院。謫木府·文肅公鄭曄見上龜巖書院。曾莅本府。·忠貞公鄭弘翼見上老德書院。謫本府。·文正公金尙憲見上崧陽書院, 莅本府。·文簡公鄭蘊見上顯節祠。曾莅本府。·文孝公趙錫胤見上道山書院。·文忠公俞棨見上七山書院。以上八公, 肅宗丙寅, 并追配。·文忠公閔鼎重見上石室書院。曾莅本道。肅宗戊寅, 追配·文忠公南九萬。見上文會書院。景宗癸卯, 追配。

『輿地圖書』下 咸鏡道(關北邑誌) 咸鏡北道鍾城府

鍾山書院 在府東南九十里 涪溪上社 顯廟丁未創建 肅廟丙寅 賜額 鄭汝昌號一蠧享 奇遵號服齋 柳希春號眉巖 鄭曄號守夢 鄭弘翼號休翁 金尙憲號淸陰 鄭蘊號桐溪 趙錫胤號樂靜 俞棨號市南 閔鼎重號老峯 南九萬號藥泉 配享

『春官通考』와 『輿地圖書』에서 서원 창건 시기가 1년의 차이를 보여주고 있다.

를 통해 자신의 꿈을 키웠고 출사한 이후 동료 사림세력과 함께 개혁정치의 선구자로 나섰던 것이다. 열정이 큰 만큼 개혁의 의지도 굳건했지만 훈구파로 지칭되는 집권 세력의 벽을 넘지 못하고 기묘사화의 발발로 기준의 꿈은 사라졌다. 겨우 20대말에 감당키 어려운 정치적 좌절을 경험하고 유배지에서 외롭고 쓸쓸한 고통스런 세월을 보낸 뒤 망명자라는 멍에를 쓰고 결국 죽음의 길에 나아갔다.

아산(牙山)은 기준의 첫 유배지라는 점으로 인해 그와 역사 속에 지울 수 없는 인연을 맺었다. 비록 온성으로 이배(移配)될 때까지 불과 1달여 정도 머물었지만, 그의 일생 중 가장 고통스럽고 신산(辛酸)했을 유배생활과 소위 망명사건으로 인해 아산은 그의 생애에서 지울 수 없는 장소가 되었다. 이런 이유로 결국 죽음을 맞아 짧은 생을 마감하게 되었기에 아산은 그의 생이 종료되는 단초를 제공한 장소이기도한 것이다. 이런 인연으로 기준은 1601년 아산에 있는 인산서원(仁山書院)에 배향되어 아산역사의 일부가 되었다. 하지만 인산서원도 다시 대원군에 의해 훼철되어 역사의 기억 저편으로 사라졌고 이제는 다만 문헌 속에서만 남아 그의 꿈과 좌절, 절망과 회한(悔恨)을 우리에게 알려주고 있다.

토정 이지함의 목민관 활동에 대한 연구

Ⅰ. 머리말

토정 이지함(李之菡, 1517~1578)은 조선왕조 선조대의 처사(處士)형 학자이며 그의 기행(奇行)으로 인해 많은 일화를 남긴 인물이다. 토정은 벼슬살이를 거부하고 생애 대부분을 초야에 묻혀 살며 자유분방하고 방외(方外)적인 기질로 인해 곳곳에 많은 야사(野史), 야담(野談)을 남겨 놓아 그는 흔히 설화 속에 나오는 신비한 인물로 그려져 있다.

하지만 토정의 행적을 세밀하게 들여다보면 그는 현실에 발을 딛고 자신의 학문과 사상을 정립했으며, 따뜻한 시선으로 백성의 고단한 삶과 고통을 직시하면서 그들의 문제를 해결할 수 있는 실천방안을 찾으려고 부단히 노력한 인물이었다. 따라서 고단한 백성들의 삶의 현장에 뛰어들어 현실의 사회적 모순을 지적하며 개방적이고 열린 사고로 이를 극복하려는 지성(知性)의 모습을 보여주고 있다.

아산에서 토정은 '아산현감 이지함'으로, 백성을 잘 다스리던 훌륭한 목민관으로 기억하고 있다. 지방수령으로 보낸 토정의 삶은 그의 생애 만년에 극히 짧은 시기였을 뿐이다. 그런데도 그를 훌륭한 목민관으로 기억하는 이유가 무엇일까? 그것은 그가 평생 동안 경험하고 고민했던 삶의 철학과 신념을 목민관으로 제수되어 순직할 때까지 부단히 실천하고 노력했던 자세와 모습이 지역민들에게 오랫동안 각인되어 있기 때문이다.

토정은 만년에 경기도 포천과 충남 아산에서 두 차례 현감을 역임하였다. 하지만 그의 재임 시기는 포천에서 1년여였고, 아산에서는 불과 두 달여 근무하다가 순직함에 따라 짧게 끝났다. 하지만 둘 다 백성을 위하며 직무에 헌신했던 모범적인 복무 자세를 보여주었다. 그는 재임 중에 곤궁한 백성들의 삶을 개선하기 위한 정책건의를 담은 두 편의 상소문을 중앙정부에 올렸다. 그 내용은 당시 고통스런 백성들의 삶의 실상이 생생하게 담겨 있을 뿐 아니라, 목민관으로서 직무에 충실했던 그의 열정뿐 아니라 민생의 안정과 개선에 고민하는 공직자의 복무 자세를 엿볼 수 있다. 본 연구는 토정이 재임했던 포천, 아산의 목민관 활동을 통해 그가 보인 목민관의 자세를 이해해 봄으로서 토정의 진면목을 새롭게 조망해 보려고 한다.[1]

---

1 토정에 대해 참고될 연구 성과는 다음과 같다.
신병주, 「토정 이지함의 학풍과 사회경제사상」, 『규장각』 19, 서울대 규장각, 1996; 신병주, 「이지함 기인인가, 실학의 선구자인가」, 『한국사인물열전 2』, 한영우선생정년기념논총간행위원회, 돌베개, 2003; 신병주, 『이지함 평전』, 글항아리, 2008; 신병주, 「이산해의 학문적 기반과 현실인식」, 『아계 이산해의 학문과 사상』, 지식산업사, 2010; 전성운, 「아산현감 토정 이지함의 친민 정책과 사상적 배경」, 『아산유학의 여러 모습』, 지영사, 2010; 金成俊, 「朝鮮守令七事와 『牧民心鑑』」, 『民族文化研究』 21, 1988; 金成俊, 「『牧民心鑑』과 『居官要覽』의 比較研究」, 『동방학지』 62, 1989; 金成俊, 「牧民心鑑研究」, 『韓國史市民講座』 22, 1998; 정호훈, 「15~6세기 목민서(牧民書)의 전개와 목민학(牧民學)」, 『韓國思想史學』 36, 2010.

Ⅱ. 토정 이지함의 생평과 경세론

1. 토정 이지함의 삶의 태도

이지함은 중종 12년(1517)에 태어나 선조 11년(1578) 현감으로 재직하던 아산 임지에서 타계하였다. 토정은 한산 이씨로 목은 이색의 6대손이다. 어려서 아버지를 여의고 형 이지번(李之蕃, ?~1575)에게서 글을 배우다가 서경덕(徐敬德) 문하에서 수학하였다. 그의 형 이지번은 청풍군수를 지냈고 두 아들 중 이산해(李山海)는 선조대 영의정을, 이산보(李山甫)는 이조판서를 역임하였다.

그러나 토정은 관직에 뜻을 두지 않고 은둔과 기행, 그리고 유랑으로 지냈다. 그가 관직에 뜻을 두지 않은 이유는 그의 나이 32세 때 친한 친구인 안명세(安名世)가 사관으로 있으면서 을사사화의 진상을 직필해서 시정기(時政記)에 넣어둔 것이 명종 3년(1548)에 누설되어 권신인 이기(李芑), 정순붕(鄭順朋)의 미움을 받아 처형당하는 것을 보고 관직에 대한 혐오감과 인생의 허무를 느꼈기 때문인 것으로 알려져 있다.

그러다가 그의 나이 60세 가까이 되어서야(1573, 선조 6) 유일지사(遺逸之士)로 천거되어 포천·아산 현감을 차례로 지내게 되었다. 아산 현감 재직 시에 소위 '걸인청(乞人廳)'이라는 구빈시설을 만들어 관내 유민(流民)들을 수용하고 그들에게 수업(手業)을 가르쳐서 스스로 의식(衣食)을 해결하도록 하는 자립심을 키워주었다.

그는 당당하고 늠름한 풍채와 기상을 가지고 있었고, 목소리는 맑고 웅장하였으나 말수는 적었다고 한다. 그는 특이한 체질을 가지고 있었으며, 파격적인 기행을 하였다고 한다. 엄동설한에도 홑옷만 입고 지내기도 하였으며, 눈 위에 눕기도 하였다고 한다. 10여일 씩 절식을 하기도 하였으나, 때로는 한 끼에 한 말의 밥을 먹기도 하였다고 한다. 충청도 보령에서 서울로 나들이 할 때에는 한꺼번에 한말의 밥을 다 먹고 이틀 간 걸어서 서울에 도착할 때까지 먹지 않았다고 한다.

그는 항상 죽장을 짚고 다녔는데, 졸리면 한길에서 선 채로 죽장을 짚고 자곤 하였으며, 소나 말이 밟아도 꿈쩍하지 않았고 코고는 소리가 요란해서 동물들이 피해갔다고 한다. 그는 신혼 다음날 거리에 나갔다가 추위에 떠는 거지 아이를 보고 자기의 새 도포를 벗어준 일도 있으며, 흉년을 만나면 구호곡을 마련하고자 가끔 큰 장사를 하여 많은 이득을 얻으면 모두 굶주리는 사람들에게 나누어주었다. 개간사업도 하여 수천 석의 곡식을 장만하였으나 이것을 모두 가난한 사람들에게 나누어주고 자기 자신은 항상 가난하게 살았다고 한다.

서울에 있을 때에는 마포강변에 토실(土室)을 지어놓고 밤에는 그곳에서 자고 낮에는 그 위를 거닐면서 정자 삼아 지냈다고 한다. '토정(土亭)'이란 그의 호도 여기에서 연유한다고 한다. 그는 외출할 때는 무쇠솥으로 만든 관(冠)을 쓰고 다녔으며, 배고프면 그것을 솥으로 사용했다고 한다. 그는 사람을 사귐에 있어서도 귀천을 가리지 않았다. 그가 가장 존경하는 사람은 무명의 어부였고, 가장 사랑하는 제자는 노비출신의 서치무(徐致武)와 서기(徐起)였다.

그는 항상 좌중을 웃기는 농담을 잘하였고, 익살 섞인 직언을 서슴없이 하였다고 한다. 그는 여행을 좋아해서 명승지를 두루 구경하였고, 노(櫓)도 없는 일엽편주로 3번이나 제주에도 갔다고 한다. 그는 당대의 명사들과 교류하였으며, 율곡 이이(1536~1584)와는 나이를 뛰어넘어 각별하였고, 조헌(趙憲, 1544~1592)과는 사제간으로, 그 외 조식(曺植, 1501~1572)과는 처사적 기질의 공유자로서 사귀었다.

그는 물욕이 없어 평생 가난하게 살았으면서도, 천문·지리·의약·복서(卜筮)·음양·술서(術書)·음악·산수(算數)·관상·약방문 등을 연구하여 그것들에 능통했으나 저술에는 별로 관심이 없었다고 한다.[2]

2. 토정 이지함의 경세론

토정이 살던 조선의 16세기는 과전법, 양천제적 국역체제, 부병제적 군역체제 등에 입각한 국가재정체제가 크게 흔들리고 있었다. 당시 양안과 호적, 군적 등 국가재정운영을 위한 기초자료가 제대로 작성되지 않는 상황이 전개되었다. 왕실의 재정지출이 심해지면서 만성적인 재정적자를 겪게 되었고, 시간이 흐를수록 적자폭이 커져 갔다. 이로부터 새로운 재원의 확보가 절실히 요구되었고, 특히 공물과 진상의 증가가 두드러졌다. 이와는 별도로 왕실과 관료들의 공권력을 이용한 불법적인 부의 축적현상도 두드러졌다. 이러한 변화 속에 주된 부담층인 양인농민층의 가계가 침탈되어 그들의 생산기반 파탄도 시간이 흐를수록 늘어났다. 이 결과 지방 군현의 재정도 악화되었고 군현 재정의 악화는 농민 침탈을 가중시키는 악순환으로 이어졌다. 이로써 국가재정 전반에 걸친 위기국면으로 치닫게 되었다. 국가재정이 파탄으로 기우는 상황에서 국가의 재정 확충 노력은 양천신분제의 틀에 의해 왜곡적용되어 양인층의 부담을 가중시켰다. 또한 16세기의 수령들은 15세기를 거치는 동안 강화된 수령권을 바탕으로 개인 차원의 비리를 다방면으로 저지를 뿐만이 아니라 훈구세력의 권력 남용에 따른 비리 실행기구로 기능하였고, 토호들의 향촌사회 공동의 이익을 무시한 작폐도

2 이진표, 「실학의 선구자 기인 경세가 이지함」, 『韓國思想史』, 학문사, 2002.

계속되고 있었다.[3]

토정 이지함은 조선 중기사회에서는 드물게도 당시 조선이 처한 농업사회의 현실과 한계를 가장 잘 인식하고 있었다. 그는 농업이 가진 생산력의 한계뿐 아니라 생산관계에서 보여주는 16세기 지주전호제의 모순을 잘 간파하고 있었다. 따라서 저급한 생산력에 근거한 농업중심 사회의 한계를 뛰어넘어 가난한 민생을 회복할 방법을 고민하였다. 조선과 같은 농본주의사회에서는 농사가 근본이요 상업·수공업·광업 등은 말업(末業)에 지나지 않는다. 토정은 국부(國富)의 증대와 민생에 유용한 것이라면 어떤 산업이나 자원이라도 개발해야 한다는 신념과 유통경제의 중요성을 강조하고 있다.

Ⅲ. 토정 이지함의 사환과 목민관 활동

1. 토정의 등용과 포천현감 시절의 목민관 생활

토정은 학행(學行)이 뛰어나다는 이유로 57세인 선조 6년(1573)에 '유일지사(遺逸之士)'를 발탁하는 천거(薦擧)를 통해 관직에 등용되었다. 당시 함께 천거된 인물은 전 참봉 조목(趙穆), 생원 정인홍(鄭仁弘), 학생 최영경(崔永慶), 김천일(金千鎰) 등이었다. 천거된 사람은 통상 9품 참봉(參奉)을 제수하는데 반해 이들은 특별대우를 받아 6품 참상관(參上官)을 제수하였다.[4] 그러나 제수된 날짜가 분명치 않아 『선조수정실록』에는

3 오종록, 「16세기 조선사회의 역사적 위치」, 『한국역사연구회회보』 22, 한국역사연구회, 1994.

4 『선조실록』 권7, 선조 6년 6월 3일(신해), 『선조실록』 권7, 선조 6년 6월 5일(계축).

5월 1일자 기사에 실려 있는데 반해 『선조실록』에는 한 달 뒤인 6월 3일과 5일자에 실려 있다. 토정은 벼슬에 제수된 사실을 형 이지번의 병문안 때문에 입성(入城)했다가 듣고는 귀를 씻고 돌아갔다.[5] 당시 토정 뿐 아니라 최영경도 사직하고 숙배하지 않아 인사기관인 이조가 체차(遞

『石潭日記』 卷 上, 만력 원년 계유 겨울(萬曆元年癸酉冬) 선조 6년(1573).

5월. 왕이 명하여 높은 행실이 있는 사람을 천거하라 하니, 이조에서 이지함(李之菡)·최영경(崔永慶)·정인홍(鄭仁弘)·조목(趙穆)·김천일(金千鎰)을 천거하거니 모두 육품관을 시키었다. 이지함은 기개와 도량이 범인과 다르고 효도와 우애가 남보다 뛰어났다. 젊을 때에 해변 후미진 곳에다 부모를 장사지냈더니 조수(潮水)가 차차 넘쳐들었다. 오랜 세월 뒤에는 바닷물이 반드시 분묘를 쓸어갈 것이라 염려하여 제방을 쌓아 물을 막으려고 곡식을 식리(殖利)하고 자재(資財)를 모르는데 매우 근면하였다. 사람들이 힘을 헤아리지 않고 일을 계획함을 조롱했더니, 지함이 말하기를, "인력(人力)이 미치고 못 미치는 것은 내가 힘쓸 것이요, 일이 되고 안되는 것은 하늘에 있다. 자식이 되어 어찌 함이 부족하다고 후환을 막으려 하지 아니하랴." 하였다. 바다 어귀가 넓어서 성공하지 못하였으나 지함의 정성은 그치지 아니하였다. 본래 욕심이 없어 명리(名利)나 성색(聲色)에는 담담하였으나 이따금 점잖지 못하게 농담도 하니, 남들이 그가 공부한 것을 알 수가 없었다.

최영경은 전에 조식을 좇아 배웠고 청렴개결하기로 세상에 뛰어나 의(義)가 아니면 일호(一毫)라도 취하지 않았다. 부모에게 효성이 지극하더니 부모가 돌아가자 가산을 모두 기울여 장사지내어 마침내 곤궁하여졌다. 집을 성안에 두었으나 친구를 사귀지 아니하여 아는 사람이 없었으며, 마을 사람들이 모두 고집 있는 선비라 할 뿐이었다. 안민학(安敏學)이 처음 그를 찾아가 그가 말하는 것을 들어보고는 그가 범상한 사람이 아님을 깨닫고 성혼에게 말하기를, "우리 동네에 이상한 사람이 있는 것을 알지 못하다가 지금에야 서로 알게 되었으니 어찌 가보지 않겠는가." 하였다. 성혼이 서울에 왔다가 그를 방문하였다. 문을 두드린 지 한참 뒤에 맨발의 조그만 여종이 나와 영접하고, 들어가니 방초(芳草)만 뜰에 가득하였다. 좀 있다가 영경이 나오는데 포의(布衣)에 떨어진 신을 신고 있어 빈한한 기색이 쓸쓸히 풍겼으나 그 모양은 엄숙하고 장중하여 감히 범치 못할 점이 보였다. 앉아 이야기하는데 한 점의 속태(俗態)가 없었다. 성혼이 매우 좋아하여 돌아와 백인걸(白仁傑)에게 말하기를, "내가 최모(崔某)를 보고 돌아오매 문득 청풍(淸風)이 소매에 가득함을 깨달았다." 하니, 인걸이 놀라며 기이하게 생각했다. 이때부터 그의 이름이 사림(士林)에 퍼졌다. 정인홍은 조식의 고제(高弟)로 강직하고 엄숙하며 효제(孝悌)에 독실하였다. 조목은 이황의 고제로 순실 방정하고 온순 근엄하니 이황이 매우 중하게 여기었다. 김천일은 이항(李恒)의 고제로 정밀 단아한 사람이었다.

이렇게 이율곡의 기록에서 보듯이 이상의 다섯 사람은 모두 인망이 있는 사람이었다.

5 『선조실록』 권7, 선조 6년 7월 6일(갑신).

差)하자고 계청할 정도였다.[6] 토정이 이렇게 사환에 대해 강하게 거부감을 가진 것은 상기했듯이 벼슬살이를 탐탁하게 생각지 않는 그의 삶의 태도 때문이었다.[7] 그는 젊어서 친한 친구 안명세(安名世)가 을사사화에 연루되어 처형당하는 것을 보고 해도(海島)를 돌아다니며 거짓 미치광이 행세를 하며 세상을 도피하였고[8] 과거에도 응시하지 않았다.

그러나 토정은 결국 포천현감에 부임을 결정하였다.[9] 그 이유를 토정은 국왕의 은혜를 저버릴 수 없고, 깨끗한 조정은 쉽게 얻을 수 없는 것인데, 이 문제를 해결하고 싶은 포부가 있었다고 술회하였다.[10] 하지만 토정은 제수된 지 1년여 만에 포천현감을 사퇴하고 관직을 떠났다. 그 이유는 그가 목도한 포천백성들의 처참한 삶의 문제점을 해결해 달라고 그가 제시한 정책제안이 조정에서 거부됨에 따라 크게 실망한 결과였다.[11] 토정의 혼자 힘으로 적폐된 당시 사회문제를 개혁하기에는 현실의 벽이 너무 높았던 것이다. 율곡 이이도 토정의 좌절을 다음과 같이 『석담일기』에 기록하고 있다.

---

6 『선조실록』 권7, 선조 6년 7월 12일(경인).

7 『土亭遺稿』 권상, 「寡慾說」 등 참조.

8 『선조수정실록』 권20, 선조 19년 10월 1일(임술) 조헌의 상소문.

9 당시 사헌부에서는 뛰어난 인재를 왜 중앙관직에 발탁하지 않았는가로 반발했는데, 선조는 어진사람을 등용하는 것은 백성을 다스리기 위해서인데 백성 다스리는 데 쓰지 않고 어디에 쓰겠는가하고 거절하였다.(『선조실록』 권12, 선조 11년 5월 5일(을묘))

10 『土亭遺稿』 권상, 莅抱川時上疏.
伏以臣。海上之一狂氓也。年將六十。才德兼亡。自顧平生。無一事可取。有司採虛名。主上加謬恩。委任字牧。分符畿甸。臣聞命兢悚。只欲循墻。而翻然自謂曰。聖上不可負。淸朝不易得。將竭臣駑鈍。盡臣譾薄。圖報乾坤生成之至恩。

11 『선조수정실록』 권8, 선조 7년 8월 1일(임인).

"8월. 포천현감(抱川縣監) 이지함(李之菡)이 벼슬을 버리고 돌아갔다. 이지함은 포천에 곡식이 적어서 민생을 구제할 수 없음을 걱정하고, 어량(魚梁)을 떼어 받아, 고기를 잡아 곡식과 바꾸어 고을 비용에 보태려 하였으나 조정에서 듣지 않았다. 이지함은 본시 고을 원으로 오래 있을 생각은 없었고 다만 유희(遊戲)로 있었을 뿐이었기 때문에 그런 일이 있자 곧 관을 버리고 돌아간 것이다."[12]

토정이 첫 수령을 한 포천은 국초부터 땅은 메마르고, 척박하여 산물이 많지 않은 고장이었다.[13] 기근이 오랫동안 겹쳐 기본적으로 살기 어려운 곳인데다, 가혹한 착취까지 이어져 백성들의 고통이 컸다. 토정은 이러한 문제의 원인을 지나친 농업중심의 사회제도 때문이라 파악했다. 취약한 경제는 농본주의(農本主義)가 중심이고 상공업은 말업(末業)이라 소외되는 중본억말책(重本抑末策)에 원인이 있으며, 이를 타개하기 위해서는 모든 산업을 고르게 개발해야 한다는 것이 토정의 생각이었다. 이런 주장은 당시로서는 파격적인 발상이자, 하나의 선구적 혜안으로 평가 할 수 있다. 실제 토정은 양반의 신분에도 불구하고 직접 제주 등지를 다니며 장사를 통해 큰 이익을 낸 후, 굶주린 백성들에게 그 이익을 고스란히 돌려주기도 하였다. 이러한 경험이 〈이포천시상소(莅抱川時上疏)〉에서 보듯이 수공업, 광업, 어업 등의 말업을 부흥시키고자 했던 그의 주장에 그대로 드러났다.

한편 제도적인 모순도 토정은 지적하였다. 당시 국가가 지정한 공납물을 납부하지 못한 백성들이 유민(流民)이 되어 유리도망하면, 남은

---

12 『石潭日記』 卷上, 만력 이년 갑술(萬曆元年甲戌) 선조 7년(1574).
13 『세종실록지리지』, 경기 양주도호부 포천현.

친인척들에게 연대 책임을 물어 핍박하던 족징, 인징의 제도적 폐해를 근본적으로 해결하고자 했다. 또한 궁핍한 백성에게 조정에서 구휼미를 풀어 원조하는 방법은 임시방편이라는 것을 알고 있던 토정은 폐쇄적인 지역 할거주의의 모순이라는 근본적인 사회구조 문제의 해결에 관심을 두었다. 이는 군현제도의 자급자족 풍조를 뛰어넘어 지역적 경계를 허물고 자유로운 물자의 유통을 주장하는 것으로, 당시로서는 시대의 상식을 뛰어넘는 방책이라 할 수 있다.

> "모든 생산물은 다만 그 본래 나는 땅에서만 취하여 사용하도록 하고 타 지역에서는 그러지 못하게끔 금지하니, 매우 잘못된 일 아니겠습니까? 비록 다른 지역이나 다른 구역이라 하더라도 왕토(王土)가 아닌 곳이 없습니다. 포천은 바다가 없으니, 해산물을 다른 지역에서 구하는 수밖에 없는데, 어찌하여 이것을 금지하십니까?"[14]

토정은 이를 실제적으로 이루어내고자 비교적 풍족한 산물이 나는 전라도 만경현의 양초도(洋草島)를 포천현에 편입시켜 이곳에서 생산되는 해산물을 곡식으로 바꾸고자 하였고, 황해도의 염전을 이용하여 포천의 지역경제를 살리고자 요청하였다. 어업과 염업은 포천과 관련 없는 분야였지만, 넘쳐나는 지방의 물자를 방치하지 않고 적극적이고 유동적으로 활용하여 어려운 지역은 물론 나아가 국부의 증진방식까지 생각한 것이다.

당시의 지배이념인 성리학은 명분에 매몰되어 이(利)를 천시하고 의(義)를 중시하던 시대였다. 성리학을 공부한 양반의 신분으로 이득을

---

14 『土亭先生遺稿』 疏, 「莅抱川時上疏」.

추구하고자 하던 토정의 개혁구상은 많은 비난을 받았으나, 가난한 백성의 구휼을 위한 일은 사소한 이익추구가 아닌 성리학적 의(義)의 완성이나 다름없다고 생각한 토정에게 그러한 비난은 문제가 아니었다.

하지만 이러한 문제는 일개 지방수령의 문제제기로 쉽게 해결될 상황이 아니었다. 만성적인 국가재정의 위기와 훈구세력을 중심으로 형성된 권력의 남용과 이에 따른 부패구조의 형성 등 구조적인 사회문제가 도사리고 있어 토정의 모순척결과 개혁주장은 결국 좌절될 수밖에 없었던 것이다.

2. 아산현감 시절, 토정이 보여준 목민관의 자세

포천현감을 사퇴할 때만해도 토정은 수령직에 큰 집착이 없었다. 따라서 민생을 위한 자신의 정책 건의가 수용되지 않자 미련 없이 떠날 수 있었다. 이후 토정은 4년간의 휴지기를 가진다. 그 기간에 형 이지번이 사망(선조 8년(1575))하여 조카 이산해와 함께 삼년상을 치렀다.[15] 토정은 우애가 깊어 부모가 아닌 형인데도 심상(心喪) 3년을 하였다한다.[16] 1577년 삼년상이 끝나고 조카 이산해는 기복되어 다시 벼슬에 복귀하였다.

이 무렵 토정은 정치에 적극적인 태도를 보인다. 1576년 통진 현감으로 있던 제자 중봉 조헌을 찾아가 민심의 동요와 국가장래를 걱정하면서[17] 많은 충언을 하였는데 조헌은 토정이 많은 깨우침을 주었다고 회고

15 『선조수정실록』 권9, 선조 8년 12월 1일(을축) 전 내자시정 李之蕃 졸기.
16 『선조수정실록』 권12, 선조 11년 7월 1일(경술) 이지함 졸기.
17 『土亭遺稿』 卷下, 遺事 出重峯子完堵所記.

하였다.[18] 1578년 3월에는 이이가 사간원 대사간에 제수되었지만 서울에 와 은명(恩命)을 사례한 뒤에 사직하자 적극적으로 만류하는 모습을 보이기도 하였다.[19] 이렇게 토정이 다시 정치에 큰 관심을 보이는 분명한 계기는 알 수 없다. 다만 이 무렵 동, 서 분당으로 당쟁이 본격화되었다. 또 1573년 8월 10일 군적(軍籍) 개정으로 민간이 소요해졌고, 1575년 3월 1일 새로 작성된 군적이 반포되는 등 민생이 위협당하는 정치, 사회적 변화가 진행되자 다시 사환키로 결심한 것이 아닌가 짐작된다. 이때 토정은 "내가 1백 리 되는 고을을 얻어서 정치를 하면 가난한 백성을 부자로 만들고 야박한 풍속을 돈독하게 만들고 어지러운 정치를 다스리게 하여 나라의 보장(保障)으로 만들 수 있을 것이다."라고 말하며 목민관으로의 복귀를 강하게 희망하였다.[20] 그 결과 아산현감으로 임명되어 다시 수령직에 복귀할 무렵은 그가 경국제민(經國濟民)에 큰 의욕을 보일 때였다.

(1) 군역제도의 모순 척결과 공납 폐단의 시정

사림세력이 정국을 주도하기 시작한 16세기 중반이후에는 새로운 사회적 문제가 제기되었다. 국역체제의 파탄에 의해서 양인농민층의 경제적 기반이 와해되면서 국가의 하위 실무행정조직인 지방군현의

18 『土亭遺稿』 附錄 祭土亭先生文(趙重峯).

19 『石潭日記』 卷下, 만력 육년 무인(萬曆六年戊寅) 선조 11년(1578) 3월; 『선조수정실록』 권12, 선조 11년 3월 1일(임자).

20 『선조수정실록』 권12, 선조 11년 7월 1일(경술) 이지함 졸기.
嘗曰: "得百里之邑而爲之, 貧可富、薄可敦、亂可治, 足以爲國保障。" 末年赴牙山爲政, 其治以愛民爲主, 除害袪弊, 方有施設, 遽以病卒, 邑人悲之, 如喪親戚。
『土亭遺稿』 附錄 土亭先生墓碣銘 并書 (李山海).

운영이 마비된 것이다. 국역체제의 파탄과 군현운영의 피폐화는 양안이나 호적, 군적 등 각종 과세대장에 의한 국역대상자의 파악을 어렵게 만들어 이들 대장은 허수로 채워지고 있는 실정이었다. 이러한 상황에서 국가에서 양민과 수조지의 정확한 실수를 파악하려는 시도가 있다 손치더라도 그것은 당시 발생하고 있던 제반 모순을 더욱 극대화시켰으며 그나마 부지하고 있던 양인농민층의 파탄을 부채질하는 결과를 낳고 말았다.[21]

이러한 정치상황에서 토정이 큰 의욕을 가지고 아산현감으로 부임하였지만 아산의 현실은 만만치 않았다. 토정의 전임자인 윤춘수(尹春壽)는 선조대 명신이며 정치실력자인 윤두수(尹斗壽), 윤근수(尹根壽) 형제의 이복형이었다. 그는 아둔하고 용렬하여 백성들에게 피해를 끼친다고 사헌부에서 파직을 요구할 정도로 민심을 잃었다.[22] 그는 결국 백성을 보살피지 않고 재물을 탐한다는 악 소문이 퍼지고 고과 평점에 하위등급이 예상되자 겁이 나서 병을 핑계로 자진 사퇴하고 말았다.[23]

신임 수령으로 부임하는 토정은 자신의 사환의 원칙을 정했다. 그것은 "왕이 된 이는 백성을 하늘로 삼고, 백성은 먹는 것을 하늘로 삼는다(王者以民爲天 民以食爲天)"[24]라는 것이었다. 토정은 민생의 안정을 최고의 가치로 치고 현재의 정치는 백성들의 하늘인 민생을 소홀히 하고

21 김성우, 「사회경제사의 측면에서 본 조선중기」, 『대구사학』 46, 1993, 86쪽.
『土亭遺稿』 권상, 莅牙山時陳弊上疏.

22 『선조실록』 권12, 선조 11년 4월 13일(갑오).

23 『선조실록』 권12, 선조 11년 4월 20일(신축).

24 司馬遷, 『史記』, 酈食其列傳.
『土亭遺稿』 권상, 莅牙山時陳弊上疏.

업신여겨 잔혹스럽게 해악을 끼쳐 백성들로 하여금 하늘을 잃도록 만들고 있다고 생각하고 이러고도 나라가 보전됨이 어려울 것이라고 진단했다. 이것은 자신의 목민관 생활을 친민(親民), 애민(愛民)의 자세로 일관하겠다는 원칙으로 나타났다. 그 실천방법으로는 민생을 해치는 적폐를 척결하고 백성을 살리는 구빈제도를 마련하고 그 시설을 확충하는 것이었다.[25]

그 첫 번째가 군역제도의 모순을 해결하는 것이었다. 토정은 부임 전에 아산은 부첩(簿牒)이 번다함이 다른 고을의 두 배나 되고 소송사건이 빈발하여 하루에 소장을 올리는 백성이 4,5백 명이나 된다는 사실을 듣고 있었다. 토정은 처음에 이런 현상이 아산은 법률을 다툴 사안이 많고 백성의 풍속이 나빠서 그렇다고 생각했다. 하지만 부임하고 나서 보니 아산이 원통한 일이 다른 고을에 비교할 수 없을 정도로 많다는 것을 알게 되었다. 그것은 군적(軍籍)작성의 폐단, 곧 군역의 문제점이 심각했기 때문이었다.

조선왕조 16세기의 군역제는 15세기와 현격하게 달라졌다. 우선 군호편성 원칙이 사라지고 개별 양인호(良人戶)에 대한 군역 편성이 이루어지기 시작했다. 입역 내용 또한 번상시위로부터 잡역동원으로 전환되었고 대립화(代立化)와 방군수포(放軍收布)의 경향이 노골화되었는데, 이것은 군역이 각 관청의 주요 수세원으로 인식된 것이다. 16세기 이후의 군역은 입역대상자에게 의무만을 강요하고 그들의 재생산기반

25 『선조수정실록』 권12, 선조 11년 7월 1일(경술) 이지함 졸기.
嘗曰: "得百里之邑而爲之, 貧可富、薄可敦、亂可治, 足以爲國保障." 末年赴牙山爲政, 其治以愛民爲主, 除害袪弊, 方有施設, 遽以病卒, 邑人悲之, 如喪親戚。
『土亭遺稿』 附錄, 土亭先生墓碣銘 并書 (李山海).

을 외부로부터 교란시키는 또 다른 요인으로만 인식되었던 것이다.

군역은 원래 양인 상층을 중심으로 편제되었다. 그런데 군역이 양인층의 또 다른 부담으로 작용하면서 항산자(恒産者)를 중심으로 한 양인 상층이 군역을 기피하는 것은 당연했다. 따라서 군역의 주된 대상층이 일반 양인층으로 전환될 수밖에 없었고 국가 또한 군역정책이 무항산자 위주로 편성되고 있음을 실토하고 있었다. 양인층이라는 이유만으로 군역이라는 또 다른 부담을 떠맡게 되었기 때문에 군적 작성시 양인층의 피역행위는 매우 다양하고 그만큼 절박했다.

이미 중종 4년(1509)의 기사군적(己巳軍籍) 작성시에 원호(元戶)수준으로 떨어진 군역대상자들의 피역행위는 명종 6년(1551)에 실시된 계축군적(癸丑軍籍)에서 그 절정을 이루었다. 몇 년간의 흉년과 전염병의 만연 그리고 도적이 곳곳에서 횡행하는 가운데 실시된 계축군적은 시행 당시부터 시기의 부적절성으로 해서 논란이 되었다. 하지만 군역에 편성된 자들의 많은 수가 경제력이 없는 자들로 채워졌다는 점에서 더욱 문제가 되었다. 이때의 군적에는 원액을 채워 넣는 데만 급급하여 양인 농민층뿐만 아니라 걸인, 사천과 같은 협호(夾戶)적 존재가 상당수 군역에 충정되었고 심지어는 나무, 돌, 닭, 개의 이름까지 도용하는 실정이었다. 이와 같은 현상은 선조 7년(1574) 갑술군적(甲戌軍籍)을 작성시에도 마찬가지였다. 군적작성은 군역담당자의 경제력에서부터 장부기재의 신뢰성에 이르기까지 개악되고 있었다. 16세기 중반 이후의 군적작성 과정에서의 일어난 문제점을 이지함은 다음과 같이 총괄적으로 지적하고 있다.[26]

26 김성우, 「16세기 국가재정의 위기와 신분제의 변화」, 『역사와 현실』 16, 1995, 180~

"지난 계축군적(명종 8) 작성 시 지방관들이 쇄리(刷吏)들을 편달하여 양정(良丁)들을 많이 수괄하도록 했는데 쇄리들이 고통을 이기지 못해 병으로 죽음을 앞둔 노약자까지도 충정시키고 나무. 돌. 닭. 개의 이름까지도 끌어대었다. 양정의 수가 다른 현보다 많을 경우 여정이라 하여 다른 고을에 이속시켰다. 갑술군적(선조 7)을 작성할 때에도 감히 구액(舊額)을 고칠 수가 없었다. 실제로는 본 현의 백성으로 본 현의 군적에 올려도 오히려 부족한데 하물며 다른 고을의 군역을 질 수 있겠는가?"

이쯤 되면 당시 전국단위로 10여 만에 달하는 군역자원의 파악은 군역동원을 목적으로 한 것이기 보다는 차라리 해당관청의 재정을 보충해주는 수세원 확보에 더 큰 비중이 있었던 것이다. 이제 군역은 양인층이 담당하는 조세로서의 역할을 담당하게 되면서 '양역(良役)'으로 불리는 것이 일반적이었다.

비록 군역의 추세가 이러했지만 국방의 필요성이 이전보다 약화된 것은 아니었다. 중종대 이래 남쪽에서는 왜구의 침입이 빈번해졌다. 북쪽에서는 여진족의 발호가 눈에 띄게 증가하고 있었다. 당시 왜구는 16세기 들어 동아시아 해양환경이 급격히 변화되어 소위 '후기왜구(後期倭寇)' 또는 '가정왜구(嘉靖倭寇)'의 시기에 접어들면서 이전과 달리 제주도와 전라도 연안지역이 왜구들의 주 활동 공간으로 바뀌었다.[27] 이 무렵 왜구들은 일본 큐슈지방 나가사키 인근에 있는 고도[五島]란 섬을 근거지로 하는 일본, 중국 연합해적단이 주축이었다.

이런 상황에서 국방의 중요성은 커가고 있었지만 날로 허소해지는

186쪽.

27 윤성익, 『명대 倭寇의 연구』, 경인문화사, 2007, 215~242쪽.

군적을 가지고는 전쟁을 수행할 수 없었다. 국방강화를 위해서는 새로운 방법에 의한 군역자원의 확충과 군대편제가 이루어져야 했다. 임진왜란 직전의 군적에 따르면 군사와 보인(保人)을 합친 군역자원의 총수는 14만 5,620명이었는데, 그 가운데 갑사, 정로위, 별시위에 편성된 군사와 보인의 수가 2만3,620명으로 전체 군역자원의 16.2%를 차지하고 있다. 보인을 제외한 실제 군역대상자의 총수는 4만 7,820명인데 비해 정예병의 수는 7,920명으로서 전체군역자원의 16.6%를 차지하고 있었다. 즉 16세기 후반까지 국가에서는 약 8천명의 정예병을 보유하고 이들을 중심으로 국방을 담당하고 있었던 것이다.

이러한 상황에서 아산은 다른 곳보다 문제가 더욱 심각했다. 그것은 명종 6년(1551)에 실시된 계축군적(癸丑軍籍) 당시 아산의 수령이던 자들이 신명수(申秀溟)[28], 정기(鄭耆), 한흥서(韓興緖) 등이었는데 이들은 모두 문음(門蔭)으로 출사한 사람들이었다. 그중 한흥서는 심의겸(沈義謙)의 장인으로 사돈인 심강(沈綱)은 명종의 장인이었다. 따라서 한흥서는 사돈의 힘을 입어 탐학한 짓을 많이 한 탐관오리의 전형적인 모습을 보여주었다.[29]

이와 같이 16세기 수령 임명자는 모두 세가(世家)의 자제, 친척, 사인이라는 평이 있을 정도로 훈구세력과 연결되어 있었다.[30] 이 때문에 외척 중에 어리고 어리석은 자들과 권문세가의 자제들이 부유한 고을에 제수되기를 구하여 고을과 백성들을 병들게 하고 괴롭히는 것이 풍조

---

28 『명종실록』 권10, 명종 5년 11월 28일(정사).

29 『명종실록』 권20, 명종 11년 3월 5일(갑자).

30 임용한, 『조선전기 수령제와 지방통치』, 혜안, 2002, 343쪽.

였다. 그런데도 부형이 된 자나 족척이 된 자들이 세력을 믿고 극진히 비호하므로 방백들도 그 사이에 손을 대지 못하였다. 그 결과 국왕인 명종도 수령제의 모순을 다음과 같이 개탄하고 있다.

> "친민(親民)의 관리로는 수령(守令)이나 방백(方伯)보다 더 절실한 존재가 없다. 만약 출척(黜陟)을 엄명하게 하지 않는다면 말세의 폐단을 무엇으로 구원할 수 있겠는가. 옛날의 수령은 백성을 사랑하는 것으로 일을 삼았으나 지금의 수령들은 백성들을 수탈하여 자신만을 살찌우고 있다. 그 까닭에 으레 외직 구하는 것을 좋아한다. 인심이 이 지경이 되어 이욕이 충일하여 자상한 수령은 적고 탐학한 수령이 많아 백성들이 떠돌아다니게 되고 읍들은 거의 쇠잔, 피폐해졌으니 참으로 한심스럽다. 지금 이후로는 출척을 엄격하고 공정하게 하며 만약 형벌을 남발하는 탐학한 수령이 있으면 계문하여 무거운 벌로 다스리고 또 선정을 펴는 수령도 찾아 계문할 것을 팔도에 하유(下諭)하라."[31]

이러한 수령들은 군적 작성시에 아전을 독촉하여 허위로 과도하게 명부를 작성하였고 선조 7년(1574)에 갑술군적을 작성하면서 시정치 않고 그대로 두었다. 이 때문에 심한 질병을 앓고 있거나, 70세의 고령인 자가 군역을 면제받지 못할 뿐 아니라 평생 혼인도 못하는 경우도 있어 민심이 동요되고 민원이 자자해 질 수 밖에 없었던 것이다.

한편 토정이 두 번째로 한 일은 민을 괴롭히는 공납의 폐단을 고치는 것이었다. 당시 토정은 백성들의 질고를 직접 물어 아산에 어지(魚池)가 있어 괴로운 것이 된다는 사실을 알게 되었다. 대개 읍에는 양어지(養魚

---

31 『명종실록』 권30, 명종 19년 7월 27일(정묘); 『명종실록』 권31, 명종 20년 10월 10일(계유); 『선조실록』 권206, 선조 39년 12월 15일(기유).

池)가 있으며, 백성들을 시켜 돌려가며 고기를 잡아들이게 하므로 영세민들이 심히 괴로워하였다. 그래서 이지함은 그 연못을 없애버려 후환을 영영 끊어버렸다 한다. 이렇게 토정이 명령을 내리는 것은 모두 백성을 사랑하는 것을 위주로 하였다.[32]

(2) 관아의 이건(移建)과 교화정책 실시

조선후기에 편찬된 아산현 읍지인 『신정아주지』에는 원래 아산현 관아가 지금 관아 터에서 동쪽으로 2리 정도에 있었고 토정 이지함이 현재 위치로 이전하였음을 알리는 기사가 있다.[33] 향교도 이전에 현(縣)의 동쪽에 있었는데 토정 이지함이 현감 재임 중에 이전하여 개건하였음을 기록하고 있다.[34] 하지만 관아를 이전할 수밖에 없는 사유에 대해서는 설명이 없다. 짐작컨데 조수(潮水)에 의한 빈번한 침습이 이유가 되지 않을까 짐작된다. 구전에 의하면 원래의 관아 터는 현재 성내리 2구 안골이라고 한다. 이곳에는 현재도 옛 건물의 주춧돌, 기와 조각이 남아 있는데 읍봉 고을의 터라고 전해오며, 한편으로는 황촌부곡 터라고도 한다.[35] 토정에 의해 이전될 당시의 아산현 관아가 어떤 모습인지는 기록이 없어 확실치 않다. 이후 1597년 정유재란을 겪으며 아산현

---

32 『석담일기』 하권 만력 육년 무인(萬曆六年戊寅) 선조 11년(1578).

33 李浩彬, 『新定牙州誌』, 館舍(奎 17384).
衙官舊在縣東二里知縣李之菡移構于此 閱武堂 官廳 鄕廳 椽廳 軍官廳 客館在衙舍東北.

34 李浩彬, 『新定牙州誌』, 學校(奎 17384).
鄕校在官南二里 舊在縣東 萬曆庚戌知縣李土亭之菡移建于此.
그러나 광해군 2년(1610)에 토정 이지함이 현재의 자리로 이건했다는 기록은 사실에 맞지 않다. 토정은 1578년에 아산에서 순직했기 때문이다.

35 온양문화원, 『온양아산 마을사』 2권, 2001, 304쪽.

관아가 현저히 파괴되었을 것으로 짐작은 된다.

한편 향교의 이건과 함께 교화를 위해 향교[縣學]의 유생들을 교유(教誘)하여 문무(文武)의 재주를 강습시켜 국가에 쓰일 수 있는 자질을 갖추도록 하였다.[36] 이것은 고을의 향교에서 문무의 재능을 겸비한 인재를 길러 국가의 쓰임에 대비한 것으로 중봉 조헌은 그러한 토정의 계획과 재능은 은연중 공·맹(孔·孟)의 풍도(風度)가 드러났다고 평가하였다.[37]

(3) 자조형 복지정책의 실천과 구빈시설의 설치

토정의 아산현감 재임시에 가난한 백성을 위한 구빈시설을 짓고 운영했다는 것은 주지의 사실이다. 이 시설을 소위 걸인청이라 하는데 걸인청의 실재(實在)가 어떠한가를 살펴보자. 현재 아산현 관아에서 가장 논쟁이 되는 건물은 "걸인청(乞人廳)"이다. 걸인청은 1578년 토정 이지함이 아산현감으로 부임하여 빈민을 구제하기 위해 지은 건축물로 언급되고 있다. 걸인청의 설치유무와 이 시설이 아산에 위치했다는 직접적인 사료는 없다. 다만 사실을 유추할 수 있는 자료는 다음 기사와 같이 『선조수정실록』의 이지함 졸기(卒記)에 나온다.

> "말년에 아산군에 부임하여 정치를 하게 되었다. 그의 정치는 백성 사랑하는 것으로 주장을 삼아서 해를 없애고 폐단을 제거하며 <u>한창 시설을 갖추어나갔는데</u> 갑자기 병으로 졸하니, 고을 사람들은 친척이 죽은 것처럼 슬퍼하였다."[38]

---

36 『土亭遺稿』, 土亭公謚狀(李觀命).

37 『선조수정실록』 권20, 선조 19년 10월 1일(임술) 조헌의 상소.

38 『선조수정실록』 12권, 선조 11년 7월 1일 경술.

위 실록기록은 토정 이지함이 사망한 지 68년이 지난 후인 인조 24년(1646)에 기존의 『선조실록』을 보완하여 수정실록을 편찬하면서 새로 첨부된 사실이다. 여기서 '**<u>한창 시설을 갖추어나갔는데</u>**'라는 부분에서 말하는 시설이 무엇인지는 분명치 않으나 빈민을 위한 구빈시설일 가능성은 충분하다. 따라서 토정 이지함이 아산현감 재임 중에 아산현에 구빈시설을 설치, 마련했다고 믿어도 좋을 것이다.

현재 걸인청 설치와 관련된 자료로 좀 더 구체적인 이야기는 이지함의 『토정유고』에 나오는 「출혹인기사(出或人記事)」가 최초의 기록이다. 여기에 나오는 구빈시설 관련 내용은 아래와 같다.

> "선생은 백성들이 떠돌아다니며 다 헤진 옷에 음식을 구걸하는 모습을 불쌍히 여겼다. 이에 <u>가난하고 굶주린 백성들을 위해 큰집을 짓고 거처하도록 하고, 수공업을 가르쳤다.</u> 사농공고(士農工賈) 가운데 일정한 직업을 선택하도록 설득한 다음 직접 얼굴을 맞대고 귀에다 대고 일일이 타일러 가르쳐 주었다. 이렇게 각자 그 의식(衣食)을 마련할 수 있도록 했는데, 그 가운데 가장 능력이 뒤떨어진 사람에게는 볏짚을 주어서 짚신을 삼도록 했다. 몸소 그 작업의 결과를 따져서 하루에 열 켤레를 만들어내면 짚신을 시장에 내다 팔도록 했다. 하루의 작업으로 한 말의 쌀을 마련할 수 있었다. 또한 그 이익을 헤아려서 옷을 만들도

末年赴牙山爲政, 其治以愛民爲主, 除害袪弊, <u>方有施設,</u> 遽以病卒, 邑人悲之, 如喪親戚

선조실록 수정 작업은 인조 19년(1641) 2월에 대제학 李植의 상소로 수정을 결의하고, 이식에게 수정을 전담시켰다. 이식이 수정을 시작한 것은 2년 뒤인 인조 21년(1643)부터이다. 인조 24년(1646) 1월에 이식이 다른 일로 파면되고, 곧 사망하여 수정 사업은 중단되었다. 효종 8년(1657) 3월에 이르러 수정실록청을 다시 설치하고 領敦寧府事 金堉과 蔡裕後 등으로 하여금 계속 사업을 펴게 해 그 해 9월에 완성을 보았다. 이 수정실록은 1년을 1권으로 편찬했기 때문에 총 42권으로 이루어져 있다. 선조 즉위년부터 29년까지의 30권은 이식이 편찬했고, 30년부터 41년까지의 12권은 채유후 등이 편찬하였다.

> 록 했다. 이렇게 하자 두어 달 동안에 사람들의 의식(衣食)이 모두 넉넉해졌다."[39]

위 기사는 지금까지 「출혹인기사」라고 해서 이 기사의 발설자가 누구인지, 언제 만들어진 자료인지가 분명치 않아 토정의 구빈시설 설치에 대해 실체와 정확한 설치시기를 파악하는데 제약이 컸다. 그런데 이 기사는 당시 유명 문인(文人)이며 정치가로 조선시대 선조대에서 인조대에 걸쳐 벼슬한 유몽인(柳夢寅, 1559~1623)의 『어우야담(於于野談)』에 나오는 기사와 대동소이하다. 따라서 『토정유고』에서 말하는 혹인(或人)은 바로 유몽인을 지칭하는 것이다. 다음은 『어우야담』에 나오는 토정(土亭) 관련 기사이다.

> "이지함은 백성들이 떠돌아다니며 다 헤진 옷에 음식을 구걸하는 모습을 불쌍히 여겼다. 이에 가난하고 굶주린 백성들을 위해 큰 움막을 짓고 거처하도록 하고, 수공업을 가르쳤다. 사농공상(士農工商) 가운데 일정한 직업을 선택하도록 설득한 다음 직접 얼굴을 맞대고 귀에다 대고 일일이 타일러 가르쳐 주었다. 이렇게 각자 그 의식(衣食)을 마련할 수 있도록 했는데, 그 가운데 가장 능력이 뒤떨어진 사람에게는 볏짚을 주어서 짚신을 삼도록 했다. 몸소 그 작업의 결과를 따져서 하루에 열 켤레를 만들어내면 짚신을 시장에 내다 팔도록 했다. 하루의 작업으로 한 말의 쌀을 마련할 수 있었다. 또한 그 이익을 헤아려서 옷을 만들도록

---

39 『土亭集』 土亭先生遺事 卷下.

先生哀流民敝衣乞食 爲作巨室以舘之 誨之以手業 於士農工賈無不面喩耳提 各周其衣食 而其中最無能者 與之禾藁使作芒鞋 親董其役 一日能成十對 販之市 一日之工無不辦一斗米 推其剩以成衣 數月之間 衣食俱足 而不勝其苦 多有不告而遁者 以此觀之 盖見生民因惰而飢 雖疲癃百無一能 而未有不自爲芒鞋者 先生之示民近效 妙矣哉. 出或人記事

했다. 이렇게 하자 두어 달 동안에 사람들의 의식이 모두 넉넉해졌다."[40]

상기한 두 개의 사실자료를 비교해 보면 소위 걸인청과 관련되는 최초의 언급은 유몽인의 『어우야담』[41]에서 비롯된 것임을 알 수 있다. 토정은 유몽인이 20세가 될 때 별세했다. 유몽인은 정치적으로 토정의 조카인 이산해와 함께 북인(北人)당파의 핵심인물이었다. 북인세력은 광해군대 집권세력이었는데 유몽인은 광해군에 의한 인목대비의 유폐를 반대하다가 파직되었다. 칩거 중에 인조반정이 터졌고, 유몽인의 아들이 광해군 복위운동에 참여하다 발각되자 여기에 연루되어 사형에 처해졌다. 이후 유몽인은 오랫동안 신원되지 못하고 역적으로 취급되다가 정조 18년(1794)에 와서야 관작이 회복되고 신원되었다.[42] 따라서 효종 3년(1652)에 간행된 『토정유고』에서 공식적으로 유몽인의 성명을 밝히고, 그의 글을 인용할 수 없어 「출혹인기사」라고 익명으로 처리한 것이었다. 이렇게 걸인청에 대한 최초의 발설자인 유몽인이 토

---

40 柳夢寅, 『於于野談』 卷2.

李之菡哀流民敝衣乞食 <u>爲飢民作巨竇以館之 誨之以手業</u> 於士農工賈無不面諭耳提各資其衣食 而其中最無罷者 與禾藁使作芒鞋 親課其役 一日能成十對 鞋販之市 一日之工無不辦一斗米 推其利以成衣 數月之間 衣食俱足 而不勝其苦 多有不告而遁者 以此觀之 益見民生因惰而飢 雖疲癃百無一能 而未有不自爲芒鞋者 之菡之示民近效 妙矣哉.

41 5권 1책. 활판본. 당초 10여 권이었으나, 저자가 모반의 혐의로 刑死됨에 따라 많이 산질되었다. 순조 32년(1832) 『於于集』을 발간하면서 종후손 금(琹)이 『於于野談』의 유고를 수집하여 간행하고자 하였으나 뜻을 이루지 못하였다. 그 뒤에도 줄곧 필사본으로 전하여 왔는데, 필사의 과정에서 여러 종류의 抄寫本이 나타났다. 1964년 그의 종후손 濟漢이 가전의 잔존본에 여러 이본을 수집, 보충하고 부문별로 나누어 5권 1책으로 간행하였다. 책머리에는 유몽인의 영정과 遺墨, 이어 柳永善의 서문, 成汝學의 舊序文(1621)과 연보를 실었다. 책 끝에 종후손 제한의 발문이 붙어 있다.

42 『정조실록』 40권, 정조 18년 5월 12일 무술.

정과 동시대를 살았고 이산해를 통해 토정집안의 사정을 잘 아는 인물이라는 점에서 그가 언급한 걸인청의 존재는 역사적으로 실재했음을 인정해도 될 것이라고 본다.

다만 여기서 토정이 빈민구제시설을 설치하며 그 청사를 "걸인청(乞人廳)"이라고 명명했는가하는 점은 매우 회의적이다. 현재 조선정부가 간행한 각종 관찬사서나 토정의 문집, 동료학자, 문인(門人)들의 어느 글에도 "걸인청"이란 용어는 없다. 물론 더 조사해 보아야 하지만 아마도 근대, 혹은 해방 이후에 누군가에 의해 작명된 조어(造語)인 것으로 짐작된다.

한편 소위 '걸인청'이 실재했다면 현재 아산현 관아의 어느 장소에 위치했을까 하는 점이다. 현재 아산현 관아의 실재모습을 확인할 수 있는 자료는 서울대 규장각에 소장된 1872년 지방도의 아산현지도이다. 이 지도는 19세기 후반의 아산현 관아의 위치와 건물배치, 건물명을 자세히 그림으로 표시한 것으로 아산현 관아를 복원한다면 반드시 참고해야할 자료이다. 하지만 토정 사후 3백여 년이 지난 뒤의 아산현 관아의 모습이라 이 지도를 바탕으로 토정시대의 아산현 관아를 추정하기란 사실상 불가능하다. 그 이유는 첫째, 토정이 설사 '걸인청'이란 시설을 설치했어도 토정 사후에 후대까지 계속 걸인청이 존치되었을까하는 의구심이 있기 때문이고, 둘째 토정 사후에 임진왜란과 같은 대전란이 아산을 휩쓸었을 뿐 아니라, 누대에 걸쳐 관아건물이 새롭게 개축, 증축되고 변형이 이루어졌기 때문에 현존하는 특정 건물을 걸인청이라고 지칭하기가 사실상 어렵다는 사실이다.

현재 아산현 관아의 일부였던 부속건물을 걸인청이라는 지칭하는 속설[43]이 있다. 하지만 이 건물은 1872년 아산현 지방도에는 '서원청(書員

廳)'으로 표시되어 있다.[44] 이 서원청은 추측컨데 19세기에 와서 지어진 것으로 짐작된다. 이 건물이 이전의 걸인청이라는 것은 문헌적으로 아무런 근거가 없다. 현재 이 건물은 소멸된 것이 아니고 1997년에 향교 옆으로 이건하여 향교의 관리사로 쓰이고 있다.[45]

마지막으로 소위 걸인청의 모습과 크기는 어떠했을까? 유몽인이 언급한 사료에는 토정이 빈민을 위해 "거두(巨竇)"를 지었다고 했다. '두(竇)'는 움집을 뜻한다. 이 말이 사실에 근사하다면 걸인청은 큰 규모의 움집 형태로 지어졌고 초가지붕을 했을 가능성이 크다. 그런데『토정유고』에는 이 말을 바꾸어 "거실(巨室)"로 표기하고 있다. 어떤 말이 사실에 근사한 지는 현재 논하기 쉽지 않다.

(4) 토정의 죽음

토정은 의욕적으로 직무를 다하던 중에 갑작스럽게 순직하였다. 이 때문에 토정의 사망원인을 둘러싸고 이설이 분분하다. 설화로 전승되는 이야기는 아전과의 불화설과 그에 따른 살해설이 널리 퍼져있다. 그러나 조선시대에 수령 위해(危害)나 살해는 커다란 국기문란의 문제라 토정이 살해된 것이 사실이면 큰 논란을 낳아 관찬사서에 많은 기록이 존재했을 것이다. 그러나 그런 기록은 존재하지 않는다.

물론 제자인 중봉 조헌의 기록에 의하면 토정이 아전들을 제어하는 가운데 갈등이 있었음을 짐작할 수 있지만 이것이 토정의 갑작스런 죽

---

43 황원갑,『歷史人物紀行』, 한국일보사, 1988, 156~169쪽.

44 書員廳은 관아 입구에 설치되어 수세를 담당하는 임시기구였으나 점차 상설 기구화되었다.

45 영인향토지편찬위원회,『牙山靈仁鄉土誌』, 2005, 179쪽.

음과는 관련이 없다. 토정의 죽음원인에 대한 기록은 이율곡이 석담일기에서 이질(痢疾)로 인해 사망했다는 사실이 가장 확실하다.[46] 이와 함께 토정과 당시대를 같이 살았던 태천(笞泉) 민인백(閔仁伯)의 기록에는 토정을 수발하며 아산관아에서 함께 생활하던 둘째아들 이산휘(李山輝)[47]와 관련한 아래와 같은 기록이 남아 있다.

> "공은 아산에 있는 동안에 병에 걸려서 늘 구토를 했는데 손으로 놋타구를 두드리면서 아들 산휘에게 그 소리를 들려주었다. 산휘는 그 소리가 전하는 뜻을 알면서도 일부러 이렇게 아뢰었다. "소리가 매우 화기롭습니다. 아버님께서는 필경 편안함을 얻으실 것입니다" 그리고 문밖에 나와서 발을 구르며 가슴을 치고 눈물을 흘렸다.[48]"

조헌의 〈제토정선생문(祭土亭先生文)〉에도 '병환이 한번 나시자 큰 뜻을 품으신 채 운명을 하시었다'[49]라고 하여 신병으로 인한 사망을 언급하고 있다. 조카 이산해도 〈숙부묘갈명〉에서 '불행하게도 병으로 관(官)에서 돌아가셨으니 그것이 천명인가, 운수인가?'라고 말하여 질병으로 인한 사망을 확인해 주고 있다.[50]

그러나 토정의 독살설은 당시에도 널리 퍼졌음을 알 수 있는데, 택당 이식(李植)의 문집에 '일찍이 아산의 원이 되어 간사한 관리를 엄하

---

46 『石潭日記』 하권, 萬曆六年戊寅 선조 11년(1578).

47 이산휘는 나중에 호랑이에게 물려 죽었다한다.(『선조실록』 권48, 선조 27년 2월 27일(병자)).

48 『土亭遺稿』 권하 出笞泉記.

49 『土亭遺稿』 附錄 祭土亭先生文(趙重峯).

50 『土亭遺稿』 附錄 墓碣銘 并序(李山海).

게 단속하다가 문득 어느 날 갑자기 죽었다. 그래서 사람들은 그가 독살을 당했다고 의심하였다. 그러나 토정은 남을 알고 기미를 알아 뜻과 기운이 귀신같았으니 흉측한 일은 응당 당하지 않았을 것이다"[51]라는 언급이 있다. 이식은 독살을 인정하지 않지만 당시 독살설이 널리 유포되어 있음을 언급하고 있다.

Ⅳ. 토정이 보여준 목민관 자세의 의미

토정의 목민관 생활은 그의 평생 삶의 철학인 애민사상을 실천할 기회였다. 토정은 현감 직을 수행할 때 관내 지역을 곳곳이 안다녀 본 곳이 없었다고 한다. 그는 현장제일주의를 최우선으로 하여 민생 현장을 자신의 눈으로 생생하게 확인한 것이다. 조헌은 이러한 토정의 현장우선주의를 다음과 같이 증언하고 있다.

> "만년에 아산고을에 부임 하신 것은 백성들의 어려움을 구제하기 위해서였습니다. 아무리 멀어도 수행원을 물리치고 수레 한 대로 가보지 않으신 곳이 없었습니다. 백성들의 폐단을 강구하여 호소할 곳이 없는 불쌍한 자들을 먼저 구휼하시기 위함이었습니다."[52]

이러한 실례는 그가 포천현감일 때부터 이미 시작되었다. 토정은 그

---

51 『澤堂先生別集』 권15, 「雜著」 追錄.
土亭初守抱川 旋棄去 後守牙山 嚴束奸吏 忽一日暴卒 人疑其遇毒. 然土亭知人識幾。志氣如神。不應凶其終也。

52 『土亭遺稿』 附錄 祭土亭先生文(趙重峯).

의 상소문에서 가난한 어느 어염집 아낙네를 만난 일화를 상소문에 상세히 언급하고 있다. 그 여인의 가족이 당하는 고통을 생생하게 서술하는 것을 보아 직접 대면하여 생생한 민생의 고달픔 현실을 직접 듣고 보고 눈물을 흘리며 공감을 했다.

> "'집에 척박한 땅이 좀 있는데 지낸 해에 농사를 잘못지어서 아침저녁으로 끼니를 거른 지가 오래입니다. 허기진 남편을 차마 볼 수가 없어서 시래기를 삶아주었는데 남편은 억지로 몇 술 뜨다가 한숨을 지으며 더 이상 목구멍에 넘길 수가 없다는 것이었습니다. 이튿날도 그랬고 또 그 다음 날도 그랬는데 열흘이 지나자 병들어 죽고 말았습니다.' 그 여인은 미처 말끝을 맺기도 전에 목이 메어 말을 잇지 못하다가 얼만 지난 뒤에야 숨을 가라앉히고 다시 이야기를 했습니다. '저 역시 기운이 없어서 세 살 먹은 아기가 젖을 달라고 보채는 데도 젖을 빨리지 못한 지가 오래 되었습니다. 그런데 단오날 밤 아기가 한겨울 추위에 떨듯이 손발을 떨기에 깜짝 놀라 일어나 입에 손을 대보니 이미 숨이 끊겨 있었습니다. 저는 그 즉시 곳간으로 뛰어가 쌀독 밑바닥을 쓸었고, 요행히 쌀 몇 알을 주워 가지고 급히 씹어 물에 타서 아기의 입에다 흘려 넣었습니다. 그랬더니 얼마 지나지 않아 아기의 숨결이 트이는 거였습니다. 하지만 앞으로 며칠이나 더 살수가 있을는지....' 그 여인은 말을 마저 하려고 했으나 목이 메어 말끝을 맺지 못했습니다. 그 상연을 들은 신도 그녀의 안색을 보며 저도 모르게 눈물을 흘렸습니다."[53]

아산현 현감 때에도 마찬가지였다. 그의 상소문에서 토정은 군역의 폐단에 고통당하던 아산 백성들의 고단한 현실을 생생하게 증언하고

53 『土亭遺稿』 권상, 莅抱川時上疏.

있다.

> "본 아산현에는 사족인 김백남(金百男)이라는 자가 있사온데 나이가 61인데도 아직 장가를 들지 못했습니다. 신이 이상히 여겨 그 까닭을 물으니 마을 사람들이 이렇게 대답하는 것이었습니다. '우리 고을에는 인력이 부족하여 사족(士族)의 후예로 조예(皂隸), 제원(諸員)에 종사하는 자가 많고 그들이 혹 다른 고을로 이사하면 일족이 침해를 당하곤 합니다. 사람들은 그 화를 피하기를 함정을 피하듯이 하는데 김백남은 일찍부터 군안(軍案)에 이름이 올라 있기 때문에 딸을 둔 집에서는 인척으로 연루될까 싶어 사위를 삼지 않아 여태껏 장가를 가지 못한 것'이라 합니다. 신은 그 말을 듣고 당사자를 보니 한탄스럽고 측은한 생각뿐이었습니다. 사람들은 또 이러한 말을 들려주기도 했습니다. '김백남은 형제들 중에서도 건실한 자여서 그의 누나인 김씨는 나이가 50이 되도록 시집을 못가고, 형인 김견(金堅) 역시 57세가 되도록 장가를 못 들은 채 죄다 김백남에게 더부살이로 얹혀살고 있습니다.'라고 합니다. 이뿐만 아닙니다. '사족인 박필남(朴弼男)이란 자는 나이가 50, 정옥(鄭玉)이라는 자는 55, 정권(鄭權)이라는 자는 62, 박유기(朴由己)라는 자는 71세인데, 모두 남의 지아비 노릇을 해 본적이 없다'고 합니다. 신이 들은 바가 이와 같은데 신이 모르는 바는 어찌 여기에 그치겠습니까? 사족이 이정도이면 서민 중에 환과고독(鰥寡孤獨)은 어찌 그 수를 모두 셀 수가 있겠습니까?"[54]

위의 인용 사례에서 확인할 수 있듯이 토정은 자신이 직접 어려운 백성들을 찾아가 만나고 대화하면서 백성들의 애환과 고통을 생생하게 보고 듣고 확인하는 모습을 보여 주고 있다. 그것은 면담자의 성명과

---

54 『土亭先生遺稿』 권상, 疏, 「莅牙山時陳弊上疏」.

나이, 곤궁한 그들의 현 상태를 당사자와 주변인의 증언까지 생생하게 기록함에서 알 수 있다. 당시 대다수의 수령들이 수하 아전을 시켜 민정(民情)자료를 수합하던 관행과는 전혀 다른 목민관의 모습과 자세를 보인 것이다. 따라서 백성들의 애환과 민원이 구체적으로 무엇인지, 그들의 삶의 고단함이 어디에서 파생된 것인지를 누구보다 생생하게 확인하고 이에 근거하여 해결책을 강구해 사회적 모순을 척결할 국가의 정책적 대안은 무엇이어야 하는지를 조목조목 정리하여 건의하고 있는 것이다.

토정의 이러한 현장 우선주의와 열린 목민관의 자세는 중앙의 권귀(權貴)들과 결탁하고 수탈의 최전선에서 민을 괴롭히던 여타 수령들과는 다른 모습일 수밖에 없었다. 이러한 태도는 그가 '백성은 나라의 근본이니 근본이 튼튼해야 나라가 평안하다(民惟邦本 本固邦寧)'[55]고 하는 유교적 애민사상에 철저했던 결과였다고 평가된다. 따라서 그가 제시하는 적폐의 해결책도 현실적이고 구체적이었다. 하지만 이미 사회적으로 구조화되어 있는 모순을 토정이 단숨에 해결한다는 것은 불가능한 것이었다.

V. 맺음말

토정 이지함이 수령직을 수행하던 때는 50대 후반에서 60대 초반으로 그의 만년이었다. 그는 방외인(方外人)적 기질로 인해 오랜 시간 전국을 유람하며 백성들의 삶의 고달픈 현장을 생생히 체험하였고 국가

55 『書經』, 「夏書」 五子之歌篇.

현실과 민생의 고통스런 문제를 누구보다도 적실하게 알고 있었다. 그가 목민관이 되어 민생의 최일선에 나선 것은 고통당하는 백성들을 구제하기 위한 그의 애민사상을 실천할 기회라고 생각했기 때문이었다.

그는 백성은 국가의 근본이며, 민생안정이 백성에게 최우선이고 백성이 안정되어야 나라가 평안하다는 유교적 민본주의사상에 가장 충실한 실천가였다. 따라서 백성이 있는 곳은 아무리 먼 곳이라고 찾아가 민생의 생생한 현황을 직접 보고 듣고 확인하였다. 박봉을 털어 아랫사람을 도와주고, 폐단을 제거하여 곤궁한 백성을 구제하는 데 있어 모두 원대한 계획을 수립하였다.[56]

그러나 당시 현실의 벽은 너무 높아 포천에서는 좌절하여 관직을 떠났고 아산에서는 의욕적인 복무 자세를 보여주었지만 갑작스런 사망으로 꿈을 실현하지 못하였다. 하지만 그의 애민사상은 백성들이 먼저 알았다. 그의 갑작스런 죽음에 아산의 백성들은 친척이 죽은 것처럼 슬퍼하고,[57] 노소를 막론하고 마치 부모의 상을 당한 것처럼 거리를 가로막고 울부짖으며 다투어 고기와 술로 제사를 올렸다고 한다.[58]

이와 같이 '아산현감 토정 이지함'은 진정으로 백성을 아끼고 사랑하는 바람직한 '목민관'의 모습을 보여주었다. 가난하고 힘없는 백성들의 고단한 삶을 보살피고 자립적 기반을 확충하는데 충실했던 토정의 '목민관 자세'는 국민을 위해 헌신하는 바람직한 공직자상의 모델이라는 점에

---

56 『선조수정실록』 권20, 선조 19년 10월 1일(임술) 조헌의 상소문.

57 『선조수정실록』 권12, 선조 11년 7월 1일(경술) 이지함 졸기.
嘗曰: "得百里之邑而爲之, 貧可富、薄可敦、亂可治, 足以爲國保障。" 末年赴牙山爲政, 其治以愛民爲主, 除害祛弊, 方有施設, 遽以病卒, 邑人悲之, 如喪親戚。
『土亭遺稿』 附錄 土亭先生墓碣銘 并書 (李山海).

58 『선조수정실록』 권20, 선조 19년 10월 1일(임술) 조헌의 상소문.

서 지금도 시사하는 바가 크다. 토정은 선조 6년(1574) 포천현감에 부임해 선조 7년 8월에 그만두고, 4년이 지난 선조 11년(1578)에 다시 아산현감으로 부임해서 불과 2개월 반 만에 병이 들어 순직하는 동안에 진정으로 백성들을 돌보는 바람직한 목민관으로서의 자세를 보여 주었다.

토정이 포천과 아산에서 현감으로 재임 중에 보여준 공통점은 백성들의 고통을 해결해 주도록 중앙정부에 상소문을 올린 것인데 자신이 만난 백성들의 이름과 나이, 궁벽한 처지와 사연을 구체적으로 기술하고 있다는 점이다. 이것은 수하의 아전들을 배제시키고 자신이 직접 민생현장을 발로 뛰면서 백성들의 어려움을 몸소 확인하고 청취한 것이다. 토정은 수령으로서 권위를 내세우지 않고 탁상행정을 배격하며 현장우선주의를 통해 생생한 백성들의 고통을 직접 자신이 듣고 물었고, 이를 바탕으로 문제 해결책을 고민하고 연구하며 대안을 강구하였다.

이것은 토정이 직접 생생한 민원을 청취하고 현장중심의 복무 자세를 보여주었다는 점에서 오늘날 공직자들에게 큰 교훈을 준다고 하겠다.

이순신의 아산 낙향과 무과 수련과정

Ⅰ. 머리말

아산은 전대미문의 대전란인 임진왜란기에 조선을 침략한 일본 수군을 격파하며 불멸의 전공을 세운 수군 명장 이순신을 배출한 고향이다. 이순신은 서울 건천동(乾川洞)에서 출생했지만 어린 날 아산으로 이주하여 생애의 대부분을 아산과 연결되어 살았다. 청년기에 무인(武人)이 되기 위한 미래의 꿈을 꾸며 치열하게 수련한 현장이 아산이었고, 상주 방씨를 맞아 혼인한 후에는 새로운 가족들의 삶의 터전이 아산이었다. 노량해전에서 전사한 후에는 부모, 형제들과 함께 영면하는 유택을 아산에 남겼다. 이후 그를 추모하고 기억하는 장소로서 현충사가 창건됨에 따라 이순신은 아산과 분리될 수 없는 지역적 정체성의 상징이 되었다.

위와 같은 이유로 지금까지 이순신과 아산에 대해 연구자들이 높은 관심을 가졌지만[1] 현존하는 자료가 너무 영성(零星)하여 아산에 남긴 이

---

1 이은상, 『성웅이순신』, 횃불사, 1969; 조성도, 『충무공 이순신』, 아산군, 1993; 이민웅, 『이순신평전』, 책문, 2012; 김기승, 「이순신 정신의 본령은 아산이다」, 『이순신연구논총』

순신의 행적에 대해 풍부하고 정확한 사실을 규명하는 것은 한계가 컸다. 따라서 이순신 일가가 언제, 왜 아산으로 이주하게 되었는지부터 불명확하며 아산에서의 생활기반은 무엇인지, 이순신이 성장 과정에서 보여준 학술연마, 사승(師承)관계와 무인으로 인생 행로를 전환하게 되는 이유와 무학(武學) 수련의 내용과 과정 등등 어느 하나라도 정확히 알 수 있는 근거가 전무하다시피 하다. 그의 사후에 아산에서 그를 추창하는 과정도 자료의 부족으로 인해 아주 단편적으로 이해되고 있는 실정이다. 이러함에도 불구하고 최근에 한정된 자료이지만 치밀한 논증으로 이순신가(家)의 아산 이주와 무과 수련에 대한 이해가 새롭게 밝혀지는 과정에 있다.[2]

아산의 지역적 정체성을 확립하는데 있어 이순신의 존재는 대단히 큰 비중을 가진 역사 인물이다. 이순신이 아산을 대표하는 역사콘텐츠가 되기 위해서는 부족하나마 엄밀한 사료 추적을 통해 아산과 이순신의 관계를 더욱 명확히 규명할 필요가 있다. 본 연구는 자료상의 한계를 완전하게 뛰어넘는 것은 불가능하지만 엄밀한 사료분석과 논증을 통해 지금까지 해명되지 않은 이순신과 아산지역의 관계성을 최대한 규명해 보려고 한다.

2, 순천향대, 2004; 이민웅, 「충무공 이순신의 성장배경과 문무겸전」, 『이순신연구논총』 10, 순천향대, 2008; 이상훈, 「임진왜란 전 이순신의 행적과 가문의 상황 - 1588년 발급 「別給文記」를 중심으로」, 『이순신연구논총』 10, 순천향대, 2008; 방성석, 「임진왜란 극복과 온양방씨의 역할에 관한 고찰」, 『이순신연구논총』 25, 순천향대, 2016.

2 이민웅, 전게서, 2012; 이민웅, 전게논문, 2008; 이상훈, 전게논문, 2008.

Ⅱ. 이순신 일가의 환난(患難)과 낙향의 동기

이순신의 덕수이씨 가문은 고려시대 시조 이돈수(李敦守)부터 무신으로 출발하였다. 그러나 조선조에 들어와 4세 이윤번(李允蕃)을 시작으로 문신 가문으로 전향하여 현조인 이변(李邊)은 문과에 급제하고 영중추부사 대제학에 올랐다. 증조인 이거(李琚)도 문과에 급제하여 홍문관박사, 이조정랑 등 청요직을 역임하고 병조참의까지 올랐다.[3] 이러한 전통은 이순신의 조부인 이백록(李百祿)에게 까지 전승되었다.

이순신가에 큰 변화를 가져온 인물은 이백록이었다. 시중에 조부 이백록에 대하여 잘못 알려진 사실은 그가 중종대 조광조와 함께 기묘명현으로 기묘사적(己卯事蹟)에도 들어있는 사림파 인물이라는 것이다. 따라서 기묘사화로 사림세력이 몰락함에 따라 정치적으로 불우하게 되었고 관직의 진출도 막혀 미관말직에 머물렀다는 내용이 대체로 통설이 되었다.[4] 이런 사실은 『이충무공전서(李忠武公全書)』「세보(世譜)」에도 '입기묘사적(入己卯士籍)'이라고 기술됨에 따라 사실로 인식되어 왔다. 하지만 여기에는 사실관계의 착종으로 인해 오랫동안 오해가 있었다. 이백록은 많은 기묘사화 관련 기록에 보통 '진사이백록 호학검행(進士李百祿好學檢行)'이라고 기록되어 나타난다.[5] 하지만 이백록은 진사시에 합격한 적은 없고 중종 17년(1522)에 식년 생원시에 합격한 사실만 있다.[6]

---

3 덕수 이씨는 3세 소부터 격세 간에 외자 이름을 짓는 전통이 만들어져 홀수 代에는 외자 이름, 짝수 代에는 두자이름을 지었다. 이순신 가계의 경우도 3세 소, 5세 현 7세 변, 9세 거, 11세 정, 13세 희, 울 등이고 4세 윤번, 6세 공진, 8세 효조, 10세 백복, 백록, 12세 희신, 요신, 순신, 우신 등으로 지었다.

4 이은상, 전게서, 1969, 23쪽; 조성도, 전게서, 아산군, 1993, 11쪽.

5 李廷馨, 『知退堂集』 卷13, 黃兎記事下 別科被薦, 『大東野乘』「己卯錄續集」.

그런데도 이런 오류가 생긴 것은 언제부터인가 이백록이 그의 형인 이백복(李百福)과 착종되어 기록에 나타나기 시작한 결과였다.[7]

조광조의 사림세력에 의해 현량과(賢良科)에 피천된 인물은 이백록의 형 이백복이었다.[8] 이백복은 중종 5년(1510) 식년 진사시에서 진사3등17위(47/100)로 합격하였다. 당시 진사시 동방(同榜)으로는 사림파의 거두인 조광조(趙光祖)를 비롯해 박세희(朴世熹), 홍유손(洪裕孫), 윤자임(尹自任), 강은(姜𤁧), 이충건(李忠楗), 이영부(李英符) 등 사림파 인물들이 다수 있었다. 이후 이백복은 조광조와 함께 성균관에 입학해 거재생(居齋生)으로 함께 공부하며 친분을 쌓아 가까워진 것으로 보인다. 나중에 중종 10년(1515) 조광조가 문과에 급제한 후에 사림세력의 거두로 권력을 장악하고 사림세력을 등용하기 위해 중종 14년(1519) 학식과 인품을 평가하여 추천으로 관리를 임용하는 '현량과'를 실시하게 되자 이백복은 진사 신분으로 서경덕(徐敬德), 상진(尙震), 신명화(申命和)[9], 이약수(李若水) 등과 함께 피천되었다. 피천자의 명단에 이백복을 정확하게 기록한 사람은 안방준(安邦俊)이다. 그는 『은봉전서(隱峯全書)』「기묘유적(己卯遺蹟)」에서 피천자의 명단을 나열하며 이백록이 아닌 진사 이백복을 분명하게 적시하고 있다.[10] 하지만 조선후기 기묘사화 관련 여러 자료에서

---

6 중종 17년(1522)에 식년시 생원 3등 50위(80/100)로 합격함 (『嘉靖元年【我中宗大王十七年】壬午式年司馬榜目』 Harvard-Yenching Library)[TK 2291.7 1746(1522)]))

7 이 오류는 중종대 사림파연구의 전문가인 이병휴교수의 『朝鮮前期畿湖士林派研究』, 일조각, 1984, 261쪽에서 조차도 착종된 사실을 수록하고 있다.

8 『正德五年庚午二月二十五日司馬榜目』, 연세대학교 학술정보원[고서(I) 353.003 사마 1510].

9 율곡 李珥의 외조부이다.

10 安邦俊, 『隱峯全書』 卷12, 「己卯遺蹟」 副提學趙光祖特拜司憲府大司憲。辭不許. 당시 이백복과 함께 피천된 진사의 명단은 다음과 같다. 進士李若水, 李思儉, 金明胤,

동생인 이백록으로 와전되었고 이런 기록상의 오류가 『이충무공전서』 까지 수록됨에 따라 큰 착오가 발생한 것이다. 이백복은 천거는 되었지만 현량과 28명에 선발되지는 못했다. 곧 일어난 기묘사화로 조광조가 실세한 이후에는 문음(門蔭)으로 출사하여 사림파가 모두 숙청되어 몰락한 이후인 중종 28년(1533)에 직장(直長), 중종 30년(1535)에는 형조좌랑(刑曹佐郎)을 역임하였다.[11]

반면에 이순신의 조부인 이백록(李百祿)은 형 이백복보다 12년 뒤인 중종 17년(1522)에 사마시인 식년 생원시에 합격하였다.[12] 하지만 문과급제는 어려웠던지 12년이 지난 중종 29년(1534, 아들 이정 23세)에도 성균관에 재학하는 거재생이었다.[13] 이후 문음으로 출사하여[14] 중종 35년(1540, 아들 이정 29세, 손자 이희신 출생) 6월에 평시서 봉사(종8품)로 재직하고 있었다. 하지만 직무상 독직 사건이 드러나 간원의 탄핵을 받고 파직되었다.[15] 이 파직을 주장한 인물은 사간원 정언이던 김주(金澍)였다.[16] 그런데 이백록의 시련은 이것으로 끝이 아니었다. 중종 39년(1544)

呂希端, 洪縢, 李文楗, 元繼蔡, 金安道, 申命和, 李百福, 安處謙, 李世權, 申潛, 許磁, 金鈇, 李蘭孫, 姜濦, 琴元孫, 李懋, 李仁堅

「己卯遺蹟」은 3권 2책의 필사본으로 趙光祖의 5세손 趙昌賢이 草本을 정리하려다 완성하지 못한 것을 안방준이 편집한 것이다.(『隱峯全書』 卷11 己卯遺蹟序[宋煥箕])

11 『중종실록』 75권, 중종 28년 8월 18일 무자; 『중종실록』 79권, 중종 30년 1월 13일 갑술.

12 중종 17년(1522)에 식년시 생원 3등 50위(80/100)로 합격하였다. 이때 함께 합격한 同榜은 東皐 李浚慶, 柳辰仝, 李畬, 金弘胤, 柳智善, 周世鵬, 洪春卿, 愼居寬, 李致(이백록의 7촌 조카), 方國亨(方震의 父) 등이 있다.

13 『중종실록』 77권, 중종 29년 8월 18일 임자.

14 柳成龍, 『懲毖錄』 권2 祖百祿 以門蔭仕 父貞 不仕.

15 『중종실록』 93권, 중종 35년 6월 27일 정해.

平市署奉事李百祿, 性本狂悖, 日與無賴之徒, 縱酒無忌, 多有汎濫作弊之事, 請罷其職

11월 15일 중종이 붕어했을 때[17] 국상 기간인데도 근신하지 않고 셋째 아들 귀(貴)[18]를 이준(李俊: 이준근(李峻根)의 오기임)[19]의 딸과 혼인시키면

---

16 金澍, 『寓庵集』, 권2 書疏啓箚 請遞持平李賢讜罷別坐韓慈李部奉事李百祿啓.

17 『중종실록』 105권, 중종 39년 11월 15일 경술.

18 『增補四刊德水李氏貞靖公派譜』(2001)를 보면 이백록은 초취부인 초계변씨에게서 장자 李貞을 얻었고 재취부인 재령이씨의 몸에서 賢과 貴라는 두 아들을 얻었다. 그 중 貴가 羽溪李氏인 參奉 李竣根의 딸과 결혼하였다고 기록되어 있다.

19 李俊은 왕실의 종친인 廣興監 李俊으로 알려져 있다. 그러나 이것은 실록기록이 誤記된 것이다. 『增補四刊德水李氏貞靖公派譜』(2001)에는 이백록의 3자 貴의 처부가 李竣根이라고 기록되어 있고 우계이씨 家乘에는 李峻根으로 표기되어 있다. 이준근의 형 李大根의 생원시 합격기록에는 李浚根으로 표기되어 있다(「弘治九年丙辰閏三月初三日生員進士榜」(『冲齋先祖府君進士榜目』, 權檄宗家典籍[보물 제896-2호])). 따라서 실록에 나오는 李俊은 잘못된 이름이고 왕실의 종친이란 이야기도 사실과 거리가 멀다. 李峻根은 우계이씨 宗派의 中派인 參奉公派의 派祖이다. 자는 番仲으로 大派의 始祖인 8세 李薿의 來孫이며, 단종 때 충신으로 유명한 12世 李秀亨의 넷째 아들이다. 벼슬은 參奉을 지내고 묘소는 경북 영주시 부석면 감곡리 석남 뒷산에 있다. 후손들은 경북 문경과 삼척시 미로면에 집성촌을 이루고 강릉, 삼척, 문경, 서울 등지에 살고 있다. 또 하나 지적할 것은 이백록과 우계이씨 가문과는 겹사돈인데 이백록의 동생 李百齡의 妻父가 이준근의 형으로 관상감주부, 사헌부감찰을 역임한 李大根이다.

李峻根의 부친 李秀亨(세종 17년(1435)~중종 23년(1528))은 조선 전기 단종대 충신으로 자는 英甫이고, 호는 桃村으로 거주지는 경상북도 榮川이다. 조선 개국원종공신 李薿의 후손으로, 증조부는 虎賁衛經歷 李蔓이고, 조부는 德川郡守 李仁淑이며, 부친은 軍資監主簿 李景昌이다. 외조부는 藝文館提學 安玖이다. 부인은 文節公 金淡의 딸 宜城金氏이다. 21세 때 단종이 세조에게 양위를 하자, 平市署令에서 물러나 경상북도 영천에 있는 桃村으로 내려갔다. 낙향한 지 2년도 되기 전에 성삼문·박팽년 등 六臣이 죽음을 당하자 元昊·趙旅와 함께 치악산에 올라 단종에 대한 충성을 맹세한 글을 썼다. 게다가 세조는 예전의 친분이 있음을 내세우며 관찰사를 통해 음식물을 자주 내려주었으나 뜻을 굽히지 않고 보내온 음식을 모두 거절하였다. 은거한 후에도 평생 단종을 경모하려는 마음가짐으로 拱北軒을 짓고 단종이 유배된 강원도 寧越을 향해 인사를 드렸으며, 단종이 죽은 후에는 상복을 입고 애도하였다. 철종 9년(1858) 승정원좌승지에 추증되었으며, 고종 때는 가선대부 이조참판兼五衛都摠府副摠官에 추서되었다. 묘는 경상북도 順興에 있다.(『한국민족대백과사전』)

따라서 이백록의 셋째아들 貴의 결혼은 경북 영주나 영천 등지에서 치러졌음을 짐작할 수 있고, 여기서 적발되어 경상감사에 의해 형조에 보고된 것이다.

서 '주육설판(酒肉設辦)'하여 방자하게 잔치를 했다는 사실이 적발되었다. 경상감사[20] 권응창(權應昌)의 발고로 시작된 이 사건은 확대되어 형조를 통해 의금부로 이첩되었고 이백록은 곤장을 맞으며 복초(伏招)하였다. 그런데 더욱 상황을 안좋게 만든 것은 이 사건에 따른 징벌로 녹안(錄案)에 등재된 것이다.[21] 녹안은 장오죄(贓汚罪)로 처벌받은 부패 관리들을 기록한 장안(贓案)과 함께 패상안(敗常案)을 지칭한다. 패상안은 '패상인녹안(敗常人錄案)'의 준말로 강상(綱常)에 관련된 범죄자를 기록하는 명부이다. 국상 기간에 음주하며 간음한 사람, 방탕하게 혼인 잔치를 한 자들이 주로 처벌 대상이었다.[22] 성종 이후 이런 행위는 강하게 처벌하는 경향이 높아 『경국대전』에도 처벌조항이 등재되어 있다.[23] 적발되어 녹

---

20 이 당시 경상감사는 權應昌이다. 그는 중종 39년 5월 1일에 경상감사로 임명되고 26일에 임지로 나가며 拜辭하였다.(『중종실록』 103권, 중종 39년 5월 1일 무술, 『중종실록』 103권, 중종 39년 5월 26일 계해) 권응창은 본관은 안동(安東). 자는 경우(景遇), 호는 지족당(知足堂). 권효량(權孝良)의 증손으로, 할아버지는 권상(權詳)이고, 아버지는 관찰사 권희맹(權希孟)이며, 어머니는 여한경(呂漢卿)의 딸이다. 중종 14년(1519) 생원시에 합격하고, 1528년 식년문과에 병과로 급제하였다. 1530년 승정원주서(承政院注書)가 된 뒤 지평·정언·시강관(侍講官)을 역임하고, 1535년 홍문관교리·장령을 거쳐 1538년 사인(舍人)이 되었다. 이때, 절영도왜변(絕影島倭變)의 진상을 조사하기 위해 경차관(敬差官)으로 파견되어, 이 사건이 성달순(成達順) 등에 의해 조작된 허위임을 밝히고 그 일당을 처벌하도록 하였다. 이듬해 홍문관직제학에 임명되었고 이어서 부제학·우부승지·좌승지를 거쳐, 1542년에는 천추사(千秋使)로 명나라에 다녀왔다. 1543년 형조참판, 이듬해 병조참판·경상도관찰사를 역임하고, 명종 1년(1546) 형조참판, 이조참판에 이르렀다. 이듬해, 양재역벽서사건(良才驛壁書事件) 때에 봉성군(鳳城君) 이완(李岏)·송인수(宋麟壽) 등의 일파로 몰려 순천에 귀양갔다가 바로 평안도 맹산으로 옮겨졌다. 1553년 풀려나와 1561년 남양부사를 지내고 동지중추부사를 역임하였다.

21 『명종실록』 3권, 명종 1년 4월 6일 임진.

22 『성종실록』 48권, 성종 5년 10월 17일 기해.

23 『經國大典』 5 刑典 禁制.

士人敗常及犯贓者 士族婦女失行者 更適三夫者同 錄案 移文吏兵曹司憲府司諫院.

안에 오르면 문·무반의 인사권을 가지고 있는 이조·병조 및 사헌부, 사간원의 양사(兩司)에 이문(移文)하여 종신토록 금고(禁錮)되었다.[24] 나아가 자손들까지 금고시키는 일이 논란이 될 정도로[25] 사로(仕路)로 진출함에 치명적인 것이었다.

뜻하지 않게 발생한 사건으로 이순신 집안은 큰 위기를 만나게 되었다. 이백록은 관직에서 쫓겨나 금고(廢錮)되고 자손들도 사환길이 막히게 된 것이다. 이 사건이 발생한 시점을 정확히 알 수 없지만 중종 사후(1544.11.15, 이순신 출생 4개월 22일전)에 발생한 것을 보면 인종 즉위 후에 사건화된 것이 분명하다. 이후 인종 1년(1545) 5월 11일(이순신이 출생한 지 2개월 3일째)에 즉위 기념으로 범죄자를 사면해주는 대사령(大赦令)을 내리고 중외에 교서를 반포하였지만 살인죄, 강상죄는 제외되어[26] 이백록은 혜택을 받지 못했다. 이순신이 출생한 시기 전후로 위기에 처한 이순신가(家)에 갑작스런 인종의 붕어[27]로 새로운 기회가 찾아왔다. 명종이 즉위하면서 그해(1545) 7월 두 달 간격으로 다시 대사령이 내려져[28] 직첩을 거둔 자는 직첩을 돌려주고 파직된 자들을 다시 서용토록 한 것이다.[29] 하지만 이때도 이백록은 사면의 혜택을 보지 못했다. 좌절이 컸던 이순신 일가를 고무시킨 사건이 이듬해(1546) 2월에 발생했다. 부장(部將)으로 휘하 갑사(甲士)를 취렴해 장오죄(贓汚罪)로 처벌되고 장안

---

24 『중종실록』 82권, 중종 31년 11월 19일 신미; 『중종실록』 89권, 중종 33년 11월 10일 경진.

25 『성종실록』 258권, 성종 22년 10월 1일 갑진.

26 『인종실록』 2권, 인종 1년 5월 11일 임신.

27 『인종실록』 2권, 인종 1년 7월 1일 신유.

28 『명종실록』 1권, 명종 즉위년 7월 27일 정해.

29 『명종실록』 1권, 명종 즉위년 8월 4일 갑오.

(贓案)에 오른 이원순(李元諄)이란 사람의 아내가 적극적으로 소청하여 허통(許通)된 사실이 있었다.[30] 이러한 사례는 매우 드물어 당시 많은 사람들이 해괴하게 여겼고 간원들도 반대했지만[31] 이순신가로서는 매우 고무적인 사실이었다. 결국 두 달 후 명종 1년(1546) 4월에 적극적인 소청으로 이백록의 폐고(廢錮) 상황을 반전시키기 위해 노력하였다. 이순신의 부친 이정(李貞)은 당시 영의정인 윤인경(尹仁鏡)을 통해 부친의 억울함을 호소하는 소청을 올렸다. 이정이 을사사화로 집권한 소윤과 가까운 윤인경에게 줄을 대고 소청을 넣은 것을 보면 이 문제가 해결되지 않을 때 가문이 몰락으로까지 나갈 수 있었기 때문이다. 그 억울함을 호소하는 소청의 내용은 다음과 같다.

의정부의 의득(議得)을 정원에 내리면서 이에 의해 시행하라고 일렀다.

【윤인경 등이 의논드리기를, "삼가 이정(李貞)의 진소(陳訴)를 보니, 그 아비 백록(百祿)이 중종대왕의 국휼(國恤) 때 주육(酒肉)을 갖추어 베풀고는 아들을 성혼시켰다고 잘못 녹안(錄案)되었다고 합니다. 그런데 이는 그때 경상 감사(慶尙監司)의 계본(啓本)에는 주육을 갖추어 베풀었다는 말이 없었는데 형조(刑曹)에서 함문(緘問)할 때 주육 설판(酒肉設辦)이란 네 글자를 첨가하여 아뢰어서 의금부로 옮기고는 곤장을 쳐서 복초(伏招)한 것이라고 합니다. 그 계본을 상고해 보건대 주육을 설판하였다는 말은 다만 여부(女父)인 이준(李俊)에게만 언급되었고 백록에게는 언급된 바 없는데 필경 이것으로 중한 죄목이 씌워져 녹안까지 되었으니 과연 억울하다 하겠습니다. 성종(成宗)께서 승하하시던

30 『명종실록』 3권, 명종 1년 2월 23일 경술.

31 『명종실록』 3권, 명종 1년 3월 3일 경신.

날 밤 조사(朝士)로서 그 자녀의 혼례를 치른 자가 죄는 입은 바 있으나 다 녹안까지는 가지 않았었습니다.[32] 위에서 재결(裁決)하소서"】[33]

위 내용을 정리해보면 이 사건이 경상감사에게 적발될 때만해도 술과 고기를 갖추어 잔치를 열었다는 말은 없었는데 형조에서 서면 조사하며 '주육설판(酒肉設辦)'이라는 말이 첨가되고 의금부에서 곤장을 치며 자백을 강요하자 고문에 못 이겨 사실로 인정했다는 것과, 또한 '주육설판'은 이백록 편에서 한 것이 아니고 신부의 부(父)인 이준(李俊)이 한 것인데도 이것이 빌미가 되어 녹안에 등재되어 더욱 억울하다는 것이었다.

이러한 소청이 국왕의 재가를 받아 이백록의 금고가 풀렸는지는 실록에 분명치 않다. 국왕 명종은 의견을 수합한 후 승정원에 내려 "이에 따라 시행하라(依此施行)"고 했다. 하지만 이전의 다른 사례를 보아 이런 문제는 대간들의 격렬한 반발로 국왕의 요청이 실패한 사례가 많았다.[34] 따라서 이백록의 폐고(廢錮)사건도 그의 생전에 해결되지 못했을 가능성이 크다. 그가 새로 관직에 임용된 기록이 없고, 현재 이백록의 묘소가 경기도 용인시 수지구(水枝區) 고기동(古基洞)에 있는 사실로 짐작컨데 그는 이 사건으로 오랫동안 폐고(廢錮)되었다가 서울에서 타계

---

32 『연산군일기』 2권, 연산 1년 1월 22일 병오; 『연산군일기』 3권, 연산 1년 2월 24일 무인; 『연산군일기』 4권, 연산 1년 4월 3일 병진; 『연산군일기』 9권, 연산 1년 9월 16일 병신.

33 『명종실록』 3권, 명종 1년 4월 6일 임진.

34 당시 이 업무를 주관하던 형조에는 이백록 사건을 적발했던 경상감사 권응창이 명종 즉위년 8월 24일에 형조참판으로 전직하여 근무하고 있었다(『명종실록』 1권, 명종 즉위년 8월 24일 갑인). 그는 명종 1년 9월 3일에 이조참판으로 전출되었다(『명종실록』 4권, 명종 1년 9월 3일 정사). 따라서 이백록의 伸訴는 성공하기가 어려웠을 것으로 짐작된다.

한 것으로 짐작된다.[35] 이 사건으로 이백록이 곤장을 맞고 장독이 올라 사망했다는 주장이 있지만 신빙할 근거는 없다.[36]

아무튼 이순신이 출생하기 4개월 전부터 시작해 출생 후 그 이듬해까지 이순신 가문에 불어 닥친 불행은 암울한 것이었다. 이런 상황이 향후 이순신 집안이 솔가(率家)하여 아산으로 이주하게 되는 중요한 이유였음에 틀림없다. 따라서 부친 이정과 백형 이희신이 유업(儒業)을 닦았음에도 불구하고 사환에 대한 희망을 접을 수 밖에 없어 사마시조차 응시하지 않은 듯하다.

---

35 『增補四刊德水李氏貞靖公派譜』, 2001, 李百祿 조항.
덕수이씨대종회, 『덕수이씨 800년』Ⅱ, 2006, 968쪽.
이백록의 사망 시기는 족보에도 분명치 않아 그의 죽음에 대해서는 정확하게 알 수 없다. 그러나 그가 이순신의 출생 전에 사망했는지, 출생 후에 사망했는지는 따져 볼 필요가 있다. 위 본문에서 보듯이 이순신이 출생할 무렵 이순신家는 매우 엄중한 시절을 보내고 있었다. 따라서 이백록이 이순신의 출생 전에 사망했다고 주장하는 사람들은 이분의 『行錄』과 최유해의 『行狀』에 이순신을 수태한 초계 변씨의 꿈에 시아버지 이백록이 나타나 순신으로 작명하라고 교시했다(公之始生也。母夫人夢。參判公告曰。此兒必貴。宜名舜臣。母夫人以告德淵君。遂名之)는 이야기를 증거로 내세운다. 여기서 참판공은 이백록의 추증벼슬인 호조참판을 가리킨다. 이 이야기대로 하자면 이순신의 출생 전에 이백록이 사망한 것이 맞다. 하지만 상기한 『明宗實錄』의 기사를 보면 이순신의 출생 시기 전후로 이백록이 사망했다는 사실을 추론하기는 쉽지 않다. 필자는 이순신이 출생했을 때 이백록이 생존하고 있어 현몽의 주체가 이백록이 아니고 그 부친인 李琚라고 생각한다. 그 근거는 李芬의 행록에 현몽해서 순신으로 작명하라고 말한 사람이 참판공이라고 하면서 관직명만을 언급한 것과 달리 尹鑴가 지은 「統制使李忠武公遺事」에는 현몽의 주체가 이백록이 아닌 이순신의 증조인 李琚라고 이름을 분명하게 기록하고 있기 때문이다.(母卞氏方娩。夢其祖琚告之曰。生男且貴。宜名舜臣。遂以名舜臣) 李琚는 兵曹參議가 최종 벼슬이었다. 윤휴의 부친 尹孝全은 이순신의 서녀를 소실로 맞아 윤휴의 서형인 尹鍈을 낳았다. 이런 인연으로 윤휴는 평소에 이순신을 매우 존경했고 「統制使李忠武公遺事」를 저술하였다. 따라서 이분의 행록에 나오는 參判公이 사실은 參議公의 오기인 것은 아닌지도 면밀하게 조사해 보아야 한다. 최근에 연구자들도 초계 변씨의 꿈에 현몽한 先祖를 李琚로 보는 추세이다. (이민웅, 『이순신평전』, 책문, 2012, 31쪽)

36 이민웅, 전게서, 2012, 25쪽.

Ⅲ. 아산으로 이주와 삶의 기반

벼슬길이 봉쇄되고 이에 따른 경세적 기반마저 불안해지자 이정(李貞)은 부친 이백록의 사후에 부인 초계 변씨의 전장(田莊)이 있는 아산으로 이주를 결심한 것으로 보인다. 현재 이순신가의 낙향 시기를 정확하게 비정(比定)할 근거는 사실 미약하다. 이순신의 유년 시절 일화를 기록한 한글본 션조츙무공힝장(先祖忠武公行狀)[37]에 의거하여 8세로 추정하는 경우[38]가 있지만 이는 충분한 근거가 되지 못한다. 서울 건천동에서 유성룡(柳成龍)과 교유했다는 기사를 근거로 보면 유성룡은 아산 출신 홍가신(洪可臣)과 함께 사학(四學) 중에 하나인 동학(東學)에서 수학하였다.[39] 이때가 그의 나이 13세인 1554년이다. 이후 유성룡은 여러 지역으로 옮겨 다니다가 1564년에 생원시와 진사시를 동시에 합격한 뒤 성균관에 입학하여 수학하였고 1566년 25세가 되는 명종 21년 윤10월에 치른 별시 문과에 급제하였다.[40] 이 사실로 보아 이순신과 건천동에서 한동네에 산 것은 동학에 재학 중일 때 같다. 두 사람이 이때부터 교분을 가졌다고 보면 이순신가의 아산 이주는 1554년 이후로 보는 것이 타당해 보인다. 따라서 이순신의 나이 10세 이후에 아산으로

---

37 해군사관학교박물관 소장.
이상훈, 「임진왜란 전 이순신의 행적과 가문의 상황 - 1588년 발급 별급문기를 중심으로」, 『이순신연구논총』 10, 순천향대, 2008.

38 이은상, 『성웅이순신』, 횃불사, 1969, 24쪽; 이상훈, 전게논문, 91쪽.

39 『晩全集』 권5 後敍 略敍柳西厓而見行迹.
某自年十六七時。與公交遊。學做擧子業。晝則連榻。夜則同被。

40 『명종실록』 33권, 명종 21년 윤10월 20일 정미.
당시 유성룡은 합격생 17명 중에 15등으로 합격하였지만 나이로 보면 최연소 합격이었다.

이주했다고 보는 것이 자연스럽다.

그럼 아산 백암리의 어느 마을에 정착했는가하는 문제도 중요한데 현재 분명히 알 수가 없다. 이정이 처가의 경제적 기반에 의지해야 했기 때문에 초계 변씨의 근거지에 자리 잡은 것은 분명하다. 당시 처가인 초계 변씨의 집성촌은 시곡리(柴谷里: 시궁골)였다. 초계변씨가에 내려오는 이야기를 살펴보면 그들은 600여 년 전에 아산으로 입향했다고 한다. 입향조는 우윤 변효량(卞孝良)으로 초계 변씨 중시조인 변남룡(卞南龍)의 막내아들로 조선 초기 직산에서 이곳으로 이주했다고 한다.[41] 그러나 『태종실록』과 초계 변씨의 족보를 보면 중시조로 볼 수 있는 9세 검교한성윤(檢校漢城尹) 변남룡이 태종 초에 국왕의 역린을 거슬러 맏아들 혼(渾: 족보상에는 繟으로 기록됨)과 함께 죽임을 당해 기시(棄市)되고 가산이 적몰되는 사건이 있었다.[42] 하지만 태종의 배려로 5자 변효문(卞孝文)과 6자 변효경(卞孝敬)은 문과에 급제하여 사환할 수 있었다.[43] 이 무렵 변씨 일가는 직산(稷山)에 근거지를 가지고 있었다.[44]

---

41 아산시, 『牙山 꾀꼴·물한·燕巖山城 지표조사 보고서』, 2002, 264~265쪽.

42 『태종실록』 1권, 태종 1년 2월 9일 무술, 『태종실록』 1권, 태종 1년 2월 10일 기해 李天佑를 모반하였다고 무고한 사건에 주범으로 지목되어 처형되었다.

43 卞南龍의 죽음 이후에 태종의 배려에 힘입어(『태종실록』 30권, 태종 15년 8월 20일 갑신) 5자 卞孝文은 살아남아 태종 14년(1414) 알성문과에 급제하고 내외직을 지낸 뒤 직제학을 거쳐 세종대 대일본외교에 선도자역할을 하였다. 세조대는 정난공신으로 전주부윤을 지냈는데 세조4년 贓汚罪에 걸려 고신을 빼앗기고 贓吏案에 올라 영구 폐용되었다.(『세조실록』 13권, 세조 4년 8월 26일 신사) 6자 卞孝敬은 세종 1년(1419) 증광시에 급제하여 문종 1년(1451) 병조참의를 지냈다. 단종 1년(1453)에 正朝使의 부사로 명나라에 다녀온 뒤 세조 1년(1455) 判永興大都護府事가 되고, 그해에 佐翼原從功臣에 책록되었다.

44 『세종실록』 117권, 세종 29년 9월 13일 임인; 『세종실록』 119권, 세종 30년 1월 14일 신축

그 중 7남인 변효량의 자손들은 아산으로 이주하여 시곡리(시궁골)에 정착하였다. 이후 증손자인 변자호(卞自浩) 대에 다시 백암리로 이주하는데 이 사람이 이순신의 외고조(外高祖)가 된다. 변자호의 매제는 중종대 조광조와 함께 활약한 유명한 사림파 인물인 박훈(朴薰)이다.[45] 변자호가 백암리로 옮겨온 것은 그가 이수인(李守仁)의 여서(女壻)가 되었기 때문이다.[46] 이수인은 전주이씨로 이성계의 조부인 도조(度祖)[이춘(李椿)]의 맏아들인 이자흥(李子興)[47]의 고손자인데 동생 이수의(李守義)와 함께 백암리에 거주하고 있었다.[48] 이 때문에 세종 15년(1433)에 이르러 왕실의 유복지친(有服之親)인데도 곤궁하다는 이유로 공한전(空閑田) 5-6결을 하사받고 세금도 견감 받은 적이 있다.[49] 세조대에 이르러

당시 변남룡의 부인은 96세의 나이로 생존해 있었다. 이 부인은 고려말 유신인 廉悌臣의 딸이며, 권신이던 廉興邦의 누이이다.

45 朴薰(성종 15년(1484)~중종 35년(1540))은 본관이 밀양. 자는 馨之, 호는 江叟. 좌찬성 朴仲孫의 증손으로 할아버지는 대사간 朴楣이고 아버지는 홍문관교리 朴增榮이다. 연산군 10년(1504)에 사마시에 합격하고 1506년 천거로 義盈庫主簿를 거쳐, 보은현감에 임명되어 외지로 나갔다. 그러나 어진이를 임금 곁에 두지 않고 외직으로 내보내는 것은 잘못이라는 여론에 따라 사헌부감찰로 바뀌었다가 공조좌랑을 거쳐 사헌부지평에 올랐다. 중종 14년(1519)에 賢良科에 병과로 급제하고 사헌부장령·사간원사간 등을 거쳐 동부승지에까지 올라 '國器'라는 명성을 들었다. 그러나 기묘사화 때 조광조 등과 함께 화를 입어 성주에 유배되었다. 이후 의주로 옮겨졌다가, 13년 뒤에 안악으로 옮겨졌다. 3년 뒤인 1533년에 유배 생활에서 풀려나 향리인 청주에 은거하였다. 어머니가 죽자 상주노릇을 슬프게 하다 병을 얻어 일생을 마쳤다. 당대 큰 선비들과 두루 사귀었고, 특히 조광조와는 가장 친하였다. 청주의 莘巷書院에 제향되었으며, 시호는 文度이다.

46 『新定牙州誌』 氏族事實.

47 몽골식 이름은 塔思不花로 이성계의 부친 李子春(桓祖, 吾魯思不花)의 형이다. (『태조실록』 1권, 총서)

48 『新定牙州誌』 氏族事實, 『草溪密陽卞氏族譜』 卷之上에는 이수인의 父는 공조참판 李攝이고, 조부는 좌찬성 李天柱라 한다. 그러나 『草溪密陽卞氏族譜』와 달리 세종실록에는 이섭이 上護軍을 지냈고 세종 7년 9월 2일에 사망했음을 적시하고 있다. (『세종실록』 29권 세종 7년 9월 2일 무술)

이수인은 벼슬이 부사직(副司直), 동생 이수의는 판의주부사(判義州牧事)였는데 두 형제가 모두 좌익(佐翼) 원종공신 2등에 녹훈되었다.[50]

변자호는 혼인 후 장인 이수인의 자산을 전득(傳得)하여 백암리에 정착하였고 대대로 세거하였다.[51] 아산의 지리지인 『신정아주지(新定牙州誌)』에는 변자호(卞自浩: 음서, 현감) → 변홍조(卞弘祖: 현감 자호의 아들, 관은 첨사) → 변수림(卞守琳 :자호의 손자, 음서로 현감) → 변오(卞鰲: 忠順衛)[52] → 변존서(卞存緖: 홍조의 증손, 관은 첨정(僉正))로 이어지는 초계 변씨의 가계도를 확인할 수 있다. 하지만 이들의 정확한 생몰연대와 사환 여부 등은 변존서를 제외하고는 명확하게 확인되지 않는다.

이순신가가 아산에 이주한 후 생활한 주거 위치가 현재 백암리의 어느 곳인지는 알 수 없다. 조선후기의 지리지인 『여지도서』 아산조에는 현 염치읍 백암리가 백암리, 백암중리, 백암동리, 백암하리, 서원리 등 여러 마을로 구분되어 있다.[53] 현재 백암리는 백암1, 2, 3리로 나누어져

---

49 『세종실록』 62권, 세종 15년 11월 23일 임인.

傳旨戶曹: 忠淸道 牙山住學生李守仁·守義等, 以太祖、太宗有服之親, 沈滯鄕曲, 窮困資生, 誠爲可恤。給空閑土田五六結, 蠲減租稅, 以厚其生.

50 『단종실록』 7권, 단종 1년 7월 1일 병진; 『세조실록』 2권 세조 1년 12월 27일 무진.

이수인의 子로는 李堅石과 李靑石이 있다. 이견석은 湖西伯으로 백암리 蔥田에 살다 죽어 백암리 後麓에 장례를 치렀다고 한다. 현재 총전이씨는 견석의 아들 李百齡의 후손이며 이청석은 司正벼슬을 하였고 그 아들 李雄은 벼슬이 侍直이며 그 자손들이 혹 豆蕪谷에 산다고 한다. (『新定牙州誌』 氏族事實)

51 『新定牙州誌』 氏族事實.

변자호의 선조들은 직산에 묘소가 있지만 변자호부터 시곡리(시궁골)에 유택이 있다.

52 변존서의 무과방목에서 확인하였음.

53 『輿地圖書』 上, 忠淸道 牙山 坊里.

白巖里距官門三十重里編戶六十一戶內男一百十四口女一百八十七口○白巖中里距官門三十里編戶二十五戶內男四十八口女七十六口○白巖東里距官門三十里編戶五十四戶內男一百二十五口女二百十四口○白巖下里距官門三十里編戶三十戶內男八十二口女一

있는데 백암1리는 뱀밭, 다래울(月谷), 새터, 서원말로 이루어져 있고 백암 2리는 구묵골 마을을 말하며, 백암3리는 끝뱀밭 마을을 일컫는다.[54]

현 이순신 고택은 부인인 상주 방씨의 친정집으로, 마을은 다래울(月谷)이었다. 반면 이순신의 본댁이 송곡리에 있었다는 설도 있지만 현재 어디인지는 분명치 않다. 『난중일기』를 보면 희신의 아들인 조카 뢰(蕾)가 본댁과 사당을 지키며 살고 있다는 사실이 확인된다.[55] 모친 변씨도 맏아들 희신이 사망하기 전까지는 이곳에서 기거했을 것이다. 외가인 변존서의 집도 본댁인 뢰의 집과 가까이 있었다. 그러나 그 정확한 위치는 알 수 없는데 1928년 조선총독부 조선사편수회 촉탁으로 이순신 관련 문헌조사를 위해 백암리를 찾아왔던 나카무라 히데다카(中村榮孝)도 이순신의 구거(舊居)는 이미 사라져 확인되지 않는다고 밝히고 있다.[56]

아산에서 이순신가의 삶의 기반은 1588년 3월 12일에 작성된 초계 변씨가 발급한 별급문기를 통해 살펴볼 수 밖에 없다. 이 문기는 분재기(分財記)라고도 하며 자녀들에게 노비와 토지를 증여해 준 사실을 확인하는 증여문서이다. 이 문서 발급의 주체는 모친 변씨로 1588년에 4명의 아들에게 분급한 노비와 토지의 목록을 기록하고 있다.[57]

그 내용을 살펴보면 부친 이정과 모친 변씨는 둘째 요신이 1573년 생원시에 합격하자 1차로 토지와 노비를 증여하였다. 3년 뒤 1576년 이순신이 무과에 급제하자 이순신에게도 토지와 노비를 증여하였다.

百二十六口〇書堂里距官門三十五里編戸八戸內男二十二口女三十三口.

54 온양문화원, 『온양아산 마을사』 1권, 2000, 42~43쪽.

55 『亂中日記』 정유년 4월 5일.

56 中村榮孝, 『日鮮關係史研究』 中, 吉川弘文館, 1970, 498쪽.

57 이상훈, 전게논문, 2008.

여기까지는 부친 이정이 생존 시에 이루어진 것이다. 하지만 이정이 사망(72세, 1583.11.5)하고 4개월 뒤인 1584년 3월 10일 화재로 인해 집안의 가재도구와 문서가 모두 훼손되었다. 그 후에 이순신의 백형 희신도 사망(52세, 1587.1.24.)함에 따라 모친 변씨는 별급문기를 재작성하기로 결정하고 아들 우신(禹臣), 손자 뢰(蕾), 봉(菶)의 입회하에 손자 해(荄)를 시켜 문기(文記)를 작성케 하여 상속 관계를 다시 정리한 것이다. 상속내용은 다음과 같다.

〈표 1〉 별급문기상에 나오는 증여기록

	이순신	이희신	이요신	이우신
토지	恩津의 水非가 記上한 가옥과 전답 전수를 별급	牙山 植松 食字畓 17卜3束10斗落只 食字田 23卜5束		牙山 松谷 率字畓 25卜 溫陽 歸美洞 卞字代田 17卜9束 色字代田 48卜9束 盛同 새로 일군 이틀갈이 전답
노비	노비5, 비2	노2 비2	노3 비3	노2 비2
	솔거비1, 노1 영광노1, 나주노1, 흥양노1 비1, 영변노1	평산노1. 전주비1 영광비1. 광주노1	영광노2, 비2 나주비1, 노1	솔거비1. 아산노1 남원비1. 노1

여기에서 보면 대체로 노비는 전라도의 영광, 나주, 흥양, 전주, 광주, 남원 등지와 충청도의 아산, 은진, 평안도의 영변, 황해도의 평산 등지까지 널리 분포되어 있다. 토지는 충청도의 은진, 아산, 온양에 집중되어 있음을 알 수 있다. 그중 아산의 송곡(松谷)이나 온양 귀미동(歸美洞: 아마 현충사 옆 구미동 일 듯), 성동(盛同)에 소재한 토지는 모친의 친정에서 상속된 재산이 아닐까 짐작된다. 위 사실은 재산의 일부를

증여한 별급문기여서 이순신가가 소유한 전체 재산의 규모를 알려주는 것은 아니다. 다만 별급문기에서 전라도를 비롯해 평안도, 황해도에도 외거노비가 산재한 것을 보면 이런 곳에도 전장(田莊)이 있었다고 여겨진다. 그중 이순신의 경우는 부모로부터 물려받은 재산 뿐 아니라 정확히 확인되지 않지만 부인 상주 방씨 쪽으로 상속된 처가의 노비와 토지재산을 포함한다면 상당한 정도의 자산을 소유한 것으로 보인다. 『난중일기』에는 상기한 표에서 나오지 않는 노비의 성명이 다수 확인되는데 이들은 대부분 처가에서 상속된 노비인 것 같다.

Ⅳ. 이순신의 무과 수련과 무과 응시

이정(李貞)은 사실상의 덕수이씨 아산 입향조이다. 자신과 자식들의 사환을 목표로 한다면 서울과 멀리 떨어진 시골로 이주한 것은 아주 불리한 선택이었다. 서울에 구축된 삶의 기반과 인적 관계망을 포기하는 것이기 때문이다. 실제로 당시 아산은 궁벽한 시골이어서 제대로 된 사족 사회가 형성되기 전이었다. 실례로 이 무렵 아산지역을 보면 사마시(司馬試)인 생원시 합격생은 성종 11년(1480)에,[58] 진사시는 연산군 10년(1504)에야 처음 배출된다.[59] 이후 아래 〈표 2〉에서 보듯이 국초부터 선조대까지 진사 11명, 생원 26명, 문과 5명, 무과 30명을 배출할 정도로 빈약하였다.[60]

58 朴德孫, 成宗 11년(1480) 庚子式年試 [생원] 3등 26위(56/100)로 합격함.
59 金致亨, 燕山 10년(1504) 甲子式年試 [진사] 2등 10위(15/100)로 합격함.
60 Lee Jung-joo, Analysis of Local Aristocrats (士族) in the Asan Area During the

〈표 2〉 선조대까지 아산지역(아산, 온양, 신창)에서 배출한 사마시, 문, 무과 합격자수

	進士	生員	文科	武科
아산	5	15	3	19
온양	6	8	1	7
신창	0	3	1	4
합계	11	26	5	30

더구나 이순신이 무과에 합격한 선조 9년(1576)을 기준으로 살펴보면 아래의 〈표 3〉과 같이 더 척박하였다.

〈표 3〉 선조 9년 이전 아산지역(아산, 온양, 신창)에서 배출한 사마시, 문, 무과 합격자수

	進士	生員	文科	武科
아산	2	15	2	3
온양	4	6	0	0
신창	0	3	0	0
합계	6	24	2	3

위 〈표 3〉에서 보듯이 이순신이 무과에 합격하기 이전에 아산지역 양반사족으로 사로(仕路)에 진출한 경우는 문과에서 김구(金鉤, 우왕 9년(1383)~세조 8년(1462))[61]가 태종 16년(1416)에 급제한 경우와 박원수(朴元秀)가 성종 1년(1470) 문과별시에 병과 4위(12/16)로 급제한 경우로 2명이

Chosŏn Era as Viewed Through the Sama pangmok(司馬榜目), 『International Journal of Korean History』 Vol.9, 고려대, 2005(『조선시대 아산지역의 유학자들』, 지영사, 2007에 재수록 됨).

61 『國朝文科榜目』(규장각한국학연구원[奎106]).

있고, 무과는 중종 20년(1525) 식년 무과에 급제한 배곤(裵袞)[62]과 중종 32년(1537) 별시무과에 합격한 방응두(房應斗)[63] 두 사람 뿐이었다. 1392년 조선왕조가 건국된 지 184년이 지나는 동안에 2명의 문과 급제자를 배출한 것은 92년에 한 명 꼴로 급제자를 배출한 것으로 당시 아산지역의 문화, 교육환경이 척박했음을 짐작케 한다.

이렇게 불리하고 열악한 여건인데도 이순신가(家)가 아산 이주를 결정한 것은 불가피한 선택이었지만 그러함에도 이정(李貞)은 둘째 효신(堯臣)[64]과 셋째 순신(舜臣)을 통해 새로운 희망을 걸었다. 이순신이 인생 행로를 문과에서 무과로 전환한 이유는 분명치 않다. 항상 필(筆)을 던질 생각을 했었다는 말이 전부이다. 문과 준비가 적성에 맞지 않아서인지, 아니면 다른 사정의 결과인지는 분명치 않다. 그런데 당시 상황을 종합해 보면 위의 〈표 3〉에서 보듯이 아산지역 사족들의 사마시 시험합격 인원이나, 문과 급제자 수를 볼 때 확률상으로 문과가 무과에 비해 대단히 어려운 일이라는 사실이다. 아산 출신 홍가신(洪可臣)이 조기에 상경하여 오랜 시간 사학(四學)과 성균관에서 수학하면서 수차례 문과에 도전했지만 끝내 급제하지 못한 것이 좋은 사례이다. 따라서 이순신의 무과로 전향은 자연스러운 귀결이라 할 수 있다.

한편 이순신이 무과로 전향할 때 무인으로 필요한 자질을 수련할 여건

62 『嘉靖四年乙酉三月二十六日文[武]科榜目』(국립중앙도서관[古6024-216]).

63 『嘉靖二十五年丙午十月十一日文[武]科重試榜)』(중앙대학교 학술정보원[C1241774]).

64 이요신이 1573년 생원시에 합격했을 때 비교적 늦은 32세였고, 그가 1480년에 사망할 때까지 1573년에 2회, 1574년에 1회, 1576년에 2회, 1577년에 2회, 1579년에 1회 등 8회의 문과 대과 시험이 있었다. 이중 3회가 식년시였고 5회가 별시였다. 현재 이요신이 대과에 몇 번이나 응시했는지는 분명치 않지만 몇 차례 응시했다가 실패했다고 보는 것이 타당할 것이다.

은 양호했다. 우선 부친 이정이 주목되는데 이정은 1573년 둘째 이요신이 생원시에 합격했을 때 병절교위(秉節校尉: 종6품),[65] 1576년 이순신이 무과에 합격했을 때 창신교위(彰信校尉: 종5품)로 무산계(武散階)의 산직(散職)을 가지고 있었다.[66] 물론 실직에 나간 것은 아니었지만 그가 무산계의 관품을 가진 유향품관(留鄕品官)으로 향촌에서 양반으로 행세했다는 것을 알 수 있다. 이것은 그가 평소 무관직에 진출할 준비를 했거나 그런 자질을 가졌다고 볼 수 있다. 또한 이순신의 외가도 외증조인 변홍조(卞弘祖)가 무과에 합격하여 군수를 지내고 건공장군(建功將軍: 종3품)으로 선사포진(宣沙浦鎭) 첨절제사(僉節制使)를 지냈다.[67] 나아가 외삼촌인 변오(卞鰲)도 충순위(忠順衛)에 속해 있었고, 외사촌인 변존서(卞存緖)는 이순신과 함께 백암리에서 무과 수련을 하다가 이순신보다 7년 후인 선조 16년(1583)에 무과에 급제[68]할 정도로 가문적 배경이 무과 수련에 적합하였다. 따라서 통설과 달리 이순신이 무과로 전향하고 무예를 수련하는 데는 부친 이정과 외가의 영향도 상당히 있었다고 추정된다. 지금까지 이순신이 무인이 된 것은 무인 출신으로 보성군수를 역임한 장인 방진(方震)의 영향이 컸다는 주장이 정설같이 되어 있지만 장인뿐 아니라 친가, 외가의 영향도 함께 작용한 것으로 보는 것이 더 타당하다고 생각된다.

---

65 「萬曆元年癸酉二月二十四日司馬榜目」(『古文書集成』 48책(진주 단목 진양하씨 창주 후손가篇)).

66 「萬曆四年丙子式年武科榜目」, 『丙辰增廣司馬榜』, 고려대학교 도서관[만송 B8 A1 1616B].

67 『草溪密陽卞氏族譜』 卷之上, 『朝鮮寰輿勝覽』 아산조.

68 『萬曆十一年癸未九月初三日別試榜目』 국립중앙도서관 [한貴古朝26-28-6].

한편 이순신이 아산에서 무과급제를 위해 무과 응시과목을 대상으로 무술을 수련했다는 사실은 주지의 사실이다. 하지만 이순신의 무과 수련과정을 설명해주거나 그 행석을 추적할 사료는 너무 부족하다. 통상 조선시대에 무과 응시를 준비하려면 궁마(弓馬), 기사(騎射) 등의 무예를 연마해야 하고 무인으로서의 자질을 함양하기 위해 무경(武經)에 대한 깊은 지식을 공부해야 한다. 이순신은 처음에 백형 희신, 중형 요신과 함께 유업(儒業)을 닦았다. 문과 급제를 목표로 유학 공부에 매진한 것이다. 하지만 이것이 자기의 길이 아니라는 생각을 갖게 되고 깊은 회의감을 느꼈다. 그것은 궁벽한 시골에서 문과 대과를 준비해서 성공할 가능성이 적다는 현실 인식도 있었을 것이다. 그가 결정적으로 무인이 되기로 결심한 것은 명종 21년(1566) 21세 때 겨울이었다.[69] 사실 이것은 상당히 늦게 무과로 전향한 것이다. 이순신보다 한 살 적은 신립(申砬)은 21세인 선조 즉위년(1567)에 무과에 급제하였고, 같은 해 원균(元均)도 27세의 나이로 합격하였다.[70] 외사촌 변존서도 선조 16년(1583) 22세의 나이로 무과에 합격하였다.[71]

---

69 李芬, 『行錄』.

然每有投筆之志。丙寅冬。始學武。膂力騎射。一時從遊者莫有及焉。公性高亢。同遊武夫。終日慢言相戲。而獨於公。不敢爾汝。常加尊敬。壬申秋。赴訓鍊院別科。馳馬跌。左脚折骨。見者謂公已死。公一足起立。折柳枝剝皮裹之。擧場壯之。

이해 윤10월 20일에 유성룡이 최연소의 나이로 별시문과에 합격하였다.(주36 참조) 이 소식은 이순신 일가에도 전달되었을 가능성이 큰데, 이 사실이 이순신에게도 큰 자극이 되었을 것으로 짐작된다.

70 『隆慶元年丁卯十一月初二日文[武]科覆試榜目)』, 국립중앙도서관[古6024-217].

71 『萬曆十一年癸未九月初三日別試榜目)』, 국립중앙도서관[한貴古朝26-28-6].

〈표 4〉 선조초기 무과 시행 사례

년도	시험 종류	급제 인원	시험 날짜	중요 급제자
선조즉위년 (1567)	식년시	28		申砬, 元均
선조1	증광시	1		
선조2	알성시	1		
	별시	1		
선조3	식년시	29		金虎, 文夢軒, 柳擎天 孫仁甲, 李蕡, 鄭運
선조5(1572)	춘당대시	1(15)[72]		沈忠謙
	별시	1		
	훈련원 별시	**52**	**12월 3일**	**柳濂, 朴惟仁, 裵興立, 安世熙**
선조6	식년시	1(29)[73]	3월 25일	
	알성시	1(8)[74]	9월 26일	
선조7	별시	2		崔湖[75]
선조9(1576)	**식년시**	**29**	**9월 27일**	**李舜臣, 李慶祿, 朴宗男 柳夢經, 具思稷**
	별시	2		
	중시[76]	18	10월 11일	崔湖
선조10	알성시	1		
	별시	34		金浣, 鄭撥, 高得賚, 朴毅長

72 『선조수정실록』 권6, 선조 5년 3월 1일 병술.

73 『선조실록』 권7, 선조 6년 3월 25일 을사.

74 『선조실록』 권7, 선조 6년 8월 28일 을해, 『선조실록』 7권 선조 6년 9월 26일 계묘.

75 「홍패(紅牌)」(군산근대역사박물관[군산 개정 경주최씨 최환식]).

76 『선조실록』 권10, 선조 9년 10월 11일 경오.

이순신이 처음 무과에 도전한 선조 5년(1572)은 시험이 풍성한 해였다. 춘당대시 1번, 별시 2번의 시험이 있었다. 이순신이 응시한 훈련원 별시는 그해 두 번째 치러진 별시로 8월에 초시를 보기 시작하여 추운 12월에 전시(殿試)가 실시되었다.[77] 이순신은 초시에 낙마로 부상당해 급제에 실패했지만 이 훈련원 별시는 보통의 무과시험보다 많은 52명의 급제생을 배출하였다.[78] 이때 이순신이 낙마하여 무과에 실패한 것은 무예 수련이 충분치 않아 기량이 성숙되기 전에 무리하게 응시한 결과는 아닐까 생각된다. 이후 부상의 치료와 재수련으로 이듬해 수차례 치러진 식년시나 별시에 응시하지 않았다. 부족한 기량을 향상시키기 위해 시간이 더 필요하였기 때문이다. 이순신은 4년을 더 연마하여 선조 9년(1576) 식년시에 응시하여 급제에 성공하였다. 이때는 기량이 성숙되어 조카 이분이 행록에서 언급한 '체력과 기사(騎射)에서 한때 함께 어울리던 사람 중에서 겨룰 사람이 없었다(膂力騎射。一時從遊者莫有及焉)'[79]는 서술이 이 무렵의 이순신의 상황을 설명하는 것으로 보인다. 이순신은 근력(筋力)을 키우고 이전에 낙마로 낭패당한 경험을 만회하기 위해 승마실력과 기사(騎射)능력을 집중적으로 배양하여 동류(同類) 중에 가장 뛰어나 따를 자가 없을 정도로 무예가 탁월하였고, 무경(武經)에 대한 지식도 심화시켜 고시관을 놀라게 할 정도였다.[80]

---

77 『선조실록』 권6 선조 5년 12월 3일 을묘.

78 이 시험에서 주목되는 인물은 이순신보다 한살 적은 배흥립(裵興立)이 급제한 것이다.

79 전게한 李芬, 『行錄』 참고.

80 李芬, 『行錄』.

丙子春。中式年丙科。講武經皆通。至黃石公。考官問張良從赤松子遊。則良果不死耶。答曰。有生必有死。綱目。書壬子六年留侯張良卒。則安有從仙不死之理。特托言之而已。考官相顧歎異曰。此豈武人所能知哉。

『행록』에서 언급했듯이 이순신은 무과를 연습할 때 아산과 온양 일대의 무과 지망자인 한량(閑良)들과 함께 수련했음을 알 수 있다. 아산, 온양, 신창 일대에는 무과에 뜻을 두고 말타기와 활쏘기, 무예 등을 연마하는 한량집단이 존재하였고 그들과 함께 무과 훈련을 한 것이다.

〈표 5〉 선조대 중반까지 아산지역(아산, 온양, 신창)의 무과합격자 명단

지역	인명	자	생몰년	전력	본관	합격등급
아산	裵袞	子章	?~?	학생	경주	중종20 식년시 병과 12위
	房應斗	粹卿	?~?	전영등포 만호	남양	중종32 丁酉別試무과
						중종33 戊戌擢英試무과
						명종1 중시 병과 23위[81]
	李舜臣	汝諧	1545~1598	보인	덕수	선조9 식년시 병과 4위
	玄應臣[82]	景甫	1557~?	정로위	성주	선조16 별시 을과 30위
	卞存緖	興伯	1561~?	보인	초계	선조16 별시 병과 81위
	鄭彦謙	讓叔	1544~?	내금위	하동	선조16 별시 병과 267위
	申恁	念哉	1547~?	충의위	홍양	선조16 별시 병과 283위
	金鴻	汝翼	1554~?	정로위	김해	선조16 별시 병과 448위
	鄭峻慶	善叔	1548~?	전내금위	온양	선조16 알성시 을과 21위
	朴峀根	茂仲	1559~?	겸사복	밀양	선조17 별시 병과 1위
	吳詾	彦明	1547~?	보인	해주	선조17 별시 병과 155위
	元夢賢	女楫	1560~?	교생	원주	선조27 단독별시병과3등 20위
	鄭珏		1554~?	정로위	해주	선조27 단독별시병과3등 26위
	韓老		?~?	족친위	청주	선조27 단독별시병과3등 89위
	鄭應福		?~?	내금위	온양	선조27 단독별시병과3등 184위
	金仁祉	泰仲	1562~?	겸사복	김해	선조32 정시 을과 63위

온양	方應元	善仲	1553~?	정로위	온양	선조16 별시 병과 13위
	閔壽俊	英老	1558~?	順	여흥	선조24 별시 병과 96위
	柳喜陶	仲五	1558~?	보인	미상	선조24 별시 병과 128위
	姜允熙	明仲	1557~?	정로위	미상	선조24 별시 병과 141위
	金忠男		?~?	교생	언양	선조27 단독별시병과3등 144위
신창	玄德龍	士元	1562~?	校	성주	선조22 증광시 병과 3위
	尹應命	彦甫	1567~1628	義	미상	선조24 별시 병과 83위
	洪仁男	安仲	1562~?	정로위	미상	선조24 별시 병과 213위

※ 《한국역대인물종합정보시스템》에서 아산지역의 무과합격자 기록을 종합 정리한 자료임

위 〈표 5〉는 임란 이전 선조대에 아산지역에서 무과에 급제한 인물들의 명단이다. 이들은 당시 이순신과 함께 무과 수련을 한 동료 한량 집단의 일원으로 믿어지는데 대부분 이순신보다 나이가 적은 후배들이었다. 이 중에는 외사촌 동생인 변존서도 있었다. 당시 이순신의 행적을 설명하는 기록이 조카 이분(李芬)의 행록인데 '公性高亢。同遊武夫。終日慢言相戲。而獨於公。不敢爾汝。常加尊敬'이라는 기사가 있다. 이는 이순신의 '성격이 꼿꼿하여 함께 수련하던 武夫들이 종일토록 자기들끼리 농담과 장난을 하면서도 이순신에게는 감히 야자를 하지 못하고 존경했다'는 말이다. 후배들보다 비교적 많은 나이에 무과 수련을 해야 했기에 이순신은 더욱더 정진(精進)할 수 밖에 없었다. 위 〈표 5〉에서 보듯이

81 『嘉靖二十五年丙午十月十一日文[武]科重試榜)』(중앙대학교 학술정보원[C1241774]).

82 『新定牙州誌』「氏族事實」 유학 玄德仁의 아들로 형조좌랑으로 있다가 임실군수로 나가서 임란시에 순절하였다. 護聖功臣으로 책훈되었으며 招魂하여 燕巖山에 장례하였고 병조참의로 추증되었다. 통제사 이순신의 군관으로도 활동했다. (『선조실록』 권97, 선조 31년 2월 9일 갑자; 『선조실록』 권99, 선조 31년 4월 20일 갑술)

선조대에 아산지역(아산, 온양, 신창)에서 무과에 응시하여 가장 먼저 합격한 인물이 이순신이었다. 이순신이 치른 최종시험인 전시(殿試)에서는 철전(鐵箭)·관혁(貫革)시험을 치렀는데 5시(矢)를 가지고 2순(巡)에 1시 이상을 맞힌 사람을 합격시켰다.[83] 이순신은 병과 4위로 급제생 29명 중에 12등으로 합격했다.[84]

이순신의 무과급제는 이순신 가문으로는 영광이었고 희망을 주는 사건이었다. 이순신가는 성종 11년(1480) 증조 이거가 문과 급제한 이래 변변한 문, 무과 급제자를 배출하지 못했다. 조부 이백록이 문과 급제에 실패하였고 부친 이정, 백형 희신은 모두 유습(儒習)을 익혔지만 사환하지 못했다. 중형 요신은 문과에 도전하기 위해 생원시에 합격했지만 문과 대과에는 합격하지 못하고 요절하였다. 1573년 요신이 생원시에 합격하고 1576년 이순신이 무과에 급제하자 부친 이정이 매우 '기쁘고 다행으로 생각하여' 상으로 노비와 토지를 자식들에게 상속하는 별급문기를 작성해 주는 것을 보면 사환이 오랫동안 덕수 이씨가의 간절한 소망이었음을 짐작하게 한다. 사마시는 51년 만에, 과거급제는 비록 무과(武科)였지만 94년 만에 이루어진 것이다. 나중에 조카 이분(李芬)이 광해군 즉위년(1608)에 문과를 급제한 것은 실로 128년 만의 쾌거였다.

---

83 『선조실록』 권10, 선조 9년 9월 27일 병진.
武科殿試。鐵箭貫革各五矢二巡內, 中一矢以上, 取二十五人。실록에는 최종 전시에 합격한 숫자가 25인으로 표기되어 있지만 무과방목에는 29인이 급제생이었다.

84 萬曆四年丙子式年]武科[榜目『丙辰增廣司馬榜』, 고려대학교 도서관[만송 B8 A1 1616B]).

Ⅴ. 맺음말

이순신은 임진왜란의 침략전쟁에서 국가를 구해낸 한국 역사상 최고의 전쟁영웅으로 인식되고 있다. 아산은 그런 역사 인물을 배출한 고장으로 이순신이 보여준 구국정신과 진지한 삶의 태도는 그대로 아산의 지역적 정체성으로 자리 잡았다. 이제 이순신은 아산과 분리할 수 없는 지역의 역사적 표상이 된 것이다. 하지만 그런 위상에 걸맞게 이순신과 아산의 지역적 관계성을 해명하는 문제는 아직도 해결해야 할 과제가 너무 많이 남아 있다. 본 연구는 절대적 자료의 한계를 감안하면서 그동안 분명하게 규명되지 못한 이순신가(家)의 아산 이주의 동기와 아산에서의 삶의 기반, 이순신이 무과로 진로를 전향한 이유와 무과 수련의 과정 등에 대하여 새롭게 정리해보았다.

이순신가의 삶에 큰 변화를 가져온 인물은 조부 이백록이었다. 이백록은 지금까지 통설과는 달리 중종대 사림파 세력과는 직접적인 관련은 없었다. 기묘명현들과 관련된 문헌자료의 착종으로 그의 형 이백복과 혼동되었던 것이다. 그는 중종 17년(1522)에 생원시에 합격한 다음 문과급제에 실패하고 문음으로 관직에 나와 중종 35년(1540) 6월에 평시서 봉사로 벼슬하였다. 그러나 직무상의 문제가 있어 간원의 탄핵을 받아 파직되었다. 설상가상으로 중종의 국상기간에 3자인 이귀(李貴)의 혼사를 호사스럽게 치렀다는 이유로 경상감사 권응창(權應昌)에게 적발되어 강상(綱常)을 어긴 죄로 폐고(廢錮)되고 녹안(錄案)에 올라 자신뿐만 아니라 자손들의 벼슬길도 봉쇄되었다. 이순신이 출생할 무렵에 닥친 불행한 사건으로 이순신가는 큰 위기에 빠졌던 것이다. 명종 1년에 국왕에게 억울한 사정을 호소하는 소청을 올렸지만 큰 효과를 보지는 못한 것으로 보인다.

서울에서 삶의 기반이 무너진 이순신의 부친 이정(李貞)은 이백록의 사후에 부인 초계 변씨의 친정이 있는 아산으로 이주하기로 결단을 내렸다. 그러나 당시 아산은 제대로 된 사족 사회가 형성되지 못할 정도로 궁벽한 시골이어서 이순신과 이요신 형제가 문과에 급제하기에는 매우 열악한 형편이었다. 이순신이 문과 시험을 준비하다가 무과로 전향한 것도 이런 이유가 배경으로 작용한 것이다. 그런데 이순신이 무과로 전향하면 친가, 외가, 처가가 모두 무인적 배경이 있어 유리한 상황이었다. 이순신은 21세 겨울에 무과로 전향을 결정하고 아산지역의 한량(閑良)집단과 교유하면서 무과준비에 열정을 보였다. 궁마(弓馬), 기사(騎射)와 무경(武經) 등 무과 과목을 수련한 후에 선조 5년에 처음으로 무과에 응시하였지만 낙마로 부상당하여 급제에 실패하였다. 하지만 부상을 치료하고 열심히 재수련하여 선조 9년 식년시 무과에 급제할 수 있었다.

지금까지 이순신과 아산의 관계를 정확하고도 분명하게 규명하지 못한 것은 절대적으로 사료가 부족한 것이 원인이다. 그럼에도 불구하고 부족하나마 더욱 정밀하게 이순신과 아산의 관계성을 규명해 보려는 노력이 부족했던 점도 문제이다. 이순신이 가진 역사문화 콘텐츠는 여전히 국민적 관심사인데 이를 살려 지역문화 발전의 원동력으로 키우는 것은 아산 지역민들의 책임이기도 하다. 본 연구는 이런 점에서 아산과 관련한 지금까지의 통설을 넘어 이순신의 진면목을 다시 정립해보려는 문제의식에서 출발했다. 그러나 여전히 부족한 자료의 벽을 넘기가 어려웠다.

제3장

아산과 문화

조선시대 온양 행궁의 건립과 변천 과정

Ⅰ. 머리말

질병 치료를 위해 온천에서 목욕하는 온천요법은 고대부터 동양 의학에서 선호하는 질병 치료법이었다. 우리나라에서도 온천을 이용하여 질병을 치유한 역사가 오래 되어 삼국시대부터 여러 기록으로 전해지고 있다.

특히 조선시대에는 국왕을 비롯한 왕실 가족뿐 아니라 양반 사대부, 일반서민에 이르기까지 질병 치료를 목적으로 효험 좋은 온천을 찾아 목욕을 하는 온천행이 빈번하게 이루어졌다. 국왕이 온천욕을 목적으로 지방에 행차하는 것을 '온행(溫幸)'이라고 한다. 온천이 존재하는 곳은 모두 온행의 대상지가 되지만, 온양은 태조 대부터 조선 말기까지 국왕을 비롯한 최고 권력자들이 가장 선호하던 온천지였다. 특히 세종이 온천 행궁을 건립한 후에는 왕실 온천으로 자리 잡아 왕실 가족들이 수시로 '탕치(湯治)'를 목적으로 온양을 찾아 왔다. 이러한 전통은 조선 말기까지 지속되었다. 이런 연유로 역대 국왕의 온천행은 유적의 형태로, 혹은 역사 기록으로 남아 아산지역에 풍부한 문화유산을 남겼다. 이러한 역사적 유산이 아산지역의 독특한 온천 문화를 형성하는 바탕이 되었다.

조선시대에 국왕의 온행은 당시 최고의 국가 이벤트 행사였다. 온천을 이용한 질병 치유는 그 특성상 국왕이 온천지에 머무는 시간이 길다. 그 때문에 국왕을 수발하기 위해 많은 물력과 수행원이 동원되었다. 이 기간에도 국가 정무를 정지할 수 없으므로 각 부서별로 정부 기구가 일시에 지방으로 옮겨왔다. 이런 이유로 국왕과 관리들이 장기간 머물며 온천욕과 정무 활동, 숙식을 할 수 있는 임시 거처로서 행궁을 건립하였다. 이런 온천 행궁을 줄여 '온궁(溫宮)'이라 한다. 온궁은 국왕과 그 가족들이 생활하는 침전(寢殿)과 국왕과 관료들이 국정을 운영하는 정전(政殿), 탕치를 위한 목욕 공간인 탕실(湯室)이 기본 축을 형성하였다. 이 중에 탕실은 다른 행궁과 달리 온천 목욕을 위해 만들어진 것으로 온궁에 만 존재하는 특별한 시설이다.

지금까지 역사적 측면에서 이루어진 온양온천에 대한 연구는 미미한 수준이다. 2000년대에 들어와서야 『온궁육백년』(2000), 『온양 행궁 학술 조사 및 복원 기본 계획』(2001), 『온양온천의 역사적 사실 재조명』(2009) 등의 연구 성과가 나타났다.[1] 이 연구는 온양온천에 관한 역사적 사실을 생생하게 정리하여 잘 보여주지만 모두 기초적인 자료 정리 단계에 머물러 있다. 한편 최근에 와서 국왕의 행행(行幸)이라는 관점에서 온행을 정리한 연구와 조선시대 행궁 전반을 설명하는 가운데 온궁을 언급한 성과 등이 점차 나타나 온궁의 실상을 이해하는데 일정한 도움을 주고 있다.[2]

---

1 김백선, 『온궁육백년』, 한국예총 아산지부, 2000; 아산시, 『온양궁 학술 조사 및 복원 기본 계획』, 2001; 아산시, 『온양온천의 역사적 사실 재조명』, 2009.

본 논문은 아산 온천 문화의 실상을 체계적으로 연구하여 그 역사적 의미를 규명하기 위한 목적에서 연구되었다. 이를 위해 우선 주목한 연구 대상이 조선 말기까지 온양에만 유일하게 남아있던 온궁이다. 온궁은 온양온천이 왕실 온천이었음을 알려주는 대표적인 문화유산이며 조선시대 온천 문화를 보여주는 상징물이다. 조선시대 온양 행궁에 관한 자료는 다른 지역의 온천에 비하여 비교적 풍부하게 남아있어 사실의 규명이 용이한 점도 연구가 가능하게 하는 요소이다. 본 논문은 조선 초기 온양 행궁이 건립되는 과정과 함께, 조선시대를 일관하여 시간적 흐름에 따라 온궁이 어떻게 변화하는지 등을 추적하여 정리하고, 그 역사적 의미가 무엇인지도 밝혀 보도록 하겠다.

Ⅱ. 온양온천 역사의 시작

온양이 온천지로 사료에 등장하는 것은 삼국시대부터였다. 백제 온조왕 36년(18)에 탕정성(湯井城)을 쌓았다[3]는 사실에서 알 수 있다. '탕정(湯井)'은 끓는 물이 나오는 우물이란 뜻으로 이것이 지명이 되었다

---

2 이왕무, 「조선 후기 國王의 溫幸 연구 - 溫幸謄錄을 중심으로」, 『藏書閣』 9, 韓國精神文化硏究院, 2003; 김남기, 「조선 왕실과 온양온천」, 『문헌과 해석』 23, 2003; 이왕무, 「조선 전기 국왕의 온행 연구」, 『경기사학』 9, 2005; 이왕무, 「조선시대 국왕의 溫幸 연구」, 『國史館論叢』 108, 國史編纂委員會, 2006; 나신균, 인조 - 숙종대 행궁의 배치와 공간 이용에 관한 연구」, 명지대학교 대학원 석사학위 논문, 2001; 윤상구, 「조선조 온양 온행의 사회경제적 성격」, 공주대학교 대학원 석사학위 논문, 2005.

3 『삼국사기』 23, 백제본기 제1 시조 온조왕 - 탕정성은 현재 아산시 읍내동산성으로 비정되고 있다. 이 산성에서는 瓦片과 土器片이 상당량 수습되었다. (유원재, 「백제탕정성 연구」, 『백제논총』 3, 백제문화개발연구원, 1992).

는 것은 온양이 오래전부터 온천이 분출되는 지역이었음을 말해준다. 따라서 온양이 온천지대라는 것은 일찍이 기원 전후부터 공인된 사실이었다. 탕정성에서 유래되어 온양은 백제 때 탕정군이 되었다. 이 지명은 통일신라기에도 이어져 문무왕 11년(671)에 탕정주가 되었고 신문왕 1년(681)에 군으로 바뀌었다.[4]

그러면 온양에 대한 역대 국왕들의 방문은 언재부터 시작되었을까? 삼국사기를 보면 온조왕이 동왕 43년(25) 8월에 아산원(牙山原)에서 5일 동안 사냥을 한 적이 있었다.[5] 이것이 온천행과 직접 관련되는지는 사료의 부족으로 명확히 알 수 없다. 삼국통일 후에는 성덕왕 11년(712) 4월에 왕이 온수(溫水: 지금의 온양)에 행행하였다는 기록이 있다.[6] 이것을 필자는 국왕이 온천을 목적으로 온양에 온 최초의 기록이라고 본다.

고려시대에 들어와 탕정군은 온수군(溫水郡)으로 지명이 바뀌었다. '온수(溫水)'라는 지명도 여전히 이곳이 온천지임을 확인해 준다고 할 수 있다.[7] 고려시대에는 온천욕이 유행하여 왕실 가족이 온천지를 찾아간 기록이 많다. 당시 왕실 가족들이 주로 이용한 온천은 왕도(王都)인 개성과 가까운 황해도 평주(平州)였다. 그런데 특이하게도 문종대에는 국왕이 온양온천을 찾아와 목욕을 한 사례가 있다. 이것은 고려시대 국왕이 온천욕을 목적으로 온양을 방문한 최초의 기록이다. 문종은 동

4 『삼국사기』 36, 잡지 제5 지리3 신라웅주 탕정군.

5 『삼국사기 23』, 백제본기 제1 시조 온조왕 43년. 牙山이라는 지명은 고려시대 牙州라는 지명을 조선 태종대에 바꾼 것이라서 백제시대부터 출현하기가 어렵다는 점에서 동명의 다른 지명인 것으로 추정된다.

6 『삼국사기』 8, 신라본기 제8 성덕왕.

7 『고려사 5』6 지 제10 지리1 청주목 천안부.

왕 36년(1082) 9월 5일에 남방을 순수(巡狩)한다는 목적으로 개성을 출발하여 온수군은 27일에 도착하였다. 그는 이때부터 10월 13일까지 17일간 온수군에 머물며 온천욕을 하였다. 이 기간 동안 문종은 여가 중에 신하들과 시문답을 주고받기도 하였는데, 화답시를 잘 지은 좌산기상시 이의(李顗)에게 말 한필을 상으로 주고 다른 관원들에게는 비단을 하사하였다. 문종이 온천을 떠날 때에는 재상들이 글을 올려 국왕이 온천에 행차한 것을 축하하기도 하였다.[8] 한편 문종은 온양온천에 행행하던 중 행차가 지나가는 주현의 역로, 역참에 그 해의 조세의 절반을 면제하여 주면서 백성들에게 왕의 덕화(德化)를 보여주기도 하였다.[9] 이러한 문종의 온양온천행은 조선시대 역대 국왕들이 탕치(湯治)와 민정시찰을 목적으로 온행하던 사례와 아주 유사한 모습을 보여준 점에서 특별하다고 할 수 있다. 이와 같이 온양은 일찍이 기원 전후부터 온천지로 알려졌고, 삼국시대부터 고려시대까지 여러 국왕이 온천욕을 목적으로 찾아온 역사가 상당히 오래된 온천지였음을 확인할 수 있다.

Ⅲ. 조선 전기 온양 행궁의 건립 과정과 변화

조선 왕조가 창건된 후에도 온천욕은 모든 사람들이 선호하던 질병 치료법이었다. 따라서 국왕부터 일반 서민에 이르기까지 온천을 찾는 경우가 많았다. 조선시대 왕실이나 병들은 일반 백성들이 가장 많이

8 『고려사』 9 세가 9, 문종 3 문종 36년 9월 계미, 정해, 계묘, 을사, 10월 무신, 신해, 경신.

9 『고려사』 80, 지 제34 食貨3 賑恤 恩免之制.

찾던 온천은 황해도의 평주와 충청도의 온양이었다.[10] 이것은 지리적 접근이 용이하고 온천물의 치료 효험이 뛰어나다는 세간의 평가가 주효했기 때문이다. 그 중 평주는 지리적으로 개성에서 가까워 고려시대에 여러 국왕이 많이 찾은 온천이었다. 이런 관행으로 조선 왕조 초기에도 태조, 정종, 태종 등 여러 국왕들이 즐겨 자주 찾았다. 하지만 온양은 세종대에 들어와 새로운 왕실 온천지로 자리 잡는다. 이것은 세종조에 온양 행궁이 건립되고, 3차례나 국왕의 온행이 이루어졌기 때문이었다.

조선조에 온양온천을 처음 찾은 국왕은 태조였다. 태조는 온양온천에 꼭 한 번 온 적이 있었다. 그는 동왕 5년(1396) 3월 10일 서울을 떠나[11] 지금의 천안시 직산의 홍경천(弘慶川)에서 사냥을 하고[12] 3월 16일 온양에 도착하였다.[13] 이후 보름을 온양에서 머물다 4월 1일 지금의 천안인 영주(寧州)를 거쳐[14] 광주를 지나 자신의 수릉지(壽陵地 : 능묘터)를 살펴보고[15] 4월 7일에 귀경하였다.[16]

이 때 국왕이 머무는 임시 거처로 행궁이 지어졌다. 기록에는 동왕 5년 3월에 승려들을 시켜 원(院)집에 숙소를 지었다고 한다.[17] 이것이 국왕이 머무는 공간으로 행궁이 온양에 지어진 시작이다. 하지만 당시

---

10 『세종실록』 37, 세종 9년 8월 29일(갑신).
11 『태조실록』 9, 태조 5년 3월 10일(정묘).
12 『태조실록』 9, 태조 5년 3월 13일(경오).
13 『태조실록』 9, 태조 5년 3월 16일(계유).
14 『태조실록』 9, 태조 5년 4월 1일(무자).
15 『태조실록』 9, 태조 5년 4월 6일(계사).
16 『태조실록』 9, 태조 5년 4월 7일(갑오).
17 『태조실록』 9, 태조 5년 3월 4일(신유).

지은 숙소가 온전한 행궁으로 볼 수 있는가하는 점은 의문이다. 왜냐하면 우선 행궁이 지어진 위치가 불분명하다. 원집에 숙소를 지었다는 사실에서 기존의 국가 지정 숙박 시설인 '원(院)'에 임시거처를 정한 것으로 보여 온정(溫井) 위에 세운 제대로 된 온궁이라고 보기가 어렵다. 또 원집을 개조한 정도라면 규모도 작았을 것으로 짐작된다. 이후 태조가 왕위에서 물러나고 이어 정종과 태종이 차례로 국왕이 되었다. 이들도 태조와 마찬가지로 활발히 온천행을 했지만 그 대상지는 주로 황해도 평산이었다.[18]

본격적인 온양 행궁, 곧 온궁(溫宮)은 세종대에 들어와서 건립되었다. 세종이 온양을 온행의 대상지로 선택한 것은 당시 온양이 민간사이에 가장 효험 좋은 온천으로 유명하였고,[19] 이 지역 출신인 맹사성의 권유도 주효했다고 보여 진다.[20] 세종이 자신의 풍질을 치료하기 위해

---

18 『정종실록 6』, 정종 2년 10월 15일(병오); 『태종실록』 2, 태종 1년 10월 8일(계해). 태종이 충청도에서 온천욕을 한 것은 유성온천이었다. (『태종실록』 26, 태종 13년 8월 23일(기사), 태종 13년 8월 26일(임신), 태종 13년 9월 11일(정해), 태종 13년 9월 17일(계사)). 태종이 온양을 방문한 적은 한번 있었다. 태종 16년 2월에 泰安串에서 군사훈련인 講武를 실시하기 위해 충청도 군사 7천여 명을 이끌고 직산을 거쳐 溫昌縣의 仁君院坪에 이른 것이었다. (『태종실록』 31, 태종 16년 2월 4일(정묘), 태종 16년 2월 5일(무진), 태종 16년 2월 6일(기사)). 이 무렵 온양은 인근의 新昌縣과 통합하여 溫昌이라고 불렸다. 하지만 군사 훈련을 위해 가야산과 덕산을 거쳐 서산으로 가는 길이어서 온행은 이루지지 못했다.

19 『세종실록』 37, 세종 9년 8월 29일(갑신).

20 세종이 온양온천에 오기 전에 질병 치료를 위해 온천을 이용하는 백성들을 진휼할 목적으로 동왕 9년에 진휼책을 마련하는데 그 대상지가 온양과 평산이었다. 이러한 조처를 가장 환영한 사람이 아산이 고향인 맹사성이었다(『세종실록』 37, 세종 9년 8월 29일(갑신)). 또한 세종은 자신의 풍질을 치료하기 위해 오래전부터 온천욕을 하려고 결심하였는데, 온행을 결심했을 때 자연스럽게 온양을 온행 대상지로 결정하였다. 이것은 세종이 오래전부터 온양을 온천지로 마음에 담아두었음을 짐작케 한다(『세종실록』 57, 세종 14년 9월 4일(기미)).

온양행을 결정한 것은 동왕 14년(1432) 9월이었다. 하지만 국왕의 온천 행행은 민에 대한 부담이 크므로 폐단이 백성에게 미치는 것이 가장 큰 고민이었다.[21] 그중 숙소와 목욕 시설이 있는 온궁의 축조가 가장 큰 문제였다. 세종은 민폐를 줄이기 위해 온궁의 실우(室宇)를 짓더라도 사치하거나 크게 짓지 못하게 하였다. 이를 위해 온궁의 체제를 그림으로 그려 올리게 하여 자신이 직접 확인하도록 명하였다. 그 결과 대언(代言) 등이 동행할 삼전(三殿)의 욕실(浴室)과 침실(寢室)의 체제를 그림으로 그려서 올리자, 세종이 직접 보고 그 수효를 감하게 하였다.[22] 이것이 온양에 온궁이 본격적으로 지어진 시발점이었다.

온궁이 완전하게 지어진 것은 세종 15년(1433) 1월이었다.[23] 당시 온궁은 온양현의 관아에서 서쪽으로 7리 떨어진 언한동(言閑洞)에 위치하였다. 집의 크기는 25칸으로 작은 규모였다.[24] 그 구조는 정무 공간인 정청(正廳)이 있고 동, 서 양쪽으로 두개의 침실이 있었다. 목욕 시설인 탕실은 두 개가 있어 남북으로 상탕자(上湯子)가 있고 그 아래 차탕자(次湯子)가 있었다. 상탕자는 후대에 북탕(北湯)으로 지칭된 시설로 짐작되는데 왕대비, 대비, 왕비 등 왕실 여성들의 목욕 공간으로 보인다.[25] 이 공간은 여성들의 전용 공간이므로 아름다운 돌로 장식하여 화려한 모습을 띠었다한다. 차탕자는 국왕이 목욕하던 공간으로 후대에

---

21 세종은 민폐를 줄이는 계책을 의논케 하여 민폐의 대상이 될 수 있는 접대하는 道具와 工繕의 일은 모두 그해 겨울 사무가 한가로울 때에 미리 준비하게 하였다.

22 『세종실록』 57, 세종 14년 9월 4일(기미).

23 『세종실록』 59, 세종 15년 1월 12일(병인).

24 『세종실록지리지』, 충청도, 청주목 온수현.

25 조선전기의 온양온궁의 遺址는 임진왜란 이후까지도 일부가 남아있었다. 남구만의 「溫陽溫泉北湯記」에 자세하다.

남탕(南湯)으로 지칭된다. 이러한 건물 주변에는 여러 용도로 사용되는 나머지 집들이 둘러싸고 있었다.[26]

세종의 1차 온행이 끝나고 귀경한 후에 온궁의 구조는 새롭게 변경되었다. 그것은 국왕이 온행하지 않을 때 백성들이 온천을 이용할 수 있도록 세종이 온궁 운영의 개선책을 명하였기 때문이다. 세종은 왕실의 전용 공간인 정청, 침실, 북탕자는 자신이 환궁한 후 봉쇄하였지만 나머지 시설은 모두 백성들에게 개방하였다. 우선 차탕자는 사족남녀에게 개방하여 이들로 하여금 목욕케 하였다. 다시 남북의 빈 땅에는 새로운 탕자와 집을 짓게 하였다. 또 월대(月臺)아래 온수가 용출하는 곳에는 우물을 파고 집을 지어 일반 백성들 대소남녀가 모두 목욕하게 하였다. 이것이 나중에 하탕(下湯)으로 지칭되는 욕탕이다. 이와 같이 세종은 왕실뿐 아니라 사대부, 일반 백성들에 이르기 까지 병든 사람은 모두 온천을 이용할 수 있도록 온궁 시설을 확장한 것이었다.[27] 따라서 세종대 온양 온궁은 왕과 백성이 함께 온천을 이용할 수 있도록 하여 여민동락(與民同樂)과 유교적 민본정치의 실천장이 되었다. 이렇게 왕실, 사대부, 일반 백성들의 공간으로 나뉘어 삼탕(三湯)으로 구성된 탕실 구조는 후대까지 계승되어 조선 말기까지 유지되었다.[28]

이후 세조대에는 수직인 3호를 두었다. 이들에게는 한전(閑田)으로 각각 1결 50부를 주고 복역(復役)하여 완호하게 하는 등 온양온천의 관

---

26 『세종실록』 60, 세종 15년 4월 16일(기미).

27 『세종실록』 60, 세종 15년 4월 16일(기미).

28 이런 전통은 후대에 이어져 문종은 배천 온천에서도 국왕의 어실, 탕자 외에 나머지 탕자는 모두 잡인이 출입하게 하였다(『문종실록』 1, 문종 즉위년 4월 19일(임진); 『문종실록』 6, 문종 1년 3월 24일(계해)). 성종은 온양온천에서 왕실 전용 공간 외에는 사대부와 일반 백성이 함께 목욕하게 조처하였다(『성종실록』 4, 성종 1년 4월 17일(을축)).

리 체제를 강화하였다.[29] 한편 환관과 선공감 관리를 보내 온정(溫井)을 보수하기도 하였다.[30] 이것은 당시에 대군, 왕자, 공주, 옹주 등 왕실 가족들의 빈번한 온양온천행이 이루어졌기 때문에 시설의 보수가 이루어졌다고 보인다. 성종 14년 기록에 의하면 어실 외에도 헐식소(歇息所)와 세자궁(世子宮) 침실의 존재가 확인된다.[31] 이것을 통해 온궁의 규모가 확장되었음을 짐작케 한다. 이후에도 후궁[32]이나 사대부 관료들의 온양온천행은 활발하게 이어졌다.[33] 왕실의 온행은 성종 14년(1483)에 정희왕후, 안순왕후, 소혜왕후가 온궁을 다녀간 것을 마지막으로 조선 후기 현종 6년(1665)에 이르는 182년 동안 끊어졌다. 그러나 이것은 국왕이 행행하지 않았다는 것뿐이지 대군, 왕자, 부마, 사대부 관료층 등과 일반 백성으로 질환자들은 여전히 온양온천을 찾아 질병 치료를 계속하였다.

하지만 국왕의 행행이 중단되자 온궁도 점차 쇠퇴하였다. 이것을 더욱 촉진한 것은 임진왜란이었다. 임진왜란이 발발한지 5년 후 선조 30년(1597)에 재발한 정유재란은 왜군이 전라도를 따라 올라와 공주, 아산을 지나 서울을 향해 북상하던 중에 온양을 급습하였다. 또 직산 소사평에서 조·명연합군에게 패퇴하여 남하하면서 다시 한 번 아산지역을 유린하였다. 이 와중에 온양은 초토화되었고 이때 온궁도 불타버린 것으로 보인다.[34] 이후 온궁은 오랫동안 복구되지 못하고 폐허로 방치

29 『세조실록』 38, 세조 12년 4월 24일(갑자).
30 『세조실록』 45, 세조 14년 1월 20일(신사).
31 『성종실록』 4, 성종 1년 4월 17일(을축).
32 『중종실록』 51, 중종 19년 7월 11일(갑술).
33 『중종실록』 25, 중종 11년 6월 1일(신해).

된 채 병자들만 찾아와 목욕을 하였다. 이 무렵 선조는 자신의 질병을 치유하기 위해 온양으로 온행할 의사를 피력한 적은 있지만 실행되지 못하였다.[35] 정유재란 이후라서 민폐에 대한 우려와 함께 약방 관료들이 온천 무효험론을 내세워 반대하였기 때문이다. 다만 나중에 온양의 온천수를 서울 궁궐로 길어와 치료한 적은 있었다.[36]

이 당시 온양온천의 피폐상을 보여주는 흥미로운 자료가 있다. 조선 후기 유학자 송준길의 제자이며 소론의 영수로 숙종 13년에 영의정을 역임했던 남구만(南九萬, 1629~1711)이 그의 나이 32세이던 현종 1년(1660)에 기록한 〈온양온천북탕기(溫陽溫泉北湯記)〉라는 기록이 있다. 남구만은 두풍으로 어지러움증이 있는 모친을 치료코자 온양온천에 갔다. 그는 온양에 도착하여 당시 임란이후 피폐된 온궁의 모습을 목격하고 상세한 기록을 남겼다.

남구만이 온양을 찾은 때는 임란이 끝난 지 60여년이 지난 현종 1년 8월 22일이었다. 이때 온궁은 임란 때 파괴된 후 복구되지 않아 담장이 무너지고 섬돌이 망가져서 하나도 성한 것이 없었다. 궁전(宮殿)도 무너졌으며 서하군 임원준이 기록한 신정비(神井碑)만 글자의 획이 닳고 마멸된 채 초라한 모습으로 남아있었다. 옛날 온천탕 위에 있던 단청한 누각도 광해군 12년(1620)에 퇴락하여 무너져 버렸다. 온천 주변을 보면 깨진 기와 조각과 자갈이 우물 속에 가득 차 있고 풀뿌리가 우물가를 빙 둘러싸고 있어서 황폐하고 질척거렸다. 탕실은 전래의 삼탕 구조가

34 김백선, 전게서, 2000, 171~172쪽.

35 『선조실록』 104, 선조 31년 9월 22일(갑진).

36 『선조실록』 199, 선조 39년 5월 18일(을유).

그대로 남아 있었다. 그러나 탕실에 있던 온정이 그대로 드러나 물이 너무 뜨거워서 살을 데어 목욕할 수가 없어 구리로 만든 통으로 온천의 수맥을 끌어다가 오른쪽에는 남탕(南湯)을 만들고 왼쪽에는 북탕(北湯)을 만들었다고 하였다. 남탕, 북탕은 각각 한 구역에 우물이 두개가 있었다. 그 중 남탕은 궁전 터의 오른쪽 약간 앞에 있는데 세조대왕이 목욕하던 곳으로 남구만이 온양에 왔을 때에는 이곳만 개방되어 임시로 일반 백성들이 지붕을 만들어 목욕을 하고 있었다. 북탕은 대비와 왕비들이 목욕하던 곳으로 파괴 정도는 더 심각하였다. 더구나 북탕은 폐쇄되어 온천으로 사용되지 못하고 있었다. 당시 춘분, 추분 때에 원근의 사녀(士女)들이 구름 떼처럼 몰려와 성황을 이루었지만 남탕 하나만 이용할 수 있어 이곳에서 남녀가 번갈아 목욕하고 있었다. 원래 하탕(下湯)으로 일반 백성들이 목욕토록 만든 외탕(外湯)은 한때 악창(惡瘡)을 앓는 환자가 와서 목욕한 다음부터 목욕을 하지 못할 정도로 더렵혀져 온천장 자체가 폐지되었다. 그러자 외탕은 가죽을 다루는 피장(皮匠)들이 작업장으로 사용하고 더럽혀 놓아서 남구만이 온양을 찾아갔을 때에는 차마 냄새를 맡을 수가 없을 정도의 심한 악취로 오염되어 있었다. 이렇게 임란 후 온궁은 무너지고 온천수는 오염되어, 피폐하다고 할 정도로 철저히 파괴된 채로 오랫동안 방치되었던 것이다.[37]

37 南九萬,『藥泉集』28,「溫陽溫泉北湯記」.
歲庚子(남구만 32세, 1660, 현종 1)秋。慈親以頭風苦眩。就浴于溫陽郡之溫湯。余實陪來。時八月廿二日乙巳也。旣來翌日。周覽昔時殿宇遺址。頹垣缺砌。略無完 者。想先王之遺風。慨盛世之已遠。躊躇竟日。殆不能爲懷。殿前有冷井。井旁有小碑。西河君任元濬記其前後。而字畫刓缺。僅可尋其文義。其辭云以內需財幣購工刻之。而其短數尺。比諸士庶墓表不能半之。嗚呼。此乃我祖宗崇儉守約。不欲以侈大示諸後人之義歟。居民云湯泉之源。本在殿址之下。其熱爛人肌。不可以浴。故以銅筒引泉脈。右而爲南湯。左

Ⅳ. 조선 후기 온양 행궁의 복원과 증축

임진란 이후 파괴되고 더럽혀진 온궁이 다시 복원된 것은 조선 후기 현종 초였다. 현종은 지병인 습창과 안질을 치료하기 위해 동왕 6년(1665)부터 전후 다섯 차례나 온양온천을 찾아왔다. 온양행행(溫陽行幸)의 약자인 "온행(溫幸)"이란 용어가 처음으로 쓰이는 것도 현종대 부터이다. 현종이 신병 치료를 위해 온양행을 결정한 것은 온양에 옛 행궁의 유지(遺址)가 있다는 점이 크게 작용한 것으로 보인다.[38]

현종은 온행을 결심하자 온궁 복구에 착수하였다. 옛 행궁터에 신축하는 온궁은 민폐에 대한 우려가 컸기 때문에 무척 소박하게 지어졌다.

而爲北湯。所謂南湯。在殿址右少前。而上有館宇以覆之。卽世祖大王所嘗臨御。而今衆人所就浴也。所謂北湯。在殿陛左戺下。一區而兩井。與南湯同制。攻石精美且過之。卽東陽都尉(申翊聖, 申欽의 자)所謂三大妃臨幸之所。而荒穢特甚者也。今去東陽來此時又二十春秋。瓦礫塞滿於井中。草根纏縛於甃旁。蕪沒沮洳。幾不可辨。且其外湯則爲治皮匠所溷。穢惡之氣不忍聞。余訊諸居民。或云湯上昔有畫閣。萬曆庚申(1620, 광해12)歲始頹毁。又云中年有病惡瘡者來浴。是後遂廢不浴。居民鹵莽。言不足徵。而東陽所記有云病瘡者恣意溷浴。抑亦得此說否。余意天旣生水火。使民並用。而又使壬夫丁女交效其靈。鴻洞轇轕。釀出神泉。于以除萬民之疾。於是焉聖王有作欽天之賜。旣身受其祜。又敷錫于下民。樂與人共之。如周文王之囿。使之咸躋于壽域之中。夫豈若隋唐華淸。祗用爲淫樂之資而已。先王作事。又將以利於後也。今其遺澤之及人者。將與天壤無窮。獨恨其一修而一廢。不得普施其功用。此其可惜。奚特越俗之不好古。而使聖路長堙也。且念禮曰男女不同浴室。蓋欲厚其別也。今此湯泉。當春秋二分之際。遠近士女其至如雲。其勢不得不迭浴於一井。揆以禮意。有不當然者。今若開此廢湯。使男浴於南。女浴於北。則我先王先妃之盛德洪恩。汪濊而並流。旣可以祛吾民之痛痒。又可以成吾民之禮俗。豈不休美矣哉。或以先妃所臨。卽爲禁地爲難。余以爲先王所御。亦旣許人浴。先妃所臨。獨許婦人浴。而又何傷乎。昔宋之宣仁高太后有言。苟利於民。吾無愛乎髮膚。此卽我先妃之所嘗爲訓者也。雖玉欄看花。天路遠隔。竊想聖母塞淵之意。豈不欲以一沐餘波。酌萬世生靈哉。於是余乃聚徒隷具畚鍤。疏其塞滌其穢浚其溝決其流。三日而治畢。至若旣開而復塞。旣修而復廢。斯乃守土者之責。吾亦末如之何也已矣。

38 『현종실록』 5, 현종 3년 8월 13일(계축).

온궁의 구조는 서쪽에 어실(御室, 6칸8작)과 온정실(溫井室), 곧 탕실(湯室, 8칸)을 짓고 부속건물은 모두 초사(草舍)로 하여 전체가 100여 칸 정도였다.[39] 처음에는 담장 밖에 임시로 지은 집이 150여 칸이 되었는데, 나중에 전체가 100여 칸 정도라는 것을 보아 현종이 민폐에 대한 우려로 약간 줄인 것 같다.[40] 어실 세 군데에는 담장을 둘러 다른 공간과 구분을 지었다. 이 당시 행궁은 흙으로 계단을 만들어 전체적으로 보면 초라할 정도로 검소하였다.[41] 당시 온궁 축조를 위해 동원된 인력은 수천 명의 승군(僧軍)이었다. 한편 행궁 옆에 지어진 가가(假家)는 충청 각 고을에 분담 배정하였기에 각 수령들이 자기 관할지역의 백성을 토지결수에 따라 징발하여 축조하였다.[42]

행궁의 주위는 포장(布帳)으로 둘러쌌다. 외포장(外布帳)은 둘레가 500보로 도성문을 모방하였고 대신들과 정리사(整理使)들이 머물렀다. 내포장은 둘레가 300보로 궁성문을 모방하였는데 승정원, 옥당, 병조, 도총부 및 시위하는 여러 장수들이 입직하였다. 그 나머지 각사들은 모두 외작문(外作門) 바깥으로 나가 위치하였다.[43] 이 때 지어진 온궁은 비록 구조상 소박하지만 정조대 『온궁사실(溫宮事實)』에 실려, 우리가 온궁의 전형적 형태로 알고 있는 〈온양별궁전도〉 속에 그려진 온궁의 시원(始原)이 된다.

첫 번째 온행으로 질병 치유의 효과를 크게 본 현종은 다음 해에 병든

39 『현종실록』 10, 현종 6년 4월 21일(정축).
40 『현종실록』 10, 현종 6년 4월 15일(신미).
41 『현종실록』 10, 현종 6년 8월 5일(무오).
42 『현종실록』 10, 현종 6년 4월 21일(정축).
43 『현종실록』 10, 현종 6년 4월 21일(정축).

어머니 인선대비를 모시고 갈 결심을 하면서 온양 행궁을 증축하려고 계획하였다.[44] 이때는 온궁이 사치스러울 정도로 화려하여, 헌납 윤변이 민폐에 따른 우려 때문에 격렬히 반대하였지만 예정대로 추진되었다. 우선 자전(慈殿)이 머물 어실을 새로 건축하였다. 비록 백관들이 쓰는 가가(假家)와 가까워 문제가 있었지만 신조(新造)하는 자전의 어실은 동쪽에 있는 옛 행궁자리에 지었다.[45] 또 구기(舊基)는 계단이 너무 높아 두어 개의 계단을 제거하여 땅을 평평하게 만들고, 집은 4칸으로 짓되 간가(間架)를 넓게 하여 비좁지 않게 하였다. 사용하는 재목은 서울에서 내려 보냈다.[46] 탕실도 바뀌어 북탕(北湯)은 침실 북쪽의 내궁장의 바깥에 있고[47] 옆에는 세조대에 세운 신정비(神井碑)가 있었다. 이런 북탕은 백관들이 목욕하는 장소로 제공되었다.[48] 이때부터 군신(群臣)들에게도 온궁에서 목욕할 기회를 주는 것이 전통으로 자리 잡았다.[49]

이러한 결과 증축된 온궁은 규모가 커져 둘레가 1,758척이며 내정전(內政殿)이 16칸, 외정전(外政殿)이 12칸, 탕실이 12칸으로 확장되었다.[50] 현종 5년에 6칸8작이던 어실(御室)이 16칸의 내정전으로 변모하였고, 온정실(溫井室), 곧 탕실(湯室)은 8칸에서 12칸으로 확장되었다. 정무 공간인 외정전은 이 무렵 새로 지어진 것으로 추측된다. 이를 미루어 부대시설도 모두 이전보다 확장되었음을 짐작할 수 있다. 그 결과 온궁은

44 『현종실록』 10, 현종 6년 8월 5일(무오).
45 『현종실록』 11, 현종 6년 9월 3일(병술).
46 『현종실록』 11, 현종 6년 9월 6일(기축).
47 『숙종실록』 59, 숙종 43년 3월 11일(병인).
48 『현종실록』 10, 현종 6년 4월 25일(신사); 『현종실록』 10, 현종 6년 5월 1일(병술).
49 『숙종실록』 59, 숙종 43년 3월 11일(병인).
50 나신균, 전게학위논문, 2001, 70쪽.

〈그림 1〉 영괴대기(靈槐臺記: 서울대 규장각 奎10179)에 그려 있는
1795년(정조 19) 무렵의 〈온양별궁전도〉

〈그림 1〉에서 보듯이 정전을 에워싸고 많은 건물이 들어찬 화려한 궁궐의 모습을 갖추게 된 것이었다.

위 그림은 정조 19년(1795)에 발간된 『온궁사실(溫宮事實)』에 수록된 〈온양별궁전도〉이다. 이 그림은 완전하게 복원된 온궁의 모습을 보여준다. 이 그림을 보면 온궁은 2중으로 담장을 치고 있다. 내궁장(內宮墻)의 가운데에는 국왕과 왕후의 숙소인 내정전과 왕과 신하가 국사를 논하는 외정전이 있고 옆에는 목욕 시설인 탕실이 있다. 그 외 왕자방, 의대청, 내수라간, 온천 구탕, 영괴대, 신정비각, 종친부 등이 있었다. 이 내궁장과 외궁장(外宮墻) 사이에는 왕을 보필하는 궐내 각사들이 옮겨와 동서남북으로 나누어 위치하는데 와가, 초가로 되어 있는 여러 채의 집들이 산재되어 있다.

다른 행궁에서 볼 수없는 온궁의 가장 특징적인 시설은 탕실이다. 탕실은 목욕 공간으로 온천물이 용출하는 온정(溫井)을 가운데 두고 동서로 각각 1칸 반의 크기인 욕실 2개가 있고 이에 딸린 부속 시설로 욕실별로 온돌 1칸 반, 협실 1칸, 양방(凉房) 1칸 등이 위치하고 있었다.[51] 온정(溫井)은 옥돌로 함 가운데를 빙 둘러 붙였다. 이곳에는 중국의 온천에서 볼 수 있는 거북이나 물고기, 게와 같은 동물이나 연꽃과 마름과 같은 식물을 형상화한 장식물과 완상할 만한 보옥이나 기교 있게 새긴 치장이 없다. 하지만 돌의 재질이 뛰어나고 제작이 완벽하고 치밀하였다. 전체적으로 보면 화려하며 규모가 굉장하면서도 질박하였다.[52]

한편 국왕이 온궁에 행행하면 위 그림보다 훨씬 넓은 공간을 점유하였다. 그것은 국왕을 수행하여 온양에 오는 인원이 적으면 900여명, 많으면 7,500명 정도로 대규모였다. 따라서 이 많은 수행원을 지공하기 위해 충청 관찰사를 중심으로 호서 지방의 전체 수령이 동원되었다. 이들은 각각 수발할 대상기관을 나누어 지공을 분담하였다. 이를 위해 가가(假家)라 불리는 임시 건물과 포막(布幕)이 온궁 주변에 다수 설치되어 온궁을 에워쌌다. 그래도 부족한 공간은 민간의 집을 징발하였으므로 집을 빼앗긴 백성들이 국왕의 온행 기간 동안에 노숙하는 경우도 있었다.[53]

조선 후기에는 현종대부터 숙종, 영조, 장헌세자까지 4대에 걸쳐 국

51 『溫宮事實』 3 排設.

52 趙秀三, 『秋齋集』 권8, 「溫井記」.

53 『현종실록』 10, 현종 6년 4월 26일(임오), 현종 6년 5월 6일(신묘).

왕과 왕세자가 온행을 이어갔기 때문에 온양 행궁은 최전성기를 구가하였다. 그 기간은 현종 6년(1665)에서 장헌세자의 온행이 있었던 영조 36년(1760)까지 95년이었다.

Ⅴ. 장헌세자의 온행과 영괴대의 축조

영조대에 이르면 온궁에는 기존 온천 시설과 달리 영괴대라는 새로운 축조물이 행궁의 공간에 들어선다. 영괴대는 장헌세자에 의해 세워진 사대(射臺)이다. 장헌세자는 질병 치료를 위해 영조 36년(1760) 7월에 온궁에 왔다. 그는 온천욕을 하던 여가에 활쏘기를 즐기다가 5시5중하는 몰기(沒技)를 이루었다. 몰기는 쉬운 일이 아니어서 일반 백성도 이럴 때는 잔치를 베푸는 것이 보통이었다. 이후 다산 정약용의 말에 의하면 장헌세자는 이것을 기념하기 위해 자신이 활을 쏘던 사대에 홰나무를 손수 한그루 심고 단(壇)을 둘러쌓도록 분부하였다한다. 그러나 고을 관리들이 이 말을 실천하지 않았다한다. 그것은 향후 상경한 장헌세자가 2년 후 복잡하게 전개되는 당쟁의 한가운데에서 비참한 죽음으로 생을 마감했기에 더욱 그러했을 것이다. 따라서 장헌세자가 정치적으로 궁지에 몰리고 급기야 죽음으로 생을 끝나게 됨으로 그가 온궁에 심은 홰나무도 잊혀진 사실이 되었다. 그런데 이 홰나무의 존재를 부각시키고 그 보존을 처음으로 거론한 인물은 정약용이었다. 예문관 검열이던 정약용은 정조 14년(1790) 3월 그의 나이 29세에 소관(小官)으로서 패초(牌招)를 어겼다하여 일시적으로 호서의 해미(海美)로 유배를 간 적이 있었다.[54] 유배는 불과 10여일 만에 끝나서 풀려난 다산은 귀경길에

덕산을 지나 온양에 들렀다. 그는 온양에 잠시 머물며 온궁을 찾았는데 아래의 자작시에서 보듯 그곳에서 다산은 장헌세자가 심은 홰나무와 거기에 얽힌 사연뿐 아니라 온양지역민들에게 베푼 세자의 성덕(聖德)도 알게 된 것이다.

경진년 과거사를 또렷하게도 　　歷歷庚辰事
유민들이 이제껏 얘기를 하네 　　遺黎說至今
복성이 세자 행차 따라왔는데 　　福星隨鶴馭
한밤중 높고 맑은 노래 들렸네 　　中夜聽龍吟
쌀 주어 망가진 밭 보상하였고 　　賜米酬殘圃
조세 감면 장마의 피해 위문해 　　蠲租問苦霖
내린 분부 사신이 따르지 않아 　　使臣違敎令
울분에 찬 백성들 마음보겠네[55] 　　扼擥見群心

여기서 다산은 세자가 홰나무 한 그루를 손수 심은 뒤에 단(壇)을 둘러 쌓도록 분부하였지만, 그가 떠난 뒤 그 고을 수령이 그 분부를 따르지 않았다는 사실도 알았다.[56] 게다가 다산을 가슴 아프게 한 것은 아래 시에서 보듯이 초라하기 짝이 없는 홰나무의 모습이었다. 아무도 돌보지 않아 나무가 울퉁불퉁하게 오그라들어 볼품이 없는데다가 덩굴에 덮이고 잡초에 묻혀 뭇 아이들의 놀이 대상이 될 정도였던 것이다.

---

54 『승정원일기』 1674, 정조 14년 3월 10일(경인); 『승정원일기』 1675, 정조 14년 3월 19일(기해). 정약용은 1790년 3월 8일 해미에 정배되었고 13일에 배소에 이르렀는데, 19일에 용서받아 풀려났다(정약용(1817), 다산 정약용연보, 경세유표).

55 『다산시문집』 1, 溫泉志感.

56 정규영, 『俟菴先生年譜』, 1921. (규장각 古4650-167)

온천 행궁 안에 홰나무 한 그루가 溫泉宮裏一樹槐
오랜 세월 잡초에 매몰되어 묵히었네 歲久蓁蕪沒蒿萊
오이덩굴 새삼덩굴 칭칭 서로 감기어 瓜蔓兎絲苦相糾
기운을 펴지 못하여 겨우 한 길 자랐는데 志氣鬱抑長丈纔
마른 가지 뻣뻣하고 줄기 옹이 맺혔거니 枯條澀勒幹擁腫
동궁께서 과거 손수 심으신 걸 누가 알리 誰識儲君舊手種
이곳에서 동궁이 곰 과녁을 쏘실 적에 鶴駕於此射熊帿
다섯 발의 철촉이 모두 눈알 명중했네 鐵鏃五發皆貫眸
이에 귀한 나무 심어 그 자리를 기념하고 爰植嘉木表其地
아울러 돌을 쌓아 단 만들게 하시었네 且令砌石爲檀壝
긴 가지 구름 스쳐 푸르름을 장차 보고 會見脩柯拂雪靑
짙은 그늘 뜰 가득 깔릴 날을 바랐건만 擬有濃陰滿庭翠
푸른 깃발 한 번 떠나 소식이 감감하자 蒼旂一去無消息
참새떼들 짹짹짹 저물녘에 모여드네 烏雀啾啾聚昏黑
곁가지는 모두 다 뭇 아이들 올라타고 杈枒總被衆兒攀
기와 조각 자갈들을 누가 한 번이라도 치웠던가 瓦礫何曾施一彎
서글픔에 서성대며 차마 떠나지 못하고 彷徨惻愴不忍去
얽힌 덩굴 손수 뜯어 울타리 사이 던지네 手決纏縛投籬間
아, 이 나무 그 누가 사랑하지 않을 건고 嗚呼此樹誰不愛
여보게들 행여나 자르거나 휘지 마소 戒爾勿剪且勿拜
내 장차 돌아가서 임금에게 아뢴 뒤엔 吾將歸去奏君王
이 나무 천년토록 길이 존귀하고 지고[57] 此樹尊貴長千載

이러한 사실에 분노하고 가슴아파한 다산은 그의 시에서 자신이 상경

57 『다산시문집』 1, 〈溫宮有莊獻手植槐一株 當時命築壇以俟其陰 歲久擁腫 壇亦不見 愴然有述〉.

하면 정조에 건의하여 그 보존책을 마련할 것이라고 소회를 피력하고 있다. 정조의 총신(寵臣)인 다산이 이 문제를 정조에게 실제로 어떻게 건의했는지는 사료가 없어 구체적으로 알 수 없지만 이후 정조의 태도를 보면 어떤 경로를 통했던지 간에 이 문제를 인지하고 있었음을 알 수 있다.

사실 정조는 아버지의 태몽으로 태어난 사람이었다.[58] 이렇듯이 부친의 각별한 사랑을 받았던 정조는 어려서 부친의 억울한 죽음을 목격하고 큰 충격을 받았다. 이후 국왕으로 즉위하고 나서 부친 장헌세자를 추모하기 위한 노력을 아끼지 않는다. 수시로 아버지의 사당과 묘소를 찾아갔고[59] 여러 차례 존호를 올리고,[60] 왕실족보인 『선원보략(璿源譜略)』의 내용을 수정하면서[61] 부친의 명예를 회복하기 위해 노력하였다. 다산이 제기한 온양 행궁의 홰나무 문제는 오랫동안 잠복해 있다가 본격으로 대두하는 것은 정조 19년(1795)이다. 이때는 다산이 온양을 다녀간 5년 이후였다. 이렇게 오랫동안 이 문제가 표면화될 수 없었던 것은 복잡한 정치적 사정이 내재되어 있었기 때문이다. 장헌세자가 아버지 영조에 의해 뒤주에 갇혀 비참하게 죽은 후 어떤 형태든지 이 문제를 거론하는

---

58 『정조실록』 1, 정조 즉위년 3월 10일(신사). 장헌세자가 神龍이 구슬을 안고 침실로 들어오는 꿈을 꾸고서, 꿈을 깬 다음에 손수 꿈속에서 본 대로 그림을 그려 궁중 벽에 걸어 놓았다한다.

59 『정조실록』 7, 정조 3년 5월 14일(정유); 『정조실록』 8, 정조 3년 7월 24일(병오); 『정조실록』 9, 정조 4년 4월 13일(신유).

60 『정조실록』 2, 정조 즉위년 8월 17일(병진); 『정조실록』 15, 정조 7년 3월 8일(기해), 정조 7년 4월 1일(신유); 『정조실록』 18, 정조 8년 7월 7일(경신), 정조 8년 9월 17일(기사), 정조 8년 9월 18일(경오). 정조 18년(1794) 12월 7일에 장헌세자의 신위를 모시는 경모궁에 존호를 추존할 때 다산 정약용이 도감의 都廳을 맡았다(정약용, 전게서, 1817).

61 『정조실록』 14, 정조 6년 12월 23일(을유).

것은 철저히 금기시되었다. 또한 장헌세자의 죽음에 깊이 관계된 노론벽파와 얽힌 정치적 파장도 큰 문제였다. 그러므로 정조가 부친의 억울한 죽음에 대한 명예 회복을 시도하기에는 많은 시간이 필요하였다.[62]

〈그림 2〉 독립기념관 소장 영괴대비각 사진(촬영 시기는 미상)

그런 가운데 정조 16년부터 영남 유생들의 만인소[63]가 2차례가 올라와 억울한 장헌세자의 죽음을 규명하고 역적을 타도해야 한다는 주장이 대두하였다, 나아가 장헌세자가 온행하던 가운데 보여준 성덕이 칭송되면서[64] 장헌세자에 대한 명예 회복이 본격적으로 거론되었다. 이런 가운데 장헌세자의 온양온천 행행시 백성에게 보여준 덕화(德化)와 홰나무 식목사건은 부친의 성덕(聖德)을 추억하게 하는 좋은 소재였다. 그러자 정조는 동왕 19년 4월에 본격적으로 홰나무 보전을 위해 영괴대를 쌓고 비석을 세우는 작업을 추진하였던 것이다.[65]

영괴대의 축조는 지금까지 정조가 부친을 추창하기 위해 해오던 사업의 마지막 절정이었다. 그러므로 영괴대 축조 사실의 시말을 기록한

62 이성무, 『조선시대당쟁사』 2, 동방미디어, 2002, 186~232쪽.

63 『정조실록』 35, 정조 16년 5월 7일(갑진).

64 『정조실록』 35, 정조 16년 5월 7일(갑진).

65 『정조실록』 42, 정조 19년 4월 18일(무술); 『정조실록』 43, 정조 19년 10월 28일(을사).

『온궁사실(溫宮事實)』과 『영괴대기(靈槐臺記)』는 온양 온궁을 한 번도 온 적이 없는 정조에게 그림으로 온궁과 영괴대 사실을 보고하기 위해 만들어진 보고서였다. 이 해는 마침 장헌세자가 60세가 되는 환갑년이었다. 영괴대 축조는 정조가 죽은 부친을 위해 바치는 환갑선물이기도 하였다. 정조는 부친 장헌세자의 온행에 배종했던 사람들을 찾아 표창하는 일을 대대적으로 전개하였다.[66] 이것은 대단히 정치적인 의미를 내포한 것이었다. 정조는 이후 죽을 때 자신의 재궁(梓宮)에 아버지 장헌세자가 입었던 아청대단곤포(鴉青大緞袞袍)를 함께 넣어 간다.[67] 죽어 무덤까지도 아버지 장헌세자에 대한 추모하는 정을 함께 가져가고 싶었던 것이었다.

Ⅵ. 함락당과 혜파정의 신축

정조대에 비록 영괴대를 축조하고 온궁을 관리하였지만, 점차 국왕이 온행을 중단한지가 오래되자 온궁은 다시 쇠락하였다. 이 무렵 온궁의 모습을 잘 보여주는 자료가 있다. 순조 34년(1834)에 온양온천을 방문했던 추재 조수삼의 「온정기(溫井記)」가 그 자료이다. 조수삼은 조선 후기의 대표적인 여항시인(閭巷詩人)의 한 사람으로, 양반이 아니라는 신분적 제약으로 인해 가계와 행력(行歷)이 문헌상에 많이 나타나 있지 않다. 그는 순조 34년 8월 옴이 걸려 치료할 목적으로 온양온천을 찾았다.

66 『정조실록』 45, 정조 20년 10월 24일(병신).
67 『정조실록』 54, 정조 24년 7월 3일(계미).

그의 「온정기」는 19세기 전반기 온양온천의 형편을 아주 잘 보여주고 있다.

조수삼이 온양을 찾았을 때 온양온천은 비록 온궁이 낡기는 해도 그런대로 형태를 잘 유지하고 있었다. 역대 국왕이 사용하던 기물(器物) 마저도 온전하게 보전되고 있었다. 당시 온궁의 구조를 살펴보면 온천 곁에 행궁이 있으며 온천 위쪽에 욕실 전각이 있었다. 행궁 동쪽에는 쓰지 않던 온정 두개가 있었다. 이것이 소위 북탕(北湯)을 가리키는데 예전에 신하들에게 개방했던 목욕간이다. 이 목욕탕이 폐쇄된 이유는 분명치 않지만 담장을 두르고 궐문이 만들어져 있었다. 안쪽으로는 시중드는 궁녀와 내시들의 처소, 바깥쪽으로는 호종한 신하들의 숙소가 두루 잘 갖추어져 총총히 늘어서 있다. 비록 대부분 기울어지고 무너졌지만, 휘장이나 발, 병풍, 서안 등 여러 가지 임금께 올리던 기물들은 먼지 속에 버려진 채 쌓여 있어도 사용하는데 큰 문제가 없을 정도였다고 한다.

탕실의 경우는 욕실 전각이 온전하여 남북으로 기둥이 다섯이고 동서방향으로 기둥이 넷이었다. 바로 12칸짜리 건물이다. 그 속에 있는 온정(溫井)의 구조나 수질의 상태와 시설도 완전하여 온정의 깊이는 6자 정도인데 세로는 16자가 되고 가로는 8자가 되었다. 옥돌로 함 가운데를 빙둘러 붙여서 두개의 온정을 만들었다. 탕실도 가운데를 막아 두개로 만들었다. 그 곁에 세 개의 구멍이 나 있어 그곳에서 고인물이 흘러나왔다고 한다. 전각의 벽 밑으로 나오기 때문에 안쪽의 두 온정을 상탕(上湯), 중탕(中湯)이라 하고 바깥으로 나오는 것을 하탕(下湯)이라 하였다. 상탕과 하탕의 거리는 10보 정도였다. 온천수가 상탕 서북쪽에서 분출되어 동쪽으로 꺾여 중탕으로 들어가 분출되고 다시 남쪽으로 꺾어지면

바깥으로 나와 하탕이 된다면서 온천의 구조를 자세히 설명하고 있다. 온천수는 그다지 뜨겁지 않아 처음에는 뜨겁지만 한참 앉아 있으면 따뜻하여 좋아할 만하였다한다. 용출량도 많아 만약 분출되는 구멍을 막아 물을 고이게 해놓으면 밥 한 끼 먹을 정도의 시간에 두 온정에 몇 자 높이로 찼다고 한다. 기후나 계절에도 영향을 받지 않아 가물다거나 아니면 겨울이나 여름이라 하여도 수량이 줄어들거나 수온이 변화하지 않았다한다.

한 가지 특기할 것은 왕실의 온행이 중단된 이후 왕과 왕대비 등 왕실 여성들이 사용하던 상탕마저 정조가 개방토록 하여 백성들이 자유롭게 목욕하게 하였다는 사실이다. 그 결과 귀가 먹은 자, 말을 못하는 자, 다리를 저는 자, 종기나 부스럼이 난 병자들이 지팡이를 짚고 들것에 실리고 등에 업히고 수레에 실려 줄줄이 길을 메우며 찾아왔고 사시사철 빈 날이 없게 되었다한다. 정조 이후 온양온천은 병든 백성들이 문전성시를 이룰 정도로 성황을 이루는 서민들의 온천이 되었던 것이다. 온천욕의 효험도 좋아 비록 병이 심한 자라 하더라도 열흘이 되지 않아 누워서 왔다가 걸어서 돌아가게 되었고, 신음하면서 들어왔다가 노래를 부르면서 돌아갈 수 있게 되었다한다.[68]

---

68 趙秀三, 『秋齋集』 권8, 「溫井記」.

溫泉下有硫黃。故味燥性溫。出于礜石者悍熱。然治病勝於硫黃出者。出于丹砂者。味甘而氣不臭。可以延齡養生。丹砂泉天下惟出於驪山。漢之甘泉唐之華淸是也。若礜石出者。亦千百之一也。硫黃泉在在是已。治一切瘡瘍瘇濕痲痺如神。此古人所論著也。余自幼少多病。喜浴溫泉。驪山余未見也。如薊州之行宮。鳳城之湯站。暨東國之宣川熙川平山明川諸泉。粤已一再至。然一例皆硫黃泉。而獨平山泉熱且悍。突趵高尺許。又可湘菜茹燖雞豚云。意或礜石出者非耶。溫陽之溫泉。自勝國時鳴于國中。逮我列聖朝嘗屢幸焉。今泉傍有行宮。泉上有湢殿。宮之東有二甃井。卽舊湢云。繚周垣而爲闕門。內而婦寺供御之所。外而臣僚扈從之次。畢備星羅。大抵多傾圮隳。帷帳簾薄屛障

그러나 19세기 후반 고종 초에 이르면 온양 행궁에 큰 변화가 확인된다. 고종 초반에 간행된 『온양군지』에는 이전에 보이지 않던 함락당(涵樂堂)과 혜파정(惠波亭)이라는 이름의 새로 지은 건물이 온궁에 나타난다. 함락당은 12칸이고, 혜파정은 10칸이라고 하였다.[69] 나아가 1871년에 발간된 『온양군읍지』에는 내정전, 외정전은 이미 폐전(廢殿)되었음과 함께 함락당은 16칸, 혜파정은 14칸으로 더 확장되었음을 밝히고 있다. 단 탕실은 12칸으로 남아있었다.[70] 이 사실은 당시 내, 외정전이

几案。凡諸進奉器物。委積於塵埃。而尙不至甚腐敗不可用。盖英廟庚午以後。訖無御幸。距今八十有五年。父老亦無在者。當時事莫從而聞之。可歎也。吾王庶幾無疾病。顧誠斯民之喜幸也。湢殿南北五楹。東西四楹。碧石函其中爲二井。若同室而格其中。井深可六尺。縱可常而橫可尋。三窾其傍。以洩蓄水。出之殿壁之下。故內二井日上湯日中湯。外出者日下湯。水從上湯西北出。折而東出中湯。又折而南則外出爲下湯。熱不甚。始入灼如也。久坐溫溫可愛。若塞窾蓄水則一食頃。二井滿數尺。亦不以水旱冬夏而贏縮炎凉也。自上湯至下湯。計不下十餘步也。令範其地而鑄巨鼎。待薪樵而煖之。雖日胼千僮之指。必不能若是其無間斷也。吁甚異哉。井無龜龍魚蟹荷芰菱芡。寶玉之玩。雕琢之巧。如驪山薊州者。而石材精良。製作完緻。有足以仰見祖宗盛際事功之鉅麗。規模之宏樸。洵非今人所可慕效彷彿。士庶人毋敢浴上湯禮也。惟我先大王下教若日使予方御溫井。民病可瘳也。予將撤洗而與之。况非日用而不過備豫者乎。自今永寬兩井之禁。使吾民共沐恩波。咸躋壽域。大哉王言。此聖德事也。於是乎聾喑跛躄癰瘇瘡痍。杖者舁者負者載者。踵相接於道。而四時無虛日。雖病甚者。不旬日則臥而來步而歸。呻而入歌而出。嗚呼。泉之靈至於此乎。泉之靈至於此乎。歲甲午秋仲。余有癬疥之病。來浴於井。居數日而曰瘳。試飮井水甘。又小硫黃氣。抑所謂丹砂出者此歟。或日是井也。浴之則病瘳。久不浴則病復作。噫。是豈井之故也。病浴于井者。皆六氣感其外。七情傷其中。沉淫錮結。久而乃發。其治之也。亦將涵潤滲漉消瀜蕩滌。沉淫者洗濯之。錮結者解散之。然後始去。則夫豈有亟至之患哉。徒見肌體之差可。去之若將浼焉。稍久而疾復作。則日井乎井乎。豈不愚之甚者。余聞廣東有桃花泉。北人之商販者。一與土人交媾。歸未半路而大瘋瘡發。百藥罔效。不得已還飮桃花泉。則不日而爲平。人故多老於其地者。雖飮泉而無男女之事者。無恙而歸。余未知其說信然。然亦其人自取之已。豈日桃花泉使之然哉。余將歸。記或人說爲井訟。而兼以戒來浴者云爾。

69 나신균, 전게학위논문, 2001, 70쪽.

70 아세아문화사, 『온양군읍지』, 1985; 『읍지 8 충청도 2』, 1871; 김백선, 전게서, 2000, 331쪽.

〈그림 3〉 1906년 주일독일무관 헤르만 산더가 촬영한 대원군 별장의 탕실 (국립민속박물관 제공)

사용이 불가할 정도로 퇴락하여 건물이 사라졌음을 보여주고, 대신에 위 함락당과 혜파정이 온궁의 중심 건물이 되었음을 말해준다.

이 두 개의 새로운 건물은 대원군과 밀접히 관련된 것으로 추정된다. 이 무렵 국왕 고종의 생부로 정치적 실권자였던 대원군은 덕산에 있는 부친 남연군의 묘소에 성묘를 가면서 온양에 자주 왔던 것이다. 『고종실록』에는 대원군이 온양에 행차한 기록이 있으며[71] 부인인 부대부인(府大夫人)이 온양과 덕산에 행차했다[72]는 사실도 나온다. 이들이 온양에 머물 때 숙소로 사용키 위해 지어진 것이 함락당, 혜파정이었

71 『고종실록』 7, 고종 7년 9월 20일(계미).

72 『고종실록』 7, 고종 7년 8월 9일(계묘).

던 것이다. 당시 대원군은 최고의 정치 실력자이기는 해도 명분상 국왕이 아니므로 온궁을 수리 복원하여 사용할 수는 없었다고 보인다. 대원군 부부가 실제로 온양에서 온천을 즐겼는지는 확인되지 않으나 온궁 안에 숙소를 지은 것으로 보아 온천을 즐겼을 것으로 짐작된다. 이 때문에 1904년 이후 일본인들이 온궁 탈취를 기도할 때 이곳을 대원군의 '운현궁기지(雲峴宮基地)'라고 인식하는 것도 이런 연유에 따라 파생된 것이다.[73] 이후 1926년에 일본인이 경영하던 경남철도주식회사가 이곳을 인수하여 온천 여관인 신정관(神井館)을 짓고 발간한 안내 책자에서도 이곳이 대원군이 온궁에 남은 전각의 일부를 보수하여 별장으로 사용한 곳이었다고 하였다. 그 중 혜파정은 신정관을 지을 때까지 문과 객실이 남아[74] 한식 여관으로 개조되었다.[75]

Ⅶ. 맺음말

온양은 조선 초기 태조 대부터 조선 말기까지 국왕을 비롯한 최고 권력자들이 가장 선호하던 온천지였다. 특히 세종 이후에는 왕실 가족들이 탕치(湯治)를 목적으로 자주 찾던 최고의 왕실 온천장으로 자리잡았다. 이러한 사실이 역사 깊고 독특한 아산지역의 온천 문화를 낳

---

73 『구한국외교문서』 (7), 고대민족문화연구소 편, 278쪽.

74 秋芳千萬人, 「溫陽溫泉遊記」, 『牙山郡誌』, 牙山郡敎育會, 1929, 101쪽; 조선경남철도주식회사, 『온양온천 신정관 안내』, 1937.

75 혜파정은 이후 해방까지도 그 흔적이 남아있다가 6·25동란으로 미군의 폭격을 받아 파괴되었다고 한다. (김백선, 『온궁육백년』, 2000, 363~409쪽)

은 바탕이 되었다.

온천욕을 통한 질병 치료는 일과성으로 이루어지지 않고 장기간 반복적으로 목욕을 하여야 효과를 볼 수 있다. 통상적으로 조선시대 역대 국왕들은 짧게는 8일, 길게는 57일정도 온양에 머물렀다. 이런 이유로 국왕이 머무는 임시 거처로 행궁이 건축되었는데, 온천에 세워진 행궁을 온궁이라고 한다. 조선시대 국왕이 찾아가는 온천에 행궁을 조성한 사례는 많다. 그러나 온궁이 건립되고 나서 조선 왕조 전시기를 걸쳐 국왕이 방문하고 일관되게 잘 유지된 곳은 온양 행궁이 유일하다.

온양 행궁의 건립은 조선 초 세종대 이루어졌다. 세종은 자신의 질병을 치료하기 위해 온천행을 결심하고 나서 손수 직접 도면을 보면서 건축을 감독하였다. 세종은 민폐에 대한 우려로 인해 작고 소박한 행궁을 건립하였다. 행궁의 구조도 국왕뿐 아니라 병든 사대부와 일반 백성도 함께 이용할 수 있도록 목욕 시설을 개조하였다. 왕실의 온천행은 간헐적이어서 비워두는 시간이 많기 때문에 왕실이 사용하는 일정 공간을 제하면 나머지 공간은 일반 백성들이 이용할 수 있도록 배려한 것이다. 그러나 임진왜란이 발발한 후 다시 일본군이 재침한 정유재란으로 일본군이 전라도를 거쳐 북상하면서 온양 지역을 급습하자 온궁은 불타고 폐허가 되었다. 이후 오랫동안 온궁은 방치되었고 국왕들도 온행도 중단되었다.

조선 후기 국왕의 온천행이 재기된 것은 현종대이다. 현종은 자신의 질병을 치료할 목적으로 온양온천을 선택하고 5차례나 온행을 하였다. 이때 온양 행궁이 복구되어 어실 6칸, 온천방 6칸을 비롯한 약 1백여칸 규모로 온궁이 새로 지어졌다. 이후 숙종, 영조, 장헌세자까지 4대 95년간에 국왕과 왕세자의 온양온천행은 활발하게 이루어져 아산지역에 독특한 온천 문화를 형성하였다. 장헌세자의 온행 이후 국왕과 왕실 가족의 온행은 중단되었다. 하지만 정조가 부친인 장헌세자의 추억의 장소인 온궁에 영괴대를 설치하고 영괴대비를 세우는 등 각별한 관심을 두어 관리하였다. 이후 온궁은 많이 퇴락하였지만 순조 34년(1834)에 온양에 온 조수삼(趙秀三)의 온정기(溫井記)에 의하면 이 무렵까지 행궁은 건물이 완전하게 유지되고 있었다. 고종 8년(1871)에는 국왕이 정무를 보던 정전이 없어졌다. 하지만 이 무렵 새로운 건물인 함락당과 혜파정이 신축되고 대원군이 별장으로 사용하는 등 여전히 잘 유지되었다. 그러나 1904년부터 일인들에 의해 온궁이 침탈되면서 일인들의 손에 넘어가고 온궁터에 신정관이 지어지면서 온궁은 자취를 감추고 역사 속으로 사라져 갔던 것이다.

조선시대 왕실의 온천 목욕법에 대한 연구

Ⅰ. 머리말

온천욕이 질병치유에 효과가 있다는 사실은 동, 서양을 막론하고 고대부터 입증된 사실이다. 이 때문에 온천장에는 여러 종류의 질환자들이 탕치(湯治)를 목적으로 찾아왔다. 우리 역사에도 고대사회부터 온천(溫泉)을 통해 질병을 치유한 기록이 문헌에 나타난다. 특히 조선 시대에 온천요법은 전통의학에서 선호하던 질병치료법이었다. 이 때문에 국초부터 국왕을 비롯해 왕실과 양반사대부, 일반서민에 이르기까지 효험 좋은 온천지를 찾아 질병을 치료한 사례는 관찬자료에 많이 나타난다.

조선시대 왕실에서 가장 선호하던 온천장은 온양온천이었다. 조선 전기에 태조, 세종, 세조가, 후기에는 현종, 숙종, 영조, 사도세자까지 여섯 명의 국왕과 왕세자뿐만 아니라 왕대비, 왕비, 공주, 부마 등의 왕실가족들이 지속적으로 찾아 왔다.

당시 국왕의 온천행행(溫泉行幸)은 조선시대 최고의 국가이벤트행사였다. 온천을 이용한 질병치유는 그 특성상 국왕이 머무는 시간이 길어야 한다. 따라서 온천행궁(溫泉行宮)이 조성되어 있었고, 국왕과 왕실가족의 수발을 위해 많은 관료들과 호위 군사들이 호종하였다. 또한 온행

(溫幸) 중에도 국가정무는 중단할 수 없으므로 각 부서별로 정부기구가 일시에 온양으로 옮겨왔다. 따라서 이들의 정무 공간, 숙소확보와 음식 제공을 위해 동원되는 물력의 충당도 상당할 수밖에 없었던 것이다. 이것은 중앙정부가 준비해 가는 것도 많았지만 해당 도에서 준비해야 하는 것도 많아 국왕의 온행 기간 중에는 충청도 관찰사뿐만 아니라 지방수령 전부가 동원되어 지공(支供)을 분담하였다. 이런 이유로 국왕의 온천행행은 독특하고도 흥미로운 문화적 유산을 많이 남겨놓았다.

지금까지 온양온천에 대한 역사적 연구는 초보적인 수준이다. 2000년대에 들어와서야 『온궁육백년』(2000), 『온양행궁 학술조사 및 복원기본계획』(2001), 『온양온천의 역사적 사실 재조명』(2009)[1] 등의 연구 성과가 나타났다. 하지만 대부분 기초적인 자료정리에 치중된 것이고, 최근 국왕의 행행이라는 관점에서 정리된 연구 성과가 나타나고 있다.[2] 역사적 관점에서 체계적이고 종합적인 연구는 이제 시작일 뿐이라고 할 수 있다.

본 논문은 선행한 연구를 토대로 하면서 온양온천을 찾은 여러 국왕들의 질병 형태와 온천욕의 효과뿐 아니라 독특한 목욕방법에 주목하여 살펴보려고 한다.[3] 이것은 질병치료를 위해 노력한 조선시대 왕실문

---

1 김백선, 『온궁육백년』. 한국예총 아산지부, 2000; 아산시, 『온양행궁 학술조사 및 복원기본계획』, 2001.12.; 아산시, 『온양온천의 역사적 사실 재조명』, 2009.2.; 김일환, 「조선시대 온양행궁의 건립과 변천과정」, 『순천향 인문과학논총』 29, 2011.

2 김남기, 「조선왕실과 온양온천」, 『문헌과 해석』 23, 2003년 여름; 이왕무, 「조선후기 國王의 溫幸 연구 - 『溫幸謄錄』을 중심으로」, 『藏書閣』 9, 韓國精神文化研究院, 2003; 이왕무, 「조선전기 국왕의 온행 연구」, 『경기사학』 9, 2005; 이왕무, 「조선시대 국왕의 溫幸 연구」, 『國史館論叢』 108, 國史編纂委員會 2006.

3 조효순, 「우리나라 沐浴의 풍속사적 연구」, 『服飾』 16, 1991; 구현희·오준호, 「질병치료와 공공의료에 활용된 조선시대 목욕요법 연구」, 『民族文化』 40, 한국고전번역원,

화의 새로운 면을 밝히는 좋은 소재이기도 하다.

Ⅱ. 조선시대 국왕의 질병

1. 국왕의 질병 종류와 증상

조선시대 국왕들도 일반인과 마찬가지로 크고 작은 질병에 시달리며 고생하였다. 본 장은 질병치료를 위해 온양온천을 찾은 역대 국왕과 왕세자에 한하여 이들이 어떤 질병에 시달려 온천요법을 선택하였는지를 살펴보고 정리하였다.[4]

〈표 1〉 조선조 왕실의 온양온천행행 총괄표

왕명	동행 왕실	연대	서울발	온궁착	체류일	온궁발	환궁일	비고
태조		1396 (태조5)	?	3.16	15	4.1	4.7	

2012.

4 조선시대 국왕들의 질병과 치료에 관해서는 한의학분야에서 주목하고 많은 연구 성과를 거두었다.

김훈, 「조선전기 군왕의 질병에 관한 연구」, 원광대 박사학위 논문, 1997; 金勳·孟雄在, 「조선전기 君王의 질병에 관한 연구」, 『대한한의학원전학회지』 10(2), 대한한의학원전학회, 1997; 金勳, 「조선시대 임금들의 온천욕과 질병」, 『한국의사학회지』 14(1), 2001; 金正善, 「조선시대 왕들의 질병치료를 통해 본 의학의 변천」, 서울대 박사학위 논문, 2005; 이해웅, 「朝鮮時代 顯宗, 肅宗, 景宗, 英祖의 疾病에 대한 硏究」, 東義大大學院 박사학위 논문, 2006; 李海雄·金勳, 「朝鮮時代 顯宗, 肅宗, 景宗, 英祖의 疾病과 治療」, 『大韓韓醫學原典學會誌』 19(3), 大韓韓醫學原典學會, 2006; 이상원, 「朝鮮 顯宗의 治病기록에 대한 醫史學적 연구: 禮訟論爭이 顯宗 疾病에 미친 영향」, 경희대 박사학위 논문, 2011; 방성혜, 「한국 한의서에 수록된 피부과 치료법 연구」, 경희대 박사학위 논문, 2011.

세종	소헌왕후	1433 (세종15)	3.25	3.28	22	4.20	4.23	세자(문종) 동행
소헌왕후	수양대군	1440 (세종22)	3.2	3.5	27	4.3	4.6	안평대군 동행
세종	소헌왕후	1441 (세종23)	3.17	3.20	40	5.2	5.5	세자(문종) 동행
		1443 (세종25)	3.1	3.3	30	4.3	4.5	세자(문종) 동행
세조	정희왕후	1464 (세조10)	2.18	3.1	17	3.18	3.21	
		1465 (세조11)	8.17	8.20	19	9.10	9.13	세자(예종) 동행
		1468 (세조14)	1.27	1.30	38	3.9	3.12	세자(예종) 동행
정희왕후	안순왕후 소혜왕후	1483 (성종14)	2.16	2.19	57	4.17	4.20	정희왕후 승하 (3.30)
현종		1665 (현종6)	4.17	4.21	20	5.12	5.14	
	인선대비	1666 (현종7)	3.26	3.30	27	4.27	4.30	
	인선대비	1667 (현종8)	4.11	4.15	26	윤4.11	윤4.13	
		1668 (현종9)	8.16	8.20	14	9.4	9.6	
	인선대비 명성왕후	1669 (현종10)	3.15	3.17	28	4.16	4.18	공주 4명 동행
숙종		1717 (숙종43)	3.3	3.8	19	3.27	4.3	왕자(연잉군)동행

영조		1750 (영조26)	9.12	9.16	8	9.24	9.28	
장헌 세자		1760 (영조36)	7.18	7.22	8	8.1	8.4	

1) 태조

태조는 국왕에 즉위 후 질병 치료를 위하여 자주 온천행을 하였다.[5] 주로 개성과 가까운 황해도 평주(平州)를 찾았다. 태조 5년 3월에는 온양온천에 행행하여 승려들을 동원해 원집을 짓고 약 15일을 머물고 돌아갔다.[6] 당시 치질(治疾)을 위해 온천욕을 할 정도로 병마에 시달렸는데, 병명은 분명치 않다.[7] 다만 태조는 젊은 때와 달리 60세가 넘어 노년에 이르러 풍질(風疾)을 자주 앓았다.[8] 67세에 병으로 평주에서 온천욕을 하였으며 68세와 74세에도 풍질을 앓았다.

2) 세종

세종은 세 차례나 온양온천을 찾아 질병을 치료하였다. 그는 젊은 시절 육식을 좋아했고 살이 찐 체구였다. 동왕 4년에 부왕인 태종의

5 『태조실록』 권1, 태조 1년 8월 19일(무진), 『태조실록』 권1, 태조 1년 8월 21일(경오), 『태조실록』 권1, 태조 1년 8월 23일(임신), 『태조실록』 권3, 태조 2년 4월 11일(을유), 『태조실록』 권7, 태조 4년 3월 18일(신해).

6 『태조실록』 권9, 태조5년 3월 4일(신유), 『태조실록』 권9, 태조5년 3월 10일(정묘), 『태조실록』 권9, 태조5년 3월 16일(계유), 『태조실록』 권9, 태조5년 4월 1일(무자). 김일환, 전게논문, 2011.

7 『태조실록』 권9, 태조 5년 4월 1일(무자).

8 『태종실록』 권4, 태종 2년 11월 9일(무자), 『태종실록』 권15, 태종 8년 1월 19일(무진).

3년 상을 치루는 데 무리하게 소찬(素饌)을 하여 건강이 매우 악화되었다. 두통과 이질을 앓은 후에 병세가 심해졌고 신하들이 사망을 걱정해 관곽을 준비할 정도였다. 두 달 정도 지나 완쾌했지만 명사(明使)를 따라온 요동의 의원인 하양(河讓)은 정신적 과로가 원인이라고 진단하였다.[9]

30대에 이미 오른편 다리가 아파 의원 치료를 받아 조금 나았고, 매년 등에 또 부종(浮腫)이 나서 몸을 움직이지 못했다. 33세 때(1431)에는 찌르는 듯이 아픈 풍질(風疾)이 숙질(宿疾)이 되었으며 허리둘레가 줄어 서른 살 전에 매던 띠가 모두 헐거워질 정도였다.[10] 부종은 계축년(1433, 세종 15)에 온천욕을 하여 조금 나았고, 그 뒤 한두 해 동안 부종이 있기는 하였으나, 아픈 것이 3분의 2는 감하였다. 또 소갈병(消渴病)을 앓아서 하루에 마시는 물이 한 동이가 넘었다. 소갈병은 현재 당뇨병으로 짐작된다. 또 임질(淋疾)을 앓아서 오랫동안 정사를 보지 못하였다.[11]

43세부터는 주로 안질(眼疾)을 자주 앓았다. 안질은 당뇨망막병증 또는 당뇨병성 백내장으로 보인다.[12] 이것을 온천욕으로 치료하기 위해 효험을 확인할 목적으로 신하들을 보내 온천욕을 하게하고 그 결과를 보고하게 하였다.[13] 이후 온양온천을 찾았지만 결과적으로 안질에 효과가 없었다. 나중에 초정약수(椒井藥水)를 찾아 치료한 뒤에 효과를 보았다.[14]

---

9 『세종실록』 권29, 세종 7년 윤7월 25일(임술).

10 『세종실록』 권53, 세종 13년 8월 18일(경술).

11 『세종실록』 권86, 세종 21년 7월 4일(경술).

12 金正善, 전게학위논문, 18쪽.

13 『세종실록』 권92, 세종 23년 1월 19일(정사).
김두종, 『한국의학사』, 탐구당, 1981, 239~243쪽.

14 『세종실록』 권104, 세종 26년 4월 12일(신묘); 『세종실록』 권104, 세종 26년 6월 7일(을유).

3) 세조

세조는 젊은 시절 건강했으나 40세 이후부터 여러 질병이 생겼던 것으로 보인다. 47세에 세조가 '내가 어렸을 때 방장한 혈기로 병을 이겼는데 여러해 전부터 질병이 끊이지 않았다'[15]라고 말했는데 이후 세조가 건강에 좋지 못했다는 기록이 자주 보인다. 그의 병 증상에 대한 자세한 사료는 없어 구체적으로 알 수는 없지만 피부병으로 고생하였다는 속설이 있다. 이 때문에 온천욕으로 치료하기 위해 온양온천을 3차에 걸쳐 방문했다.

세조는 처음 온양온천을 다녀온 후 풍습병(風濕病)에 큰 효과를 경험하고 어찰을 의원에 내려 다음과 같이 온천을 이용한 치료절목을 제시하기도 하였다.

> "온탕(溫湯)이 효력(効力)이 있는지 효력이 없는지는 세상의 이야기가 분분(紛紛)한데, 모두 말하기를, '내가 옳다는 것은 이 때문이다.'고 하나, 곧이곧대로 따를 수가 없고 끝내 정(定)한 설(說)이 없으니, 이것이 세간(世間)의 큰 폐단이다. 내가 지금 이를 시험하여 보니, 그 효력이 신통(神通)한 것 같아서 풍습(風濕)의 병(病)이 낫지 않는 것이 없었다. 다만 내가 출입(出入)할 즈음에 감풍(感風)이 실로 많아서 전의 병(病)이 없어지지 아니하고 뒤의 병(病)이 바야흐로 시작되는데, 지나치면 어지럽고 정도에 미치지 못하면 효험이 없으니 마땅히 기(氣)를 가지고 스스로 조절하고 사람의 힘으로 어떻게 할 수가 없는 것이다. 대저 늦봄의 초기에 해가 높이 떠오르고 날씨가 바람기가 없으며, 마침 뱃속이 오히려 부족한 듯하면서 많이 먹고 싶지 않을 때를 틈타 나가서

15 『세조실록』 권31, 세조 9년 9월 27일(계미).

목욕하되, 그때 먼저 단의(單衣)를 따뜻하게 하였다가 뒤따라 내다가 등위에 덧걸치며, 즉시 마르고 따뜻한 단의(單衣)·겹의(袷衣)·유의(襦衣)를 입는데, 자기 마음대로 그 숫자를 더하고 줄이며, 모름지기 탕죽(湯粥)을 마시고 만약 술로써 땀을 내는 데 도움을 받으면서 물에 있으면 냉수(冷水)라도 무방(無妨)하다. 이 절목(節目)을 가지고 길이 양방(良方)으로 삼도록 하라." 하였다.[16]

4) 현종

현종은 즉위년에 부친 효종의 죽음으로 소선을 할 때 한동안 위장병에 시달렸고[17] 기침과 몸이 오싹오싹한 증상이 있었다.[18] 이듬해에는 안질을 심하게 앓아 날마다 침을 맞았다. 또 발부위에 가려움증이 있었고[19] 머리와 얼굴에 열기가 있었으며 두통[20]과 얼굴에 부스럼이 있었다.[21]

현종은 동왕 2년(1661)에 습창 때문에 온천욕의 치료효과에 관심을 표했다.[22] 이듬해 7월 원두표가 습창 치료에 온천욕이 효험이 있을 것이라고 동의하였다.[23] 현종은 온행할 수 있는 대상지를 물색토록 원두표에게 명하여 온양이 무난하다는 결론을 얻었다. 하지만 세조 이래 중단된 국왕의 온행을 재개하는 것은 수월치 않았다. 문제는 온행 기

16 『세조실록』 권33, 세조 10년 4월 16일(무술).
17 金正善, 전게학위논문, 34~36쪽.
『현종실록』 권1, 현종 즉위년 8월 5일(계사).
18 『현종실록』 권1, 현종 즉위년 8월 16일(갑진).
19 『현종실록』 권3, 현종 1년 6월 9일(임진); 『현종실록』 권3, 현종 1년 7월 6일(기미).
20 『현종실록』 권16, 현종 10년 3월 23일(병진).
21 『현종실록』 권3, 현종 1년 7월 23일(병자).
22 『현종실록』 권4, 현종 2년 윤7월 17일(갑오).
23 『현종실록』 권5, 현종 3년 7월 13일(갑신).

간이 길어 민폐에 대한 우려가 크다는 점이고 온천욕이 기대한 만큼 치료에 효험이 있는가 하는 점이다.

조정 중신들은 현종의 습창이 점점 심해지자 치료를 위해 온천수를 우역(郵驛)을 통해 실어올 것을 건의하였다. 하지만 현종은 원거리 운반과정에 민폐만 클 것이라며 미온적인 태도를 보였다.[24]

마침내 눈병과 습창이 더욱 악화되자 현종은 동왕 6년 3월에 치료차 온천에 행행할 것을 재논의토록 요구하였다.[25] 그러나 신하들의 반대 논의가 크고 기근이 계속되는 상황이라 눈치를 볼 수밖에 없었다. 의관(醫官)들과 대신들도 찬반이 갈리어 의관 유후성(柳後聖)[26]과 영부사 이경석, 영의정 정태화, 좌의정 홍명하가 모두 어렵다고 하였다.[27] 그러자 현종이

> "일찍이 내가 들으니 온천이 습열을 배설시키고 눈병에도 효험이 있다고 하니 지금 이 기회에 가서 목욕을 했으면 한다. 눈동자에 핏발이 서서 침침한데 그 고통이 이루 말할 수 없다. 거기다 습창이 도져 온몸에 퍼졌다."[28]

라고 하면서 간절히 호소했지만 대신들은 "평상심을 가지고 궁내에서의 치료에 임하시라"며 온천행을 반대하였다. 현종은 이에 대해 "병이 몹시 심하므로 경들과 상의하였을 뿐이다. 평상심을 가지지 않을 무슨

24 『현종실록』 권6, 현종 4년 5월 22일(기축).
25 『현종실록』 권10, 현종 6년 3월 14일(경자).
26 『현종실록』 권10, 현종 6년 3월 14일(경자).
27 『현종실록』 권10, 현종 6년 3월 15일(신축).
28 『현종실록』 권10, 현종 6년 3월 14일(경자).

일이 있겠는가"라며 매우 불쾌하게 여겼다.[29]

눈병과 습창이 더욱 심해지자 의원들이 다시 온천욕의 효험을 알리고 온행을 건의하였다.[30] 마침내 신하들도 동의함에 따라 긴 논란은 끝났는데 온행을 불과 보름 정도를 앞두고 겨우 결정된 것이다. 온행 장소에 대해서는 평산(平山)온천은 너무 뜨겁고 이천(伊川)은 길이 험하여 온양으로 가기로 결정하였다.[31]

5) 숙종

숙종은 15세에 얼굴빛이 붉어지고 열이 심하며 여러 군데에 반점이 생겨서 두창 증상으로 의심되어 주사(朱砂)를 복용하며 치료하였다.[32] 16세에는 황달로 고생했고 18세에는 건강이 좋지 못했으며 19세에 감기로 정무를 중단할 정도였다. 20세에는 야간에 구토를 하고 23세에는 두창을 앓아 시약청을 설치할 정도로 심각했다.[33] 28세 때에는 심화(心火)로 가슴이 답답하여 숨쉬기가 곤란하고, 밤새 번뇌가 심했다. 정신적 스트레스가 무척 심했던 것이다.[34]

31세에 제중담핵(臍中痰核)이 있고 35세에는 평소 앓던 풍증(風症)이 발작하여 심해졌고 가려움증이 유발되었으며 36세에 건강악화로 식사를 싫어할 정도였다. 산기(疝氣; 허리, 또는 아랫배가 아픈 병)로 가슴이

---

29 『현종실록』 권10, 현종 6년 3월 15일(신축).

30 『현종실록』 권10, 현종 6년 4월 6일(임술); 『현종실록』 권10, 현종 6년 4월 7일(계해).

31 『현종개수실록』 권13, 현종 6년 4월 7일(계해).

32 金正善, 전게학위논문, 37~40쪽.
『숙종실록』 권4, 숙종 1년 10월 24일(무인).

33 『숙종실록』 권14, 숙종 9년 12월 28일(을축).

34 『숙종실록』 권19, 숙종 14년 7월 16일(병술).

치받듯이 아팠는데 수년전부터 있던 통증이 심해진 것이다.[35] 자신이 진단하기를 성격이 느긋하지 못해 정무에 신경 쓴다고 침식을 제때 못한 것이라 하였다. 이렇게 화증(火症)이 날로 성해져 44세에는 한겨울에도 부채를 놓을 수 없고 피부는 꺼칠하고 정신이 날로 혼모(昏耗)해지며 가슴이 답답하다고 호소하였다. 화기가 오르면 코가 타고 목이 바르고 기침이 문득 나왔다. 45세에는 종기로 결핵이 있었고, 또 화증이 더 심해져 갑자기 흉격이 결리고 통증이 있었다. 46세에는 장강혈(長强穴) 아래에 종기가 발생하여 침을 맞았다.[36] 49세에는 왼쪽 난문혈(闌門穴) 밑에 습담(濕痰)이 몰려 멍울이 생겼고[37] 종기자리가 곪아 터지고 달포가 지나도록 식사를 못해 중기(中氣)가 허해졌다.[38]

50세 때에는 화증이 복받쳐서 두통이 더하고 입맛이 떨어졌고, 한열(寒熱)의 증세 있었다. 종기가 곪아 터진 후에는 한결같이 오한(惡寒)과 신열(身熱)이 나는데 숙종 스스로는 이는 화증이 분명하므로 마음으로 조섭해야 식사가 가능할 것이라 진단하였다.[39] 51세에는 음식을 잘 들지 못하고 오심(惡心)과 설사로 침수(寢睡)가 편치 못했으며 왼쪽 귓가에 종기가 있었다. 52세에는 팔다리에 통증으로 입맛이 없어 식사를 못하였고 53세에는 배가 시장한듯하면서도 시장치 않고 손발이 마비되는 증상이 있고, 한열이 일어나 잠을 자지 못하고 음식을 들지 못하였다. 57세에는 다리가 저리고 눈이 어둡고 어지러운 증세에 약도 효

35 『숙종실록』 권38, 숙종 29년 8월 13일(병술).
36 『숙종실록』 권43, 숙종 32년 1월 25일(갑신).
37 『숙종실록』 권47, 숙종 35년 11월 3일(경오).
38 『숙종실록』 권47, 숙종 35년 12월 10일(병오).
39 『숙종실록』 권48, 숙종 36년 1월 12일(무인).

과가 없어 온천욕을 결행하였다.[40]

6) 영조

영조는 조선 역대 국왕 중에 가장 장수하였지만 18세부터 두창을 앓았다.[41] 36세에는 안질과 현훈증이 있었다. 37세에는 큰 슬픔으로 심화(心火)가 올라 해수(咳嗽)가 나와 문을 열어 화기를 내린 후에 잠을 잤다. 40세에는 복부가 불편하고 풍한(風寒)으로 산기(疝氣)가 발작하여 뜸으로 치료하였다. 44세에 비통(臂痛)을 앓았고 어깨부위가 마비되고 왼쪽 팔뚝의 담핵(痰核)이 통증을 일으켰으며 49세에 현기증을 앓았다. 50대에 들어서는 담증(痰症)을 자주 앓고 현후(眩候)가 있고 안질이 심했다. 피부 가려움증이 있어 온천을 찾은 것도 이 무렵이다.[42] 처음에는 온양에서 온천수를 길어 와서 훈세(薰洗)치료[43]를 하다가 마침내 직접 온행을 결심하였다.[44]

7) 사도세자

영조대 왕세자인 사도세자도 각부(脚部)에 습종(濕腫)을 앓아 다리가 부운 곳도 있고 곪아 터진 것도 있어 가마를 타기가 어려울 지경이었다.[45]

---

40 『숙종실록』 권59, 숙종 43년 1월 26일(신사); 『숙종실록』 권59, 숙종 43년 2월 6일(신묘).

41 金正善, 전게학위논문, 41~44쪽.

42 『영조실록』 권70, 영조 25년 10월 29일(갑진).

43 『영조실록』 권70, 영조 25년 11월 3일(무신); 『영조실록』 권70, 영조 25년 12월 23일(정유).

44 『영조실록』 권72, 영조 26년 8월 26일(병신).

45 『溫宮事實』 1권, 大朝筵說.

의관들이 치료법을 논의한 결과 온천수로 훈세(薰洗)하는 것이 최선이라는 결론을 내렸다. 부왕의 허락을 받아 치료를 위해 영조 36년(1760) 7월 18일에 온행을 하였다.[46]

2. 온천요법의 유효성

온천욕을 통한 수치료가 질병치료에 효험이 있는가하는 문제는 조선시대에도 내내 큰 논쟁거리였다. 국초에 풍질로 고생하던 태조와 정종이 황해도 평주 온천에 자주 내왕하고 효험이 있다는 이야기를 자주 하였다.

세종도 동왕 15년에 처음으로 온양온천을 찾아 풍습을 치료할 때는 약간의 효험을 보았지만 안질을 앓아 치료하기 위해 온양온천을 다시 찾았을 때는 효과를 보지 못하였다. 실망한 세종이 다시는 온천치료를 하지 않을 것이라고 공언할 정도였다.[47]

이러한 온천치료의 양면성은 세조대에도 논란이 되었다. 세조 14년 목천(木川) 사람 전 선공녹사(前繕工錄事) 전사례(全思禮)는 "온천이란 것은 신지(神祇)가 더웁게 하는 것이니, 주로 모든 질병을 치료하는 것이다. 그러므로 그것이 인간(人間)에 나온 것은 더욱 중하다. 여러 날을 더웁게 잠기어서 휴식하고 조섭하면, 혈맥이 순하게 통하고 원기가 가득히 소생하여, 아양(痾癢: 피부병)이 저절로 없어지고 악질이 나으니, 그 사람에게 이익 있다"고 온천욕의 유효성을 주장하였다. 그는 계속해

46 『영조실록』 권96, 영조 36년 7월 18일(경신); 『영조실록』 권96, 영조 36년 7월 22일(갑자).

47 『세종실록』 권101, 세종 25년 8월 29일(신해).

서 "온양온천은 서울과의 거리가 멀지 아니하고 두어 번 묵어서 이르며, 길이 평이하여 다니기에 어렵지 않고, 또 물의 성질이 적당하여 잠기어 목욕하기에 편리하고, 여러 다른 물들에 비하여 효험을 얻음이 매우 빠르다"고 말하며 온양온천이 탕치에 효험이 탁월함을 강조하였다. 또한 그는 '1일을 목욕하면 3일을 휴식함이고, 2일을 목욕하면 6일을 휴식함이다.'는 속언을 전하며 온천욕을 하면 묵은 병이 제거될 것이고 풍증에도 해로움이 없으며, 이렇게 안하면 원기가 충분치 못하여 도리어 풍증에 상할 것이라고 주장하였다.[48]

세조도 자신의 경험을 통해 볼 때 신통할 정도로 풍습병이 나았다고 하며 효과를 보려면 목욕의 절후를 잘 살펴 초춘(初春) 이후 따뜻한 계절에 목욕하며 여러 의복을 사용해 몸을 보호하여 냉기가 엄습하지 못하게 하며 적절하게 보양식을 먹어 원기를 북돋아 주는 것이 필요하다고 하여 목욕법의 형태에 따라 효과의 차이가 있음을 제시하였다.[49]

역대 한의서에서도 온천요법에 대한 논의는 분분하였다. 허준(許浚)은 『동의보감(東醫寶鑑)』에서 물의 효용성을 중시하며 사람이 물과 곡식이 없으면 살아갈 수 없으니 매우 중요하다고 언급하였다.[50] 나아가 온천수의 효과는 1) 여러 풍(風)으로 근골(筋骨)이 오그라들거나, 피부가 무디고 저리거나, 수족이 불수(不遂)하거나, 대풍이나 개선 등이 있는 사람은 온천물에 목욕하고 물이 마르면 마땅히 피곤해지니 약식(藥食)으로 보양한다. 2) 온천은 뜨겁고 독한 성질이 있으니 절대로 마시

48 『세조실록』 권45, 세조 14년 2월 2일(계사).
49 『세조실록』 권33, 세조 10년 4월 16일(무술).
50 『東醫寶鑑』, 「湯液篇」.

면 안 된다. 개선(疥癬)이나 나병(癩病) 및 양매창(楊梅瘡)을 앓는 사람은 배불리 먹고 탕에 들어가는데 오래 목욕하여 땀이 나면 그쳐야 한다. 그렇게 하여 열흘이면 모든 병들이 모두 낫는다. 3) 아래에 유황이 있어 물을 뜨겁게 하는 것인데 유황이 모든 창(瘡)을 주재한다. 물도 그러하여 물에서 유황 냄새가 나는 것인데 그 때문에 풍냉(風冷)을 치유함에는 으뜸이다[51]라고 온천수의 효과를 말하고 있다.

『향약집성방(鄕藥集成方)』과 같은 여타 다른 조선시대 의서(醫書)에도 온천은 여러 창병(瘡病)을 치료하는데 유익한 치료법으로 인정되었다. 따라서 역대 국왕들이 온천을 찾는 것은 의학적인 해결책을 찾을 수 없는 숙질(宿疾)을 치유하기 위한 노력의 일환이었다. 이 때문에 태조 이래 왕실에서는 좋은 온천을 찾기 위해 열중했고 질병 치유를 위한 왕실의 온천행행은 지속적으로 이루어졌던 것이다.

Ⅲ. 역대 국왕의 온천 목욕법

1. 세종·세조의 온천 목욕법

조선전기에 태조, 세종, 세조가 온양온천을 찾았지만 사료의 부족으로 온천 목욕법에 대해서 상세히 알려져 있지 않다. 다만 세종의 경우는 처음 온양에 와서 목욕할 무렵, 의서(醫書)의 내용을 참고하여 목욕법을 연구하고 전래의 민간 목욕법도 탐문하였다. 당시 온양에 오래 거주하며 온천욕법에 경험이 풍부한 감고(監考) 박후생(朴厚生)의 말이

51 『東醫寶鑑』, 「湯液篇」.

이치가 있고 의서에도 부합되었다고 한다. 이것은 온양에는 민간에 오랫동안 전승된 온천 목욕법이 존재했고, 그 목욕법이 타당하다고 인정되어 국왕도 그 방법을 채택했음을 짐작케 한다.[52] 다만 구체적인 목욕법을 언급하고 있지 않는 것이 아쉬운 부분이다.

그 민간의 온천욕법은 세조 14년 목천(木川) 사람 전 선공녹사(繕工錄事) 전사례(全思禮)가 알려주는데 그는 속언(俗諺)에 '1일을 목욕하면 3일을 휴식함이고, 2일을 목욕하면 6일을 휴식함이다.'라고 전하며 장기적으로 목욕하고 오래 휴식하면 목욕하는 효험이 있다고 주장하였다.[53] 그러면 묵은 병이 제거될 것이지만 하지 않으면 원기가 충분치 못하여 병에 걸릴 것이라 하였다. 세조 자신도 1차 온행 후 질병치료의 효험을 보고 그 목욕법의 중요성을 깨달고 절후에 맞추어 목욕하고, 보양식과 신체보온 유지의 중요성을 강조하였다.[54]

2. 현종·숙종·영조·사도세자의 목욕법

국왕의 온천욕법이 체계적으로 정립된 것은 현종이 온행을 재개한 이후였다. 국왕별로 목욕법은 약간씩 차이가 있지만 대체로 공통적인 점은 목(沐)과 욕(浴)을 구분하였다.[55] 목(沐)은 통상 왕이 목욕용 교의

---

52 『세종실록』 권60, 세종 15년 4월 5일(무자); 『세종실록』 권60, 세종 15년 4월 6일(기축); 『세종실록』 권92, 세종 23년 3월 27일(갑자); 『세종실록』 권92, 세종 23년 5월 1일(병신); 『세종실록』 권99, 세종 25년 3월 29일(갑신). 세종실록에 朴厚生은 朴生厚로도 표기되어 나오는데 어느 쪽이 진짜 이름인지 不明이다. 박후생은 목욕법에 박식하여 세종의 온천욕에 큰 도움을 주어 국왕으로부터 쌀과 콩, 옷과 갓을 하사받았고 甲士인 아들 朴正義가 加資되어 서용되는 특혜를 입었다. 세종 23년에는 70세이던 박후생에게 즉시 中軍副司直을 제수하고 충청도의 米豆·錢布로써 녹봉을 내려 주었다.

53 『세조실록』 권45, 세조 14년 2월 2일(계사).

54 『세조실록』 권33, 세조 10년 4월 16일(무술).

(交倚)에 앉고 오동나무 바가지로 온천수를 떠서 수백내지 수천 번에 걸쳐 머리에 붓는 목욕법이다. 욕(浴)은 탕에 몸을 담는 목욕법인데 배꼽아래만 물에 담는 반신욕을 주로 하였다. 이때 탕에 머무는 시간을 측정하기 위해 수백내지 수천 번의 숫자를 세었다. 숫자를 셀 경우 『승정원일기』에는 "수(數)"라고 되어 있고, 실록에는 "주(籌)"라고 되어 있어 이것이 소리를 내어 숫자를 센 것인지, 아니면 산가지를 두고 횟수를 셈한 것인지는 명확치 않지만 '창(唱)으로 한(限)한다'는 기사를 보면 소리로 숫자를 센 것으로 보인다. 숙종 이후에는 금루(禁漏)를 지참하여 1각(刻), 2각 등으로 기구를 사용해 시간을 쟀다.

국왕이 목욕을 할 때는 승정원·옥당·약방과 2품 이상의 관원들이 조석으로 문안하고 목욕한 후에도 문안하기를 매일 반복하였다.[56] 이것은 온천욕에 따른 국왕의 건강상태의 변화추이를 살피기 위한 것이다.

1) 현종의 온행과 목욕법

◎ 1차 온행(현종 6년(1665) 4월~5월)

현종은 안질과 습열로 고생하였다.[57] 1차 온행은 왕실의 동행(同行)없이 동년 4월 21일 오시(午時) 말(末)에 온궁에 도착한 후 처음으로 온천수에 손을 씻고 목욕을 위해 택일을 하였다.[58] 4월 22일 사시(巳時)에

---

55 서양에서도 광천수를 사용한 목욕법으로 외용으로는 욕조나 탕에서 물에 몸을 담그는 것(bathing), 상처부위에 직접 물을 맞는 것(pumping), 두 사람 정도의 보조인에 이해 반복적으로 물을 뒤집어쓰는 방법(bucketing)이 흔히 처방되었다. (설혜심, 『온천의 문화사』, 한길사, 2001, 134쪽)

56 『현종개수실록』 권13, 현종 6년 4월 22일(무인).

57 『현종실록』 권10, 현종 6년 8월 23일(병자).

58 『현종실록』 권10, 현종 6년 4월 21일(정축).

온천물로 세두(洗頭)를 시작하여 400바가지를 붓고 오시(午時)에 그쳤는데[59] 놀라울 정도로 효험이 좋았다.[60] 이때부터 29일까지 8일 동안 매일 목욕을 했지만 목욕의 형태는 구체적인 언급이 없어 자세하지 않다. 25일은 처음으로 탕에 들어가 체욕(體浴)을 하였다.[61] 26일에는 유두(流頭)를 1100바가지하고 탕에 들어가서는 숫자 2000번을 세었다.[62] 이후 5월 1일부터 4일까지 쉬었고 5월 5일부터 목욕을 재개하여 6일은 2번을 하였다.[63] 8일까지 4일을 계속 목욕하였다. 이후 3일간 목욕을 중단하고 휴식한 후 12일에 귀경하였다.

현종의 목욕법은 전통적인 세두과 체욕을 구분해 목욕하였으며 일정기간 목욕 후에는 3~4일을 휴식하는 순서를 지켰다. 세두(洗頭)할 때는 유두법(流頭法)에 따랐다. 유두법은 목욕할 때 곧바로 더운 온천물을 직접 머리에 퍼 부우면 감당하기가 어려울 것이라는 점 때문에 목기(木器)를 만들어 그릇 밑바닥에 구멍을 뚫어 공중에 매달아 놓고 그 그릇에 물을 부어넣어 머리로 흘러내리게 한 목욕법이다.[64]

현종의 첫 온천욕의 효과는 매우 만족스러웠다. 현종은 눈병이 난후

59 『승정원일기』, 현종 6년 4월 22일; 『현종실록』 권10, 현종 6년 4월 22일(무인).

60 『溫泉陪從錄』 溫泉行幸陪從錄序.

二十一日丁丑臨御溫陽之溫泉 初試洗沐 其收效若驚也 至于二十餘日則上日予機復常矣.

61 『현종개수실록』 권13, 현종 6년 4월 25일(신사).

62 『승정원일기』, 현종 6년 4월 26일.

63 『승정원일기』, 현종 6년 5월 6일.

64 『승정원일기』, 숙종 43년 3월 9일.

閔鎭厚曰, 沐浴之時, 若直注, 則恐有難堪之慮, 故依先朝故事, 造木器, 穿穴器底, 懸器於空中, 注水其器, 以爲流下頭部之地, 第此器之規, 先朝以不好爲敎, 直以瓢子汲水注之矣。上曰, 直以瓢子注水, 可也。

로 서책의 글자 획을 거의 구분하지 못했는데, 온천에서 목욕을 하고 나서 크게 효험을 보아 문서의 작은 글자도 요연하게 볼 수 있고 수백 걸음이나 떨어진 사람도 구별할 수 있었다. 습창은 거의 흩어져 아물었고 오른쪽 턱밑의 핵환(核患)의 남은 기(氣)도 이때에 이르러 거의 사라져[65] 목욕한 지 20여일 만에 현종은 자신이 정상으로 회복되었다고 할 정도였다.[66]

〈표 2〉 1차 온행의 목욕방법과 횟수

大殿				비고
날짜	목욕법	承政院日記	陽谷集	
4.21		손을 씻고 擇日		
22	洗頭	400瓢	試沐頭部 400瓢	
23	流頭	沐浴	700瓢	
24	流頭	沐浴	1000瓢	
25	流頭	沐浴	1000瓢 始浴1000籌	
26	流頭	1100瓢 沐浴計數 2000番	2100瓢 浴1000籌	
27	流頭	沐浴	1000瓢 浴1600籌	
28	流頭	沐浴	1100瓢 浴1500籌	溫陽別試
29	流頭	沐浴	1300瓢 浴2500籌	
5.1		기록없음	1300瓢 浴1500籌	
2		기록없음	1300瓢 浴1100籌	

65 『현종실록』 권10, 현종 6년 5월 1일(병술); 『현종실록』 권10, 현종 6년 5월 7일(임진), 『현종실록』 권10, 현종 6년 5월 15일(경자); 『현종실록』 권10, 현종 6년 5월 22일(정미); 『현종실록』 권10, 현종 6년 5월 29일(을사); 『현종실록』 권10, 현종 6년 6월 13일(무진); 『현종실록』 권10, 현종 6년 8월 23일(병자); 『현종실록』 권11, 현종 6년 10월 7일(기미).

66 주) 60 참조

3		기록없음	휴식	國忌日
4		기록없음	휴식	國忌日
5	流頭	沐浴	1100瓢 浴1200籌	
6	流頭	沐浴 再度沐浴	1100瓢 浴1100籌	
7	流頭	沐浴	1100瓢 浴1200籌	
8	流頭	沐浴	1100瓢 浴1200籌	
9		휴식	1200瓢 浴1000籌	
10		휴식	휴식	
11		휴식	휴식	

현종의 첫 온행의 목욕횟수는 승정원일기의 기록이 부실하다. 반면에 사헌부 집의로 현종을 호종했던 오두인(吳斗寅)이 남긴 기록이 더 상세한데 통상 세두(洗頭)는 700에서 1,000~1,200바가지 정도가 보통이고 최고는 2,100바가지를 한 적도 있다. 체욕(體浴)은 통상 1000주(籌) 이상이며 최고로 2,500주를 세었다.[67]

67 吳斗寅, 『陽谷集』 卷3 雜著 溫泉行幸圖序 乙巳.
我聖上卽位之六年夏四月。敎于藥房日。予疾久矣。鍼藥俱未奏效。予將往浴于溫泉。廷議皆難之。詢謀至再。聖意乃定。以是月旣生魄越一日癸酉。車駕發京師。命簡其徒。略其供頓。陪從大小官並九十餘員。衛卒僅三千人。是日夙駕渡西氷庫津。摠戎使具仁壁。以其兵二千五百。導駕而行。午次果川縣。仍止宿焉。翌日甲戌。晝停沙近峴。夕宿水原府。乙亥平明動駕。止宿振威縣。丙子昧爽動駕。晝停素沙院。忠淸監司金始振。出迎于境上。兵使閔震益。以淸州營兵馬五千。替摠戎使而扈行。是夕宿稷山縣。丁丑晝停天安郡。日未午。駕到溫泉行宮。忠淸兵馬。卽令歸農。翌日戊寅。上試沐頭部。流下四百瓢。己卯沐七百瓢。庚辰沐一千瓢。辛巳沐一千瓢。又始浴一千籌。浴湯時刻遲速。例以唱籌多寡爲度。壬午沐二千一百瓢。浴一千籌。癸未沐一千瓢。浴一千六百籌。甲申沐一千一百瓢。浴一千五百籌。是日設科。賜本道人洪宇紀等及第。遣禮官賜祭先正臣故判書金淨, 贈判書趙憲, 故統制使李舜臣, 文元公金長生, 延平府院君李貴。乙酉沐一千三百瓢。浴二千五百籌。丙戌沐一千三百瓢。浴一千五百籌。丁亥沐一千三百瓢。浴一千一百籌。戊子己丑。以國忌停沐浴。庚寅沐一千一百瓢。浴一千二百籌。辛卯沐一千一百瓢。

◎ 2차 온행(현종 7년(1666) 3월~4월)

현종대 온천욕의 백미는 2차 온행이다. 1차 온행으로 큰 효험을 본 현종은 어머니 인선대비를 모시고 함께 왔다. 인선대비는 심화에서 비롯된 습열(濕熱)이 심하여 여름이면 수시로 부기(浮氣)와 창증(脹症)이 생겼다가 가을, 겨울이 되면 조금 나아지곤 하였다. 약을 복용해도 효과가 없어 현종 자신이 효험을 본 온천욕을 대안으로 결정하였던 것이다.[68]

2차 온행의 목욕과정을 정리해보면 현종 7년(1666) 4월 2일 자전(慈殿)인 인선대비는 오전에 목욕을 시작했는데 머리에 300바가지의 물을 뿌리는 것으로 끝냈다.[69] 현종은 오후에 유두(流頭) 800바가지, 체욕(體浴)은 700수를 세었다.[70] 3일 오시에는 자전이 유두 400바가지를 하고, 현종은 유두 1,200바가지를 하였다.[71] 4일에는 자전은 날이 차가워 목욕을 중지하였으나 현종은 오시에 유두 800바가지를 하였다.[72] 5일에

浴一千一百籌。壬辰沐一千一百瓢。浴一千二百籌。癸巳沐一千一百瓢。浴一千二百籌。甲午沐一千二百瓢。浴一千籌。計前後御湯凡十有五日。聖躬所患阿睹頷核濕癬諸症。一時快愈。此豈特湯液之效靈。實惟天惟祖宗之降休也。浴畢越三日丁酉。旋自溫泉。命賜溫陽郡今年田租。量減湖西一道及京畿沿路郡邑貢米。又命給老人一資。無貴賤並及之。歷宿稷山水原。越三日己亥還京師。自出宮暨還宮。凡二十有八日。及至回鑾之日。髫白挾路。朝野懽抃。天人胥悅。休祥隆洽。用告于太廟。頒慶于中外。百僚獻賀。三殿宣醞。吾東方億萬世無疆之休。正在今日。豈不盛哉。顧我諸臣。幸參陪從之列。獲覩吾王無疾之喜。區區鰲抃之誠。不但欣欣然相顧而止。其鋪張歌頌之擧。烏可無也。不佞時忝臺職而往近。又㒒直玉堂。與沈尹兩學士。謀成一小屛。乃以丹靑形容盛擧。列書陪從諸臣姓名于下。又將扈駕日錄。略載首幅。以爲指圖考實。祈禱聖壽之資云爾。歲在乙巳孟冬下澣。通訓大夫行弘文館校理吳斗寅謹識。

68 『현종실록』 권10, 현종 6년 8월 23일(병자); 『현종실록』 권11, 현종 7년 1월 19일(경자).

69 『승정원일기』, 현종 7년 4월 2일.

70 『승정원일기』, 현종 7년 4월 2일.

71 『승정원일기』, 현종 7년 4월 3일.

는 오전에 자전이 유두 500바가지를 하고 현종은 유두 1,100바가지를 하였다.[73] 6일에는 현종이 유두 1,200바가지를 하였고[74] 자전은 날씨가 추워져 목욕을 정지하였다.[75] 7일에는 비가 오고 바람이 차가워[朝陰晩雨] 현종도 유두를 정지하였다.[76] 목욕은 8일에 재개하여 현종은 유두 1,000바가지,[77] 9일에는 1,200바가지,[78] 10일에는 1,000바가지를 머리에 부었다.[79]

11일부터는 이전에 하던 목욕법을 변경하여 유두법(流頭法)을 목두법(沐頭法)으로 바꾸었다. 목두법은 유두와 달리 바가지로 물을 떠 직접 머리에 붓는 것이다. 그 이유는 현종이 유두법을 좋아하지 않았기 때문이라고 한다.[80] 목두를 할 때는 수건이나, 혹은 손으로 안부(眼部)를 차단한다. 이유는 머리에 부어진 물이 앞면으로 흘러내려 눈에 들어가지 않도록 막기 위함이다. 이것은 온수가 얼굴로 흘러내리면 천급(喘急)이 생기기 때문에 이를 피하기 위한 것이다.[81] 목두는 왕이 목욕용 교의에 앉으면 온천물을 품어주는 사람[82]이 바가지로 물을 떠서 머

72 『승정원일기』, 현종 7년 4월 4일.
73 『승정원일기』, 현종 7년 4월 5일.
74 『승정원일기』, 현종 7년 4월 6일.
75 『승정원일기』, 현종 7년 4월 6일.
76 『승정원일기』, 현종 7년 4월 7일.
77 『승정원일기』, 현종 7년 4월 8일.
78 『승정원일기』, 현종 7년 4월 9일.
79 『승정원일기』, 현종 7년 4월 10일.
80 『승정원일기』, 숙종 43년 3월 9일.
閔鎭厚曰, 沐浴之時, 若直注, 則恐有難堪之慮, 故依先朝故事, 造木器, 穿穴器底, 懸器於空中, 注水其器, 以爲流下頭部之地, 第此器之規, 先朝以不好爲敎, 直以瓢子汲水注之矣。上曰, 直以瓢子注水, 可也。
81 『승정원일기』, 숙종 43년 3월 9일.

리에 부어주는데 통상 수백 회에서 2~4천 회 정도를 시행하였다.

이날 자전은 목두 700바가지, 현종은 1,000바가지를 하였다.[83] 12일에 자전은 800바가지, 현종은 1,000바가지의 목두를 하였다.[84] 13일에는 자전이 800바가지, 현종이 1,000바가지,[85] 14일에 자전은 800바가지, 현종은 1,000바가지,[86] 15일에 자전은 목두 900바가지를 하였다. 반면에 현종은 약간 미열이 있어 목욕을 정지하였다.[87] 16일에는 현종이 감기증세가 있어 목욕을 잠시 정지하였다.[88] 자전의 경우만 900바가지를 하였다.[89] 계속된 목으로 몸에 기운이 빠져 17일에는 자전과 현종 모두 목욕을 중지하였다.[90] 18일에 자전은 목두 1,000바가지를 하였으나 현종의 경우 감기로 인해 목욕을 중지하였다.[91]

19일에는 자전이 목두 1,000바가지를 하고, '좌탕(坐湯)'이라 하여 좌욕을 하고 500번을 창수(唱數)하였다.[92] 이후 두 모자(母子)의 목(沐)과 욕(浴)은 연일 계속되어 20일에 자전은 목두 1,000바가지,[93] 21일 현종이 목두 1,000바가지[94] 22일 자전은 목두 1,000바가지, 현종은 목두 1,000

---

82 주로 온천 사정과 목욕법에 밝은 監考 혹은 湯直이가 담당했을 것으로 짐작된다.
83 『승정원일기』, 현종 7년 4월 11일.
84 『승정원일기』, 현종 7년 4월 12일.
85 『승정원일기』, 현종 7년 4월 13일.
86 『승정원일기』, 현종 7년 4월 14일.
87 『승정원일기』, 현종 7년 4월 15일.
88 『승정원일기』, 현종 7년 4월 16일.
89 『승정원일기』, 현종 7년 4월 16일.
90 『승정원일기』, 현종 7년 4월 17일.
91 『승정원일기』, 현종 7년 4월 18일.
92 『승정원일기』, 현종 7년 4월 19일.
93 『승정원일기』, 현종 7년 4월 20일.
94 『승정원일기』, 현종 7년 4월 21일.

바가지,[95] 23일 자전 목두 1,000바가지,[96] 24일 현종이 목두 1,000바가지[97]를 마지막으로 목욕을 모두 끝냈다. 이후 이틀을 휴식한 다음 27일 온천신(溫泉神)에게 제사를 지내고 온행 일정을 마쳤는데[98] 온천욕의 효험은 좋았다.[99]

〈표 3〉 2차 온행의 목욕방법과 횟수

날짜	大殿		慈殿		비고
4.2	流頭	800瓢 沐浴700數	流頭	300瓢	
3	流頭	1200瓢	流頭	400瓢	
4	流頭	800瓢		날이 차가워 중지	
5	流頭	1100瓢	流頭	500瓢	
6	流頭	1200瓢	流頭	날이 차가워 정지	
7		雨下風寒로 정지			
8	流頭	1000瓢		휴식	
9	流頭	1200瓢		휴식	
10	流頭	1000瓢		휴식	
11	沐頭	1000瓢	沐頭	700瓢	
12	沐頭	1000瓢	沐頭	800瓢	
13	沐頭	1000瓢	沐頭	800瓢	

95 『승정원일기』, 현종 7년 4월 22일.

96 『승정원일기』, 현종 7년 4월 23일.

97 『승정원일기』, 현종 7년 4월 24일.

98 『승정원일기』, 현종 7년 4월 27일.

99 『현종실록』 권12, 현종 7년 4월 5일(을묘); 『현종실록』 권12, 현종 7년 4월 21일(신미); 『현종실록』 권12, 현종 7년 5월 6일(병술); 『현종개수실록』 권15, 현종 7년 4월 23일(계유); 『현종개수실록』 권15, 현종 7년 4월 25일(을해); 『현종개수실록』 권15, 현종 7년 5월 6일(병술); 『현종실록』 권15, 현종 9년 8월 4일(경오).

14	沐頭	1000瓢	沐頭	800瓢	
15		미열로 정지	沐頭	900瓢	
16		감기로 정지	沐頭	900瓢	
17		정지		정지	
18		감기로 정지	沐頭	1000瓢	自上感冒之候, 未盡和解, 故沐浴仍爲停止
19			沐頭	1000瓢 坐湯500籌	
20			沐頭	1000瓢	
21	沐頭	1000瓢	沐頭	1000瓢	
22	沐頭	1000瓢	沐頭	1000瓢	
23	沐頭	1000瓢	沐頭	1000瓢	
24	沐頭	1000瓢	沐頭	1000瓢	
25		휴식		휴식	
26		휴식		휴식	

◎ 3차 온행(현종 8년(1667) 3월~4월)

1667년 4월 현종은 자전을 모시고 다시 온양을 찾았다. 첫날인 4월 17일에 자전은 목두 500바가지, 현종은 목두 1,000바가지를 하였다.[100] 19일은 자전이 목두 700바가지, 현종은 목두 1,100바가지를 하였다.[101] 20일에는 횟수를 늘여 자전이 목두 800바가지, 현종이 목두 1,017바가지를 하였다.[102] 21일에는 자전은 쉬고 현종만 사정(巳正) 2각에 목두 800바가지를 하고 유시(酉時)에 다시 목두 800바가지를 하였다.[103] 22일도 현종

100 『승정원일기』, 현종 8년 4월 17일.

101 『승정원일기』, 현종 8년 4월 19일.

102 『승정원일기』, 현종 8년 4월 20일.

만 목두 1,000바가지를 하였다.[104] 23일 자전은 하루를 쉬고 대전은 목두 1,000바가지, 체욕 1000주(籌),[105] 24일 자전은 쉬고 현종이 목두 1,000바가지를 하고 좌탕(坐湯)하여 체욕을 했는데 1500주를 세고 끝냈다.[106]

26일부터 자전도 목욕을 재개하여 목두 900바가지를 하고 현종은 목두 1,000바가지와 체욕을 했는데 그 숫자는 없다.[107] 하루를 쉰 다음 28일 자전은 목두 800바가지, 현종은 탕욕두부(湯浴頭部) 1,000바가지, 탕좌체욕(湯坐體浴) 1,500주를 하였다.[108] 29일 자전이 목두를 하였는데 숫자는 나와 있지 않다. 현종은 목두를 하였는데 ○○○바가지, 체욕은 1500주,[109] 30일에는 자전이 목두 1,000바가지를 하였다. 이날 현종도 목두 1,000바가지와 체욕 2,000주를 하였다.[110] 윤4월 2일에는 자전이 목두 900바가지를 하고 현종은 목두 1,000바가지를 하였다.[111] 3일에는 자전이 목두 800바가지, 현종은 하루를 쉬었다.[112] 4일에는 자전이 목두 800바가지, 현종이 900바가지를 하였다.[113] 5일은 자전이 하루를 쉬고 현종은 목욕을 했다고 하나 횟수는 없다.[114] 6일에는 자전이 800바가지,

---

103 『승정원일기』, 현종 8년 4월 21일.
104 『승정원일기』, 현종 8년 4월 22일.
105 『승정원일기』, 현종 8년 4월 23일.
106 『승정원일기』, 현종 8년 4월 24일.
107 『승정원일기』, 현종 8년 4월 26일.
108 『승정원일기』, 현종 8년 4월 28일.
109 『승정원일기』, 현종 8년 4월 29일.
110 『승정원일기』, 현종 8년 4월 30일.
111 『승정원일기』, 현종 8년 윤4월 2일.
112 『승정원일기』, 현종 8년 윤4월 3일.
113 『승정원일기』, 현종 8년 윤4월 4일.
114 『승정원일기』, 현종 8년 윤4월 5일.

현종이 1,000바가지를 하였다.[115] 7일에는 자전이 목두 800바가지, 현종이 1,000바가지를 하였다.[116] 8일에는 자전은 쉬고 현종이 목두 1,100바가지를 하였다.[117] 9일에는 자전이 목두 800바가지[118]를 하였다.

〈표 4〉 3차 온행의 목욕방법과 횟수

날짜	大殿		慈殿		비고
4. 17	沐頭	1000瓢	沐頭	500瓢	
18		姑爲停止。			
19	沐頭	1100瓢	沐頭	700瓢	
20	沐頭	1017瓢	沐頭	800瓢	
21	沐頭	巳正2刻 800瓢		쉼	
		酉時 800瓢			
22	沐流	1000瓢		쉼	
23	沐頭	1000瓢 體浴1천籌		姑爲停止	
24	沐頭	1200瓢 좌탕체욕1천5백주		姑爲停止	
25		휴식		휴식	
26	沐頭	1000瓢 *體浴?	沐頭	900瓢	
27		휴식		휴식	
28	沐頭	湯浴頭部1000瓢 湯坐體浴1500주	沐頭	800瓢	
29	沐頭	*?瓢 體浴1500주	沐頭	*?瓢	
30	沐頭	1000瓢 體浴2000주	沐頭	1000瓢	

115 『승정원일기』, 현종 8년 윤4월 6일.
116 『승정원일기』, 현종 8년 윤4월 7일.
117 『승정원일기』, 현종 8년 윤4월 8일.
118 『승정원일기』, 현종 8년 윤4월 9일.

윤4. 1		沐浴함		휴식	
2	沐頭	1000瓢	沐頭	900瓢	
3		姑爲停止	沐頭	800瓢	
4	沐頭	900瓢	沐頭	800瓢	
5	沐頭	沐浴 횟수불명		姑爲停止	
6	沐頭	1000瓢	沐頭	800瓢	
7	沐頭	1000瓢	沐頭	800瓢	
8	沐頭	1100瓢		沐浴停止	
9	沐頭		沐頭	800瓢	

※ ?는 『승정원일기』 상에 **缺字**로 횟수 불명함

◎ 4차 온행(현종 9년(1668) 8월)

1668년 8월 21일에 현종은 온양온천에 행차하였다. 안질 등을 치료하기 위해 왕실의 동행없이 온양에 왔다.[119] 22일 오시에 현종은 목욕을 시작하여 목(沐)은 800바가지, 욕(浴)은 500수를 세었다.[120] 23일 오시에 현종은 목두 1,000바가지를 하고 체욕 1,100수를 하였다.[121] 24일 현종은 목두 1,000바가지와 체욕 1,300수를 세고 나왔다.[122] 이후 25일 오시에 현종은 목두 1,550바가지, 체욕 1,700수를 세었다.[123] 26일[124]부터 27일,[125] 28일[126]은 목욕을 했지만 횟수는 불명이다. 29일 오시에 현종은

119 『승정원일기』, 현종 9년 8월 21일.
120 『승정원일기』, 현종 9년 8월 22일.
121 『승정원일기』, 현종 9년 8월 23일.
122 『승정원일기』, 현종 9년 8월 24일.
123 『승정원일기』, 현종 9년 8월 25일.
124 『승정원일기』, 현종 9년 8월 26일.
125 『승정원일기』, 현종 9년 8월 27일.

목두 1,110바가지, 체욕 1,600수를 세었다.[127]

4차 온행은 8일 동안 쉬지 않고 계속 목욕하여 그 결과는 효험이 좋았다고 현종이 자평할 정도였지만 날씨가 추워지고 길이 불편할 것 같은 우려가 커서 일찍 종료하고 9월 3일로 환궁을 결정하였다.[128] 이렇게 갑작스럽게 목욕을 중단한 것은 세자가 병이 나서 신열이 오르고 괴로워한다는 소식을 듣고 걱정이 되어 빨리 귀경하기 위해 서두른 것이기 하다.[129]

〈표 5〉 4차 온행의 목욕방법과 횟수

날짜	大殿		비고
8. 22	沐頭	오시 800瓢 욕500수	
23	沐頭	1000瓢 욕1100수	
24	沐頭	1000瓢 욕1300수	
25	沐頭	1550瓢 욕1700수	
26	沐頭	횟수 불명	
27	沐頭	횟수 불명	
28	沐頭	횟수 불명	
29	沐頭	1110瓢 體浴1600수	

126 『승정원일기』, 현종 9년 8월 28일.

127 『승정원일기』, 현종 9년 8월 29일.

128 『현종실록』 권15, 현종 9년 9월 1일(정유); 『현종개수실록』 권19, 현종 9년 9월 1일(정유).

129 『현종실록』 권15, 현종 9년 9월 3일(기해); 『현종개수실록』 권19, 현종 9년 9월 3일(기해); 『현종개수실록』 권19, 현종 9년 9월 4일(경자).

◎ 5차 온행(현종 10년(1669) 3월~4월)

5차 온행은 괴증(塊症)이 있는 왕비 명성왕후(明聖王后)를 위하여 어머니 인선대비와 공주 4명이 동행하여 이루어졌다. 3월 18일에 현종은 목두 700바가지, 체욕 1,100수를 세었다. 자전과 중전은 온행의 피로로 인해 첫날 목욕을 피하고 쉬었다.[130] 19일 자전은 두부 500바가지, 체욕 800수, 중전은 두부 250바가지, 체욕 800수, 현종은 두부 1,000바가지, 체욕 2,200수[131]를 세었다. 20일에 자전은 목두 600바가지, 체욕 800수를 세었다. 중전은 목두 250바가지, 체욕 900수를 세었다. 현종은 목두 1,000바가지, 체욕 2,300수를 세었다.[132] 21일에 자전은 목두 700바가지, 체욕 900수를 세었고, 중전은 목두 250바가지, 체욕 1,600수를 세었다. 현종은 목두 1,000바가지, 체욕 2,400수를 세었다.[133] 22일에 중전만이 머리에 250바가지, 몸을 담근 후 1,100수를 세었다. 자전과 현종은 목욕을 일시 중단하였다.[134]

23일 현종은 두통과 오한이 있어 의관들이 인삼패독산(人蔘敗毒散), 가황연(加黃連)·황금병주초(黃芩竝酒炒)·산외초(山梔炒)·형개(荊芥)·소엽(蘇葉) 각 일전(一錢)을 지어 올렸다. 자전은 목두 800바가지, 체욕 1,000수를 세었다. 중전은 목두 250바가지, 체욕 2,100수를 세었다.[135] 24일 자전은 목두 800바가지, 체욕 1,000수를 세었고, 중전은 목두 250

---

130 『승정원일기』, 현종 10년 3월 18일.
131 『승정원일기』, 현종 10년 3월 19일.
132 『승정원일기』, 현종 10년 3월 20일.
133 『승정원일기』, 현종 10년 3월 21일.
134 『승정원일기』, 현종 10년 3월 22일.
135 『승정원일기』, 현종 10년 3월 23일.

바가지, 체욕 1,500수를 세었다. 목욕을 재개한 현종은 목두 1,000바가지와 체욕 3,500수를 세었다.[136] 25일에 현종은 목두 1,300바가지, 체욕 4,500수를 세었다. 중전은 목두 250바가지, 체욕 2,500수를 세었고 자전은 일시 정지하였다.[137] 26일에 자전은 목두 900바가지, 체욕 1,000수를 세고 중전은 목두 250바가지, 체욕 2,500수를 세었다. 현종은 목두 1,000바가지, 체욕은 4,600수를 세어 역대 최고의 숫자를 기록하였다.[138]

이후 27일부터 8일 동안에 삼전(三殿)의 목욕 기록이 없다. 첫날부터 너무 무리하게 목욕을 한 터라 긴 휴식이 필요했던 것으로 보인다. 다음 달인 4월 6일부터 다시 목욕을 시작하였는데 자전이 두부 900바가지, 현종은 두부 1,000바가지[139]를 하였다. 다시 하루를 쉬고 8일 중전이 두부 250바가지, 체욕 2,000수, 현종이 두부 1,000바가지[140]를 목욕하고 9일은 또 쉬었다. 10일에는 현종이 두부 1,000바가지, 중전이 두부250 바가지, 체욕 2,000수,[141] 11일에는 현종이 두부 1,000바가지, 중전이 250바가지, 체욕 2,000수,[142] 12일에는 현종이 두부 1,000바가지, 중전은 250바가지, 체욕은 횟수불명[143]을 하였고 13일은 현종이 두부 1,000바가지[144]를 목욕하는 것으로 모든 온천욕을 끝냈다.

---

136 『승정원일기』, 현종 10년 3월 24일.
137 『승정원일기』, 현종 10년 3월 25일.
138 『승정원일기』, 현종 10년 3월 26일.
139 『승정원일기』, 현종 10년 4월 6일.
140 『승정원일기』, 현종 10년 4월 8일.
141 『승정원일기』, 현종 10년 4월 10일.
142 『승정원일기』, 현종 10년 4월 11일.
143 『승정원일기』, 현종 10년 4월 12일.
144 『승정원일기』, 현종 10년 4월 13일.

현종의 5차 온행은 흥미로운 목욕형태의 변화를 보여준다. 목욕기간은 크게 전, 후반으로 나누어지는데 3월 18일부터 9일간은 목두와 체욕을 병행하며 지금까지 현종의 어느 경우보다 많은 횟수를 목욕하였다. 그러나 3월 27일부터 목욕을 중단하여 4월 5일까지 8일 동안 긴 휴식에 들어갔다. 무리하게 목욕을 함에 따라 체력의 고갈이 심해 어의(御醫)들의 우려와 충고가 있었기 때문으로 짐작된다. 따라서 후반기인 4월 6일 재개한 목욕에서 현종은 체욕은 피하고 목두만 1,000바가지씩 하는 것으로 조절하였다. 자전은 체력의 고갈이 심해서 인지 4월 6일 목두 900바가지를 마지막으로 목욕을 끝냈다. 중전은 3월 27일부터 4월 7일까지 열흘 동안 긴 휴식을 갖고 8일 목욕을 재개하지만 목두는 처음부터 250바가지를 일관되게 유지하고 체욕 위주로 목욕하였다. 이것은 중전의 질병인 괴증(瘣症)치료에 집중하기 위해 체욕을 선호한 것으로 보인다.

13일 현종의 목두를 마지막으로 모든 목욕을 종료하였다. 이틀을 휴식한 다음에 16일 묘시에 온양을 출발하여[145] 18일에 귀경하였다.[146] 이렇게 다섯 차례의 온행을 마지막으로 현종대 온천행행은 막을 내렸다.

〈표 6〉 5차 온행의 목욕방법과 횟수

날짜	大殿		慈殿		中殿
3.18	沐頭	700瓢 浴1100수			
19	沐頭	1000瓢 體浴2200수	沐頭	500瓢 體浴800수	250瓢 體浴800수
20	沐頭	1000瓢 體浴2300수	沐頭	600瓢 體浴800수	250瓢 體浴900수

145 『승정원일기』, 현종 10년 4월 16일.
146 『승정원일기』, 현종 10년 4월 18일.

21	沐頭	1000瓢 體浴2400수	沐頭	700瓢 體浴900수	250瓢 體浴1600수
22		沐浴姑停	沐頭	沐浴姑停	250瓢 體浴1100수
23		일시정지	沐頭	800瓢 體浴1000수	250瓢 體浴2100수
24	沐頭	1000瓢 體浴3500籌	沐頭	800瓢 體浴1000수	250瓢 體浴1500수
25	沐頭	1300瓢 體浴4500주	沐頭	휴식	250瓢 體浴2500수
26	沐頭	1000瓢 體浴4600주	沐頭	900瓢 體浴1000수	250瓢 體浴2500수
3.27~4.5		휴식		휴식	휴식
4.6	沐頭	1000瓢	沐頭	900瓢	휴식
7		휴식		휴식	휴식
8	沐頭	1000瓢		휴식	250瓢 體浴2000수
9		휴식		휴식	휴식
10	沐頭	1000瓢		휴식	250瓢 體浴2000수
11	沐頭	1000瓢		휴식	250瓢 體浴2000수
12	沐頭	1000瓢		휴식	250瓢 體浴?수
13	沐頭	1000瓢		휴식	휴식
14~15		휴식		휴식	휴식

※ ?는 『승정원일기』 상에 缺字로 횟수 불명함

2) 숙종의 목욕법

숙종은 젊어서부터 30여 년간 심화증을 앓았고 중년에 이르도록 고생하였다.[147] 정무에 대한 스트레스도 커서 57세 때에는 다리가 저리고 눈이 어지럽고 어두운 증세에 약도 효험이 없어 온천치료를 결정하였다.[148]

147 김정선, 전게학위논문, 37쪽.

숙종의 온행은 조정 신하들 간에 논란이 많았다. 반대론자들의 논지는 온천욕의 효험이 입증이 되지 않았고 부왕이던 현종의 경우는 20대의 혈기왕성할 때 온천욕을 하였지만 숙종은 57세의 연로한 몸으로 원로(遠路)에 건강을 해칠 수 있다는 점, 또한 온천욕은 손발이 오그라들거나, 수족불수(手足不遂)를 치료하는 데는 괜찮지만 화증(火症)을 다스리는 데는 맞지 않는다는 것이었다.

하지만 숙종 자신은 자기의 병이 백약이 무효며 이제 온천목욕이 유일한 대안이라고 결연한 의지를 보였다.[149] 이에 내의원 도제조 김창집(金昌集)이 동조하며 거둥할만하면 온행(溫幸)하여 치료해 보자고 하였고 이이명, 내의원 제조 민진후도 찬성을 표하여 온천행이 결정되었다. 이러한 숙종의 결심은 사실 부왕인 현종이 안질로 고생하다가 크게 효험을 보았다는 선례가 큰 영향을 준 것이다.[150]

숙종의 목욕법은 기본적으로 선왕인 현종의 전례를 따랐다. 먼저 머리를 1백 바가지를 부어 감고 조금 쉬었다가 또 100바가지를 부어 감고 나서 미역국을 6합(合)을 먹었다. 또 앞의 방법을 다시 한 번 반복한다. 그 이후 탕으로 들어가 배꼽이하를 담가 2각이 지난 후 다시 나온다. 그 다음 머리를 100바가지를 부어 감고 생맥산 1첩을 먹고 목욕을 끝낸 후 마른 옷을 갈아입었다.

이런 가운데 머리를 감을 때는 숙종은 이중번(李重藩)의 목욕법을 채용하였다. 이중번은 온천 목욕법에 밝았던 약방소속의 의사였다.[151] 그

148 김정선, 전게학위논문, 39쪽.

149 『숙종실록』 권59, 숙종 43년 1월 27일(정유).

150 『숙종실록』 권59, 숙종 43년 2월 6일(신묘).

151 이중번은 1661년생이며 숙종 4년(1678)에 醫科 식년시에 18세의 나이로 합격하여

의 목욕법은 가장 먼저 손을 씻고 다음에 발을 씻는다. 그런 연후에 얼굴을 들고 기대어 앉아 머리에 물을 붓는데 만약 머리를 숙이면 열이 오르기 때문이다. 귓구멍은 하얀 솜으로 단단히 막고 눈은 수건으로 가려 물이 들어가지 못하게 한다. 머리를 감을 때 물을 급히 많이 붇게 되면 목욕자가 견딜 수 없으니 물을 부을 때는 반드시 손으로 휘저어 급하지 않게 한다. 목욕시간은 묘시(卯時: 오전5~7시)와 파시(巳時: 오전 9~11시)가 좋은데 묘시는 너무 일러 파시가 적당한 시간이었다.[152]

숙종의 온천욕은 3월 10일에 시작되었다. 병들고 고령의 국왕이 온천욕을 하므로 약방제조를 비롯한 신하들은 목욕시간을 신중하게 정하는 등 매우 조심스럽게 지켜보았다. 숙종은 3월 10일 너무 이르다는 신하들의 지적에 따라 조식 후 파시(巳時)에 입욕하였다. 먼저 탕정(湯井)에 들어가 목두 100바가지를 하고 각부(脚部)를 씻고 오시(午時) 말(末)에 나왔다. 신하들이 숙종의 반응을 물으니 숙종은 얼굴과 몸에서 연속하여 땀이 나는데 창호가 계속 닫혀있어 비록 옹울(壅鬱)한 것 같지만 입이 마르고 허비(虛憊)하는 조짐은 없더라고 좋은 반응을 보였다.[153] 3월 11일 약방(藥房)에서 연일 목욕하면 잘못될 수 있으니 하루 쉬자고 하였으나 숙종은 크게 의욕을 보이며 하루건너 목욕하면 효과가 없으니 3일을 목욕하고 하루를 쉬는 것이 좋겠다고 하였다. 이날은 사시에 목욕을 시작하여 머리에 250바가지의 물을 붓고, 다리를 씻고 미시(未時) 말(末)

의술의 길에 들어섰다.

152 『승정원일기』, 숙종 43년 3월 9일. 上曰, 李重蕃知沐浴妙理云, 詳陳所見。重蕃曰, 沐浴之法, 先洗手次洗足, 然後仰面倚坐而沐頭, 若俯首則熱升矣。耳孔以雪綿子堅塞, 眼部以手巾掩遮, 使水不入, 沐頭之時, 則注水若急多, 則不堪, 注水之際, 必以手攪之, 毋使急二行缺, 卯時·巳時爲吉云, 而卯則太早, 定以巳時, 何如? 上曰, 定以巳初, 可也。

153 『승정원일기』, 숙종 43년 3월 10일; 『숙종실록』 권59, 숙종 43년 3월 10일(을축).

에 끝냈다.[154] 이날 대가(大駕)를 호종한 신하들에게도 북탕(北湯)에서 목욕하도록 허락했다. 이것은 현종대의 구례를 따른 것이다.[155]

이후 4일은 휴식을 취하였다. 이유는 비가오고 풍기가 안 좋으며 숙종의 해수(咳嗽)가 그치지 않아 약방이 쉬도록 권유한 결과였다.[156] 3월 16일은 일기 불순하여 신하들이 목욕을 말리며 150바가지에서 끝내라고 요청했지만 숙종은 그대로 목욕을 진행하여 사시부터 머리에 350바가지, 탕욕은 300주를 세었다.[157] 17일에는 오시(午時)에 탕실(湯室)에 들어가 머리에 400바가지의 물을 붓고, 체욕을 위해 탕에 들어가 반신욕을 하며 300주를 세었다.[158] 18일에는 오시에 온정(溫井)에 들어가 목두 500바가지를 하고, 2각 동안을 배꼽아래까지 반신욕을 하였다.[159] 3월 19일은 오시에 탕실에 나아가 목두 100바가지를 하고 잠시 후 100바가지를 더 하였다. 이후 미역국[藿湯] 6합을 들고 다시 목두 100바가지를 하고 조금 휴식을 했다. 다시 목두 100바가지를 하고, 미역국 6합을 먹고 탕 안으로 들어갔다. 이것은 체력 고갈을 막기 위한 보양식이었다. 이후 2刻동안 반신욕을 하고 탕에서 나왔다. 또 목두 100바가지를 하고 생맥산(生脈散) 1첩을 먹고 마른 옷으로 갈아입은 다음에 목욕을 끝냈다.[160]

---

154 『승정원일기』, 숙종 43년 3월 11일; 『숙종실록』 권59, 숙종 43년 3월 11일(병인).

155 北湯은 침전의 북쪽에 있었는데 현종 이전의 국왕들이 사용하다가 현종대에는 왕대비 등 여성들이 주로 목욕하였고 신하들에게도 개방하였다. 숙종 이후에는 廢湯이 되었다가 조선말에는 대원군의 별장이 된 것으로 보인다.

156 『승정원일기』, 숙종 43년 3월 13일.

157 『승정원일기』, 숙종 43년 3월 16일; 『숙종실록』 권59, 숙종 43년 3월 16일(신미).

158 『숙종실록』 권59, 숙종 43년 3월 17일(임신).

159 『숙종실록』 권59, 숙종 43년 3월 18일(계유).

160 『승정원일기』, 숙종 43년 3월 19일; 『숙종실록』 권59, 숙종 43년 3월 19일(갑술). 숙종실록에서는 이날 합쳐서 두부를 500바가지 감고, 2각 동안 배꼽아래 반신욕을 했다

3월 20일에는 전날 19일과 동일하게 목욕하였다.[161]

이와 같이 숙종은 고령으로 인해 하루에 수차례 온천욕을 하면서도 중간 중간에 몇 차례 휴식시간을 가지며 미역국이나 생맥산 등 보양음료를 수시로 마시며 기력 고갈을 막기 위해 노력하였다.

처음 2일을 목욕하고 4일을 휴식한 후 16일부터 재개한 목욕은 쉬지 않고 계속되자 신하들이 21일 목욕을 일시 정지할 것으로 요청하였다. 하지만 숙종은 계속 온천욕을 하여 이날 목두 500바가지를 하고 배꼽 아래 반신욕을 2각 정도 하였다.[162] 22일에는 미시(未時)에 탕실에 들어가 목두 200바가지, 다리 아래를 1각(刻) 동안 담갔다.[163]

그러나 온천욕의 효험이 없고 3월 23일에 현기증이 심해지고 야간에 신음소리를 낼 정도로 온천욕의 부작용이 나타나자 더 이상 목욕이 불가능하다고 판단되어 온천욕의 중단을 결심하였다.[164] 24일에는 발작이 있었고 신음이 그치지 않으며 또 현기증이 있고 다리도 역시 견통(牽痛)이 심했다.[165]

〈표 7〉 숙종의 목욕방법과 횟수

날짜	大殿	
3.10	沐頭	100瓢 脚部浴
11	沐頭	250瓢 脚部浴

고 표기하였다.

161 『승정원일기』, 숙종 43년 3월 20일.

162 『승정원일기』, 숙종 43년 3월 22일; 『숙종실록』 권59, 숙종 43년 3월 21일(병자)

163 『숙종실록』 권59, 숙종 43년 3월 22일(정축).

164 『승정원일기』, 숙종 43년 3월 23일.

165 『승정원일기』, 숙종 43년 3월 24일.

12		휴식
13		휴식
14		휴식
15		휴식
16	沐頭	350瓢 300籌
17	沐頭	400瓢 300籌
18	沐頭	500瓢 반신욕 2刻
19	沐頭	先沐頭部100瓢小歇, 又沐100瓢後, 進藿湯6合, 又沐100瓢小歇, 又沐100瓢後, 進藿湯6合, 復入湯內, 浸臍以下二刻許出湯外, 又沐100瓢, 卽進生脈散一貼
20	沐頭	先沐頭部100瓢小歇, 又沐100瓢後, 進藿湯6合, 又沐100瓢, 小歇, 又沐100瓢後, 進藿湯6合, 仍入湯內, 浸臍以下二刻許出湯外, 又沐100瓢, 卽進生脈散一貼
21	沐頭	500瓢 반신욕 2刻
22	沐頭	200瓢 반신욕 1刻
23		眼患無減, 而夜間呻吟未已, 朝來頗覺困憊, 眩氣間作, 勢難仍浴, 停止宜矣, 勿爲入診。

결국 3일을 휴식한 후 환도일을 27일로 결정하는데 실제 숙종은 4월 3일에 귀경하였다.[166] 숙종의 온천욕은 효험을 보는 데는 실패했지만 재미난 목욕법의 변화를 보여주었다. 이때까지 탕에 들어가 있는 체욕 시간을 기존의 창수법(唱數法)에서 금루(禁漏)를 이용하여 시각을 재는 방식으로 바뀌었다는 점이다.

166 『숙종실록』 권59, 숙종 43년 3월 23일(무인); 『숙종실록』 권59, 숙종 43년 4월 3일(정해).

3) 영조의 목욕법

영조는 어릴 때 각부(脚部)에 소양증으로 고생하다가 중년이후에 약간 감소되었는데 영조 25년(1749)에 재발하여 극성하게 되어 밤에 잠을 편히 잘 수 없을 정도였다.[167] 이를 치료하기 위해 그해 10월 말부터 다음해인 영조 26년(1750) 3월까지 수차례 온양온천의 물을 길어와 훈세(薰洗)를 반복 한 적이 있다.[168] 훈세법은 뜨거운 온천수 증기를 질병 부위에 직접 쐬는 목욕이다.[169]

마침내 그해 가을에 소양증 치료를 위해 직접 온양온천에 거둥하기로 결정하였다. 영조는 9월 12일에 서울을 출발하여 9월 16일에 온양행궁에 도착하였다.[170] 그런데 영조는 온행하기 전에 자신의 목욕법에 대해 원칙을 정했다. 그것은 목두나 체욕을 하지 않고 소위 침세(浸洗)를 하겠다는 것이다. 침세는 탕정(湯井) 앞에 목판을 깔고 앉아 물에 발을 담그는 침족(浸足)을 하면서 가려움증이 있는 부위에는 물을 떠 씻는 목욕법이다.[171] 9월 16일부터 영조는 바로 침세 목욕을 시작하여 23일까지 머물렀다.[172]

한편 영조는 온행 중에 치근이 부어오르는 심한 치통으로 고생하다가 17일 침으로 농혈(膿血)을 배출하는 치료를 받았다. 치통 치료 후

---

167 『승정원일기』, 영조 25년 8월 25일.

168 『승정원일기』, 영조 26년 2월 29일; 『승정원일기』, 영조 26년 3월 4일, 『승정원일기』, 영조 26년 3월 9일; 『승정원일기』, 영조 26년 3월 11일.

169 『승정원일기』, 영조 26년 9월 24일.

170 『승정원일기』, 영조 26년 9월 16일.

171 『승정원일기』, 영조 26년 9월 5일.
『溫幸日記』, 庚午 9月17日 辰時. 上曰今者 臨溫 不過臨洗也 非臨浴也.

172 『승정원일기』, 영조 26년 9월 29일.

옛날 부왕인 숙종을 따라 온양에 왔다가 온천수에서 목욕하던 추억이 떠올라 온천수를 약간 마셨다.[173] 이처럼 왕실의 온천욕 도중에는 다양한 치료가 이루어졌다. 이후 영조는 몇 차례 더 세욕(洗浴)을 한 후 9월 24일 서울로 환궁하였다.

4) 사도세자의 목욕법

사도세자는 영조 36년에 각부(脚部)의 습창(濕瘡)이 악화되어 가마를 타기 어려울 지경이 되자 의관들이 온천수로 훈세(薰洗)하는 치료법을 제시하였다. 이 때문에 민폐의 우려로 온천목욕을 금지했던 영조가 스스로 금기를 깼다.[174] 사도세자는 7월 18일 서울을 떠나 7월 22일에 온천 행궁에 도착하였다.[175]

사도세자는 7월 24일부터 28일까지 5일 동안 목욕하였다. 목욕법에 대한 상세한 기사는 부족한데 첫날 아픈 다리를 비롯하여 탕욕을 했는데 배꼽아래만 물에 담그는 반신욕을 했다.[176] 동시에 습창 부위를 집중 치료하는 훈세법(薰洗法)도 병행한 것으로 보인다. 목욕한 뒤에는 백반과 미역국을 먹었다.

목욕의 효과를 세자는 잘 느끼지 못했지만 의관들은 미세하나마 5번의 목욕으로 효험이 있었다고 하였다. 29일에 수의 방태여가 효험이 있지만 날이 덥고 세자가 식사를 못하기에 연이어 하는 목욕은 건강에

173 『溫幸日記』, 庚午 9月17日 辰時. 上曰溫水 是昔日頭部沐浴之水 故不 勝感懷 少飮其水矣.

174 『영조실록』 권96, 영조 36년 7월 10일(임자).

175 『영조실록』 권96, 영조 36년 7월 22일(갑자).

176 『溫宮事實』, 「小朝筵說」.

안 좋으니 잠시 목욕을 중지하자고 제안하자 약방 분제조 조운규가 목욕중단을 요청하여 온행은 종료되었다. 이후 세자는 8월 1일 온양을 떠나 서울로 출발했다.[177]

3. 목욕도구와 국왕의 보양식

1) 여러 가지의 목욕도구

국왕의 온천목욕에는 여러 가지 목욕 도구들이 필요하였다.『상방정례(尙方定例)』,[178]『온궁사실(溫宮事實)』 등에 이것을 확인할 수 있는 자료가 있다. 우선 목욕에 필요한 수건은 두 종류로 마정건(磨淨巾)과 식정건(拭淨巾)이 있는데 각기 8척을 준비하였다.[179] 마정건은 백저포(白苧布)로, 식정건은 백면주(白綿紬)로 만든 수건으로 모두 14장이 준비되었다. 그 용도를 보면 마정건은 처음 목욕할 때 몸을 닦는 때수건으로 사용되고, 식정건은 비단으로 만든 것을 볼 때 목욕 후 물기를 제거하기 위해 사용된 것으로 추정된다.[180]

한편 목욕시에 사용하던 용구는『상방정례』와『온궁사실』에 약간의 차이가 있다.『상방정례』에는 온천 행행시에 제조하여 진배할 물건으로 각각 두 종류의 욕(褥)과 좌자(座子)와 함께 대함지박(大咸之朴), 오동표자(梧桐瓢子), 연박(軟朴)이 있었다. 욕(褥)과 좌자(座子)는 상의원에

---

177 『영조실록』 권96, 영조 36년 8월 1일(임신).

178 『尙方定例』는 영조 28년(1752)에 상의원에서 왕명을 받아 편찬한 왕실 제반 소요품에 관한 규례를 기록한 책으로 한국학중앙연구원 장서각(청구번호 2-3283)에 소장되어 있다.

179 『溫宮事實』 권1, 「關牒」.

180 『溫宮事實』 권3, 「排設」.

서 준비하지만 대함지박, 오동표자, 연박은 호조에서 마련하였다.

욕(褥)은 목욕용 평상(平床)에 까는 요와 반염포욕(半染布褥)이 있다. 평상용은 겉감을 비단인 남토주(南土紬)로 싸는데 3폭으로 각기 길이가 4척4촌이었다. 안감은 남정주(藍鼎紬)로 싸는데 2폭으로 각 길이가 4척이었다. 속에는 면화를 채우고 이것은 백정포(白正布)로 싸는데 6폭에 각 장은 4척이다. 바느질은 남진사(藍眞絲)로 한다. 반연포욕(半染布褥)의 경우는 겉감은 백정포로 싸며 6폭인데 각 장은 4척이다. 안에는 면화 3근을 채운다. 이상의 요는 반홍정주(磻紅鼎紬) 4폭으로 만든 단복(單栿) 하나로 싼다.

의자는 목욕시 매우 필요한 도구로 교의(交倚)와 좌자(座子)가 사용되었다. 교의는 휴대가 간편한 접이식 의자를 말하는데 탕실에서 국왕이 목두(沐頭)를 할 때 앉았다. 교의에 까는 좌자는 겉감을 남토주(藍吐紬)로 하는데 4폭에 각장이 2척3촌으로 속에는 면화를 넣고 영자(纓子) 4개를 달았다. 반염포좌자(半染布座子)도 있다. 겉감을 백정포로 만들며 4폭에 각 장은 1척2촌이며 속에는 면화를 넣는데 영자(纓子) 4개를 달았다. 이 좌자는 반홍정주(磻紅鼎紬) 4폭으로 만든 단복(單栿) 하나로 쌌다.

대함지박은 밖에 용단칠(龍丹漆)을 한 후 다시 전칠(全漆)을 하였다. 칠은 매번 5회식하였다.[181] 오동표자(梧桐瓢子)는 안팎으로 용단칠을 하고 다시 전칠을 하였다. 연박(軟朴)은 가장자리에 어교를 사용하여 착근(着筋)하고 다시 정근(正筋)를 바른 후 안팎으로 진칠(眞漆)과 전칠(全漆)을 하였다. 이 세 가지 도구는 홍면포(紅綿布)로 된 5폭 자리 단보(單褓) 1개로 포장하였다. 이런 물건들은 온천 행행시에 호조에서 제조하여

181 『尙方定例』 2, 「別例」 上.

진배(進排)하였다. 위 내용은 영조 25년에 출간된 『상방정례』의 내용이라 영조 26년에 국왕이 온양온천에 행행했을 때에는 이 물건을 가지고 온천욕을 했을 것으로 짐작된다.

그 후 10년 뒤에 사도세자가 온행을 했을 때는 『온궁사실』에 그 사실이 기록되어 있다. 목욕용구로는 오동표자 2부, 흑진칠반(黑眞漆盤) 2립, 대함지박 1부, 연박 5개와 물을 담는 유대야(鍮大也) 1좌, 세자가 목두(沐頭)할 때 앉는 좌자(座子)·의자(倚子) 각 1건이 있다. 좌자나 의자의 겉감은 자적토주(紫的吐紬),[182] 안감은 반홍정주(磻紅鼎紬)[183]로 하였다. 그 속은 면화, 안감은 백정포(白正布)로 채워 제작하였다.[184]

2) 국왕의 온천 보양식

온천욕은 사실 신체에 큰 무리를 주는 것이어서 대단한 체력을 요하는 일이었다. 잘못하면 도리어 부작용으로 병이 악화되는 경우가 종종 있었다.[185] 따라서 목욕 중에 체력 고갈을 막고 원기를 보충하기 위해서는 자주 보양식을 먹어야 하였다.

온행 기간 중에 국왕이 먹던 수랏상의 음식물은 종류가 30종에 가까웠는데 모두 충청도에서 나는 토산물을 재료로 하였다. 현종은 그중

182 『尙方定例』 1 恒例, 「入染式」 紫的吐紬.
紫的吐紬는 芝草, 黃灰木, 梅實을 염료로 사용해 만든 비단천이다.

183 『尙方定例』 卷1 恒例, 「入染式」 磻紅鼎紬.
磻紅鼎紬는 丹木, 深黃, 白磻을 염료로 사용해 만든 비단천이다.

184 『溫宮事實』 권3, 「排設」.

185 『중종실록』 권29, 중종 12년 8월 21일(갑자).
구현희·오준호, 「질병치료와 공공의료에 활용된 조선시대 목욕요법 연구」, 『民族文化』 40, 한국고전번역원, 2012, 284~286쪽.

고단백식품으로서 충청도에서 진상한 우내장(牛內腸)[186]과 지역민들이 잡아 매일 바치는 생장(生獐)과 생치(生雉)를 보양식으로 먹은 듯하다. 하지만 이러한 진상이 민폐가 되므로 현종은 수랏상의 음식 가짓수도 줄이고 생장도 3일에 한번만 봉상토록 충청감사에게 명하였다.[187] 현종 7년 온행할 때에는 정리사(整理使)를 시켜 생장뿐 아니라 생치까지 매일 진상을 금지하고, 이 동물들이 우연히 얻어질 때만 진상토록 바꾸었다.[188] 하지만 이마저 백성들에게 민폐가 될 것이 우려되자 주원(廚院)에 분부하여 봉진하지 말라고 명하였다.[189]

숙종의 경우에도 현종의 사례를 참고하여 보양식으로 육류(肉類)를 고려하였다. 정리사 권상유(權尙游)는 생장과 생치는 민폐가 크지만 품질과 맛이 변치 않았으면 죽은 것을 봉진하는 것은 무방하다고 건의하였는데, 숙종은 민폐를 줄이기 위해 노루와 꿩은 진배(進排)하지 말라고 하였다.[190] 하지만 도제조 김창집(金昌集)이 수령들이 편이대로 얻은 것은 감영과 약방에 보내 진공(進供)토록 하자고 강력히 권해 국왕이 윤허하였다.[191] 한편 숙종은 고단백 식품인 약우(藥牛)도 먹은 것으로 짐작되는데, 약우는 대신들에 의해 체력보충을 위한 고에너지 식품으

---

186 『승정원일기』, 숙종 43년 3월 9일.
昌集曰, 取考先朝溫幸時謄錄, 則自本道時送牛內腸於藥房, 以爲進供之地, 今亦依此爲之事分付, 何如?

187 『현종실록』 권10, 현종 6년 4월 25일(신사); 『현종개수실록』 권13, 현종 6년 4월 25일(신사), 『승정원일기』, 현종 6년 4월 25일.

188 『승정원일기』, 현종 7년 3월 11일.

189 『현종개수실록』 권15, 현종 7년 4월 15일(을축); 『승정원일기』, 현종 7년 4월 15일.

190 『숙종실록』 권59, 숙종 43년 2월 22일(정미).

191 『숙종실록』 권59, 숙종 43년 3월 9일(갑자).

로 추천된 것이다.[192]

숙종의 경우에는 다른 보양식에 대한 언급도 보인다. 숙종은 약우외에 미음(米飮, 粥飮), 미역국[藿湯]을 먹었다. 미음은 통상 목욕 후에 먹는데 청량미음(靑粱米飮)은 청량미(靑粱米)로 만든 것이다. 청량은 낟알 거죽도 푸르고 쌀알 빛도 푸른데 황백량(黃白粱)보다 잘다. 여름에 먹으면 아주 시원하였다고 한다.[193] 그러나 맛이 좋지 못해 숙종은 갱미(粳米)로 만든 미음을 주로 들었다.[194] 미역국은 목욕 후 먹는 최고의 음식으로 민간에서 실행되던 풍속인데 왕실에서도 따랐다.[195] 목욕중간에 휴식할 때에는 미역국을 6합씩 먹어 기력을 보충하였다.[196]

음료로는 생맥산(生脈散)과 이즙고(梨汁膏) 등을 먹었다.[197] 생맥산은 맥문동(麥門冬, 혹은 天門冬), 인삼(人蔘), 오미자(五味子)를 물에 달여서 여름에 물 대신 마시는 음료이다.[198] 『동의보감』에 의하면 '사람의 기(氣)를 도우며 심장의 열을 내리게 하고 폐를 깨끗하게 하는 효능이 있다'고 한다. 이즙고는 배에 백청(白淸)을 넣어 다려내는 음료이다. 백청은 꿀 중에서 최상품으로 치는 것으로[199] 죽음을 진어할 때 함께 내며

192 『승정원일기』, 숙종 43년 3월 9일.

193 『山林經濟』 제4권 治藥.

194 『승정원일기』, 숙종 43년 3월 9일.
한국건강관리협회, 「미역국의 효능」, 『한국건강관리협회지』 2(4), 1974.

195 『승정원일기』, 숙종 43년 3월 9일.
上日, 沐後欲進羹屬, 已令內水刺間, 措備藿湯以待耳。 漑日, 聖敎至當矣。 藿湯最宜於沐後, 故閭閻之人, 必食於 沐浴之後矣。

196 『승정원일기』, 숙종 43년 3월 19일.

197 『승정원일기』, 숙종 43년 3월 19일; 『승정원일기』 숙종 43년 20일.

198 『승정원일기』, 숙종 43년 1월 17일.

199 『승정원일기』, 숙종 43년 3월 13일.

보통 미시(未時; 오후 1~3시)에 올린다.[200] 이즙고는 통상 8합을 다려 먹었는데, 온행 기간에는 5합으로 줄었다.[201]

Ⅳ. 맺음말

조선 시대에 온양온천은 질병을 치료하기 위해 역대 국왕과 왕실가족들이 반복적으로 찾던 최고의 온천장이었다. 이 연구는 조선시대 온양온천을 찾아 질병을 치료한 세종, 세조, 후기의 현종, 숙종 그리고 영조와 사도세자를 대상으로 그들이 치료를 위해 행하던 온천욕의 방법과 그 효과를 정리해 보았다.

세종은 습창과 당뇨성 안질 등 많은 질병을 가지고 있어 온양온천을 세 차례나 찾았다. 그는 민간 목욕법을 왕실의 목욕법으로 수용하였고 습창과 같은 병에는 효험을 보았지만 안질은 효험이 없어 실망하였다. 세조는 흔히 피부병이 심한 것으로 알려져 있다. 왕자시절에 모친 소헌왕후를 모시고 온양에 한번 왔고, 즉위 후 세 번을 찾았다. 그는 습창에 신통할 정도로 효험을 보았다고 자평할 정도로 온천효과가 좋았다. 나아가 절후에 맞춘 목욕법과 보양식의 중요성을 제시했다는 점에서 목욕법을 진일보시켰다고 할 수 있다.

국왕의 온천욕법은 조선후기에 이르러 현종과 숙종대에 정립이 된다. 특히 임란이후 국왕의 온행이 재개된 현종대에 그 특징이 모두 만

200 『승정원일기』, 숙종 43년 3월 9일.
201 『승정원일기』, 숙종 43년 10월 7일.

들어졌다. 현종은 젊어서부터 안질이 심하여 자주 온천을 찾아 몸의 화기와 습열(濕熱)을 발산하고자 했다. 현종은 첫 온행에서 온천욕의 효과를 크게 보고 온천의 치유효과를 신뢰하여 다섯 번이나 온행하면서 자전(慈殿) 및 중궁전도 수차례나 동행하였다.

당시 목욕방법은 의자에 앉은 채로 머리를 감는 목(沐)과 몸을 탕물에 담그는 체욕(體浴)으로 구별되었다. 목은 다시 유두(流頭)와 목두(沐頭)로 나뉘는데 현종의 2차 온행부터 목두가 주된 목욕법으로 채택되었다. 목(沐)은 표주박처럼 생긴 바가지에 물을 담아 머리에 부어 감는 형태로 통상 수백 회에서 수천 회를 거듭하였다. 한편 욕(浴)의 경우 온천탕에 몸을 담근 후 소리 내어 창수(唱數)하는 방법으로 시간을 쟀다. 보통 적게는 500수부터 시작하여 많게는 4,000수를 세고 목욕을 끝냈다.

숙종은 비교적 고령인 1717년(숙종 43, 57세) 3월에 온양온천에 거둥하여 수차례 온천욕을 하였다. 당시의 주요 증상은 눈이 어둡고 어지러운 안질 증세와 다리 저림, 가슴 막힘 등으로 고생하였다. 당시 어의(御醫)였던 이중번이 독특한 온천욕의 절차와 방법을 제시하였다. 숙종은 원기를 손상하지 않기 위하여 목욕을 여러 번에 나누어 실시하였고, 중간에 미역국과 생맥산, 이즙고 등의 보양식과 음료를 먹고 기력을 보충한 후 목욕을 하였다. 목욕법에 있어 금루(禁漏)를 처음으로 사용해 정확한 시간을 측정했다는 점도 주목된다.

영조와 사도세자는 각각 피부병 증세와 다리의 습창 치료를 위해 온양에 거둥하였다. 영조는 침세법(浸洗法)으로 다리를 물에 담그고 상처부위는 물로 씻는 방법으로 상처를 치료하였다. 사도세자는 26세 때 온양에서 다리의 습창(濕瘡)을 치료했는데 배꼽아래를 물에 담그는 반신욕과 훈세(薰洗)를 통해 상처를 치료하였지만 효과 면에서는 신통하지 않았다.

이와 같이 역대 국왕들이 남긴 자료를 통해 조선시대 왕실 목욕법의 구체적 모습이 상세히 규명되었다는 점은 조선시대 왕실문화의 새로운 단면을 보여주는 좋은 사례라고 할 수 있겠다.

아산 신항리 근대문화 사적지의 현황조사 연구

Ⅰ. 머리말

아산시 둔포면 신항리의 큰새말은 아산 출신의 전 대통령 윤보선(尹潽善)과 근대 개화기의 역사인물인 윤치호(尹致昊) 등 한국근대사를 주름잡은 해평윤씨 일가를 배출한 고향마을이다. 현재 윤보선 대통령의 생가뿐 아니라 윤승구, 윤일선, 윤제형 등 해평윤씨의 가옥이 모두 남아 문화재로 지정되어 보호되고 있다. 이 신항리 해평윤씨 고택은 아산지역에서도 보기드믄 근대문화유산으로 특별한 가치가 있다고 평가된다.

역사적 평가에서는 논란이 많지만 한국 근대의 선각자로 큰 영향을 준 윤치호나, 민주당출신 대통령으로의 활동과 박정희 독재정권에 맞서 민주주의를 수호하기 위해 보여준 윤보선의 헌신성은 모두 이곳 아산에서 배태되어 생성, 발전한 총체적 역사 경험의 결과라고 할 수 있다.

한국근현대사를 관통하며 나타난 이런 모습이 아산의 지역성과 무관하지 않다면 이것은 아산의 문화정체성과도 연관될 수 있다. 이것을 우리가 의미 있는 아산의 '근대적 가치'라 할 때 신항리는 단순한 근대문화유산을 소유한 마을이 아니라 한국이 봉건시대의 구각을 떨쳐버리고 새로운 시대의 여명을 열었던 선도적인 고장이었음을 확인하게 한다. 이런 점에서 신항리를 근대문화마을로 지정하려는 의미도 있다고 할 수 있다.

본 연구는 이러한 문제의식을 바탕으로 하면서 신항리에 남아있는 근대문화 사적지의 현황을 조사하여 그 보존을 위한 방법을 강구할 목적에서 정리하였다. 따라서 아산지역의 근대문화유산의 가치를 새롭게 드러내고 그 보존과 활용에 대한 구체적인 방안을 제시하여 지역 근대문화유산의 보존과 활용에 도움을 주고자 한다.

Ⅱ. 둔포의 지역성과 신항리 마을

1. 둔포의 지역성

신항리가 위치한 둔포(屯浦)는 조선말에서 개항기를 거쳐 일제 강점기 초기까지 아산만의 수로(水路)교통의 요지에 위치하여 중요한 상업유통지로 각광을 받았다. 아산만은 고려시대 조창인 하양창(河陽倉)이 설치된 이래 중부권의 중요 세곡집산지이며 조운의 거점이 되었다. 조선시대에 들어와서는 공세곶창이 그 역할을 담당하였고[1] 연안에 수많은 포구에서는 어염(魚鹽)이 유통되며 상인이 집중하는 물류의 중심지로 상업적 번영을 구가하였다.[2]

---

1 최완기, 「아산 공진창의 설치와 운영」, 『典農史論』 7, 서울시립대, 2001; 김일환, 「임진왜란기 內浦지역과 민의 동향」, 『歷史와 實學』 52, 역사실학회, 2013.

2 成海應, 『研經齋全集』, 「外集」 卷64 雜記類 名塢志.
牙山之貢稅倉村。在縣西十里靈仁山之下。山自東南趍西北。而素沙河(안성천)下流渟滀于前。曲橋大川由東南來。會于西北爲大湖。新昌諸山在湖南。水原諸山在湖北。交峙於水口如門。與德山由宮浦下流合。今公山屹然石也立中流(영웅바위)。如大舶掛帆。朝

조선시대 말기에 아산만에서는 둔포가 새로운 포구상업의 중심지로 떠올랐다. 둔포는 안성천 중류에 위치하며 천연의 양항(良港)으로 서해안이면서도 큰 배가 접안할 수 있는 유리한 자연환경을 가졌다. 안성천 상류를 통해 평택, 안성, 직산 등 거대 상권과 인접하여 그 배후지로 수운을 통해 물산이 집중되는 교역장이었다.

둔포가 부각되는 과정을 보면 영조대에 편찬한 『여지도서(輿地圖書)』의 충청도 아산(牙山)조의 삼북면에 둔전리(屯田里)가 있었다. 둔포는 둔전리의 한 포구임을 짐작할 수 있다. 1819년 발간된 『신정아주지(新定牙州誌)』에는 둔포가 시포(市浦)와 함께 공식지명으로 나타난다. 한편 나중에 둔포면에 통합되는 천안의 월경지인 모산면(毛山面)은 『여지도서』에 합전리, 항각리, 신리, 시포리, 가리산리, 봉오리, 오리동리, 봉림리가 소속되었음을 기록하고 있다. 순조 34년(1834)에 발간된 김정호의 '청구도(靑丘圖)'에는 둔포천에 시포는 있어도 둔포는 확인되지 않는다. 그러나 철종 12년(1861)에 제작된 '대동여지도(大東輿地圖)'에는 둔포가 분명하게 표기되어 있다. 이 무렵 둔포란 지명이 뚜렷하게 부각되어 감을 알 수 있다.

한편 규장각 고문서에는 고종 6년(1869) 11월에 천안 모산면(茅山面=毛山面)에 있는 송산포(松山浦)가 언급되고 있다.[3] 1852년에 편찬된 천

家置倉於靈仁山北之浦。收湖西近海諸邑賦稅。漕運京師。故名貢稅。湖地旣饒魚塩。又以倉故。人民稠而商賈至。多富厚家。山之腹背多名村。

3 徐尚玉議送(主人權), 私人文書(所志類-主人權) 권수(문서번호) 24책 (195089) 규장각.

天安茅山面松山浦西原三稅倉主人徐尚玉 議送

右謹陳議送事段古者西原三稅設于牙山漕倉而弊生於久捧糴濫越邑弊層生往者辛酉年(1861, 철종 12)分吏民發論乃罷漕倉使民爲賃船上納而自巡營該邑 擇定所捧地於天安

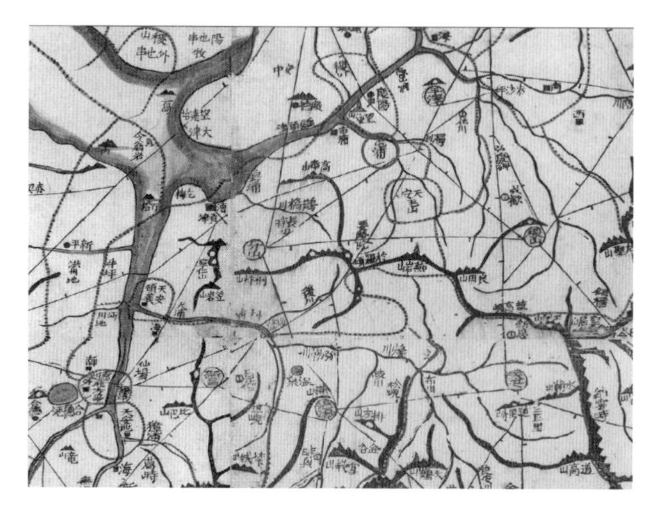

〈그림 1〉『대동여지도(大東輿地圖)』상의 둔포

안 읍지인『영성지(寧城誌)』에는 모산면에 시포(市浦)만 기록되어 있고 둔포의 존재는 분명치 않다.[4] 그런데 방리조에 모산면에 소속된 지역이 17리로 봉오리, 신대, 당후, 합전, 창리, 세피동, 송산(松山), 시포(市浦), 관대, 신리, 문성, 항각, 장자동, 봉림촌, 죽대, 가리, 점리가 있음을 밝히고 있는데 둔포는 없다. 송산이 시포와 함께 나오는 것을 보아 이것이 이후에 둔포로 바뀌는 것은 아닌가 짐작된다.

개화기에 들면 포구상업이 1890년대 수출입물품의 대량 집산지이자 원격지 시장과의 교역을 매개하는 '중앙시장'과 이에 부속되는 '관계시장'으로 확연히 구분된다.[5] 충남의 경우 중앙시장은 크게 공주, 강경,

松山浦然而未遑建倉以矣身私家爲捧上所因以矣身爲主人名色是乎所矣身不敢拒逆官令仍爲擧行一年二年小無洗踏

4 『寧城誌』坊里 毛山面.

5 조재곤,『한국근대사회와 보부상』, 혜안, 2001, 34쪽.

예산, 둔포권으로 대별되는 유통망을 독자적으로 형성하면서 해당 지역 인근의 장시와 거래하고 있었다.[6] 이 무렵 1894년 조선정부가 전국적으로 썰물 때에도 수심이 12척이 되고 해선(海船) 6척을 용납할 만큼 정박 가능한 장소를 물색하였는데 충청도에서는 은진(恩津) 강경(江景)과 아산(牙山) 둔포(屯浦)가 가장 적절한 조건을 갖춘 포구로 평가되었다.[7] 이것은 일본인들에게도 동일한 평가를 받아 인천과 함께 기선이 정박할 수 있는 서해안 최고의 양항(良港)으로 인정되었다.[8]

이러한 천연의 입지조건으로 인해 둔포는 평택, 아산, 직산 등 미곡 생산지와 바닷길로 연결되는 곳으로 미곡의 집합지, 어염의 수출지로서 장날에는 사람들의 출입이 적지 않았다. 일본인들의 기록에 의하면 둔포가 개항이후 특히 번창하여 원래는 도매상인인 객주도 없었는데, 이제 12-3호 정도가 있다고 한다. 모이는 상품으로는 쌀이 제일 많으며 소가죽도 많이 출하되었다. 미곡 상인들은 인천으로부터 면직물, 석유 등을 수입하여 판매하였다. 쌀의 출하 시기에는 공주나 안성장을 능가할 정도였다. 장날은 2일, 7일인데 쌀 객주가 12-3호 정도, 염객주(鹽客主) 10여 호가 되었다. 부근 시장인 성환, 천안, 풍세, 곡교, 온양, 아산 등이 둔포와 상권으로 연결되어 있었다. 한편 여러 곡물이 둔포에 모여서 인천으로 수출되며, 수출액은 남방의 군산(群山)을 제외하고는 충청도 중에서 이곳의 세력이 가장 컸다한다. 따라서 인천으로

---

6 이헌창, 「개항기 충청남도의 유통구조」, 『근대공업화의 연구』, 일조각, 1993.

7 『八道四都三港口日記』 1·2, 각 도 소재 통상 항구의 수심 및 정박 가능한 곳 등을 조사하여 보고할 것 關 발신일 甲申七月十八日 關八道監營 (1884년 07월 18일(음)) 수신자 八道監營.

8 『通商彙纂』 20호, 朝鮮國忠淸道地方巡廻復命書, 1895.7.

부터 여러 잡화를 이곳으로 수입하는 액수 또한 많았다.

장사를 위해 둔포로 들어오는 선박은 만조 시에는 150~160석부터 200석을 실을 수 있는 정도의 일본선이 출입하기에 족하고, 또 십리 하류인 하구는 소증기선 또는 500~600석을 실을 수 있는 일본선이 용이하게 출입할 수 있었다. 여타 아산지역에서 나는 쌀, 콩, 어류, 새우, 우피(牛皮) 및 기타 제 잡품의 많은 양이 군내 둔포로 반출된다. 미곡도 둔포를 통해 수출되었다. 반대로 제 잡화는 둔포로 부터 수입하였다.[9] 둔포가 상품유통의 핵심적 거점지역이었던 것이다.

둔포는 아산만 일대 뿐 아니라 충남, 경기도, 멀리는 충북의 일부까지 막대한 소금을 공급하였다. 평택, 안성, 목천, 천안, 충북 등에서 생산되는 쌀은 둔포를 거쳐 인천과 다른 곳으로 실어나가는 중요산물의 거래지였다. 따라서 아침부터 저녁까지 둔포를 나가는 배가 1천척, 들어오는 배가 1천척이나 되었다하며 둔포에 거주하는 호수도 1천호 정도나 되었다.[10]

이렇게 둔포 상권이 번창했기 때문에 청일전쟁 시 청군이 아산만의 백석포로 상륙할 때 이들을 실어 나를 거룻배와 인부를 둔포에서 징발하였고, 주둔비용도 둔포의 객주(客主), 여각(旅閣)들에게 징수하여 한 집 당 100관문을 내게 하고 부유층에게는 50~10관문까지 출전(出錢)토록 하였다. 또한 말먹이용 대두(大豆) 38석도 둔포에서 징수하였고, 도매상들도 100관문씩 출전하였다.[11]

---

9 『通商彙纂』20호, 朝鮮國忠淸道地方巡廻復命書, 1895.7.

10 牙山郡敎育會, 『牙山郡誌』, 1929, 158~159쪽.

11 『駐韓日本公使館記錄 1권』, 二. 全羅民擾報告 宮闕內騷擾의 件 二, (21) [淸國軍 牙山上陸에 따른 諸報告] 京第30號.

이러한 지리적 여건에 힘입어 1900년 상반기만 하더라도 둔포를 통해 인천으로 출하된 미곡의 총액이 2만 4천원에 달하였다. 또 쌀의 수집에는 청국과 일본상인이 종사하고 있었고 이들은 인천으로부터 면직물, 성냥, 석유, 물감 등을 들여와서 팔았다. 한편 조선의 보부상도 아산, 평택에 500여명이 있었는데, 이를 남북의 2조로 나누어 둔포에 사는 황주연(黃冑淵)이 총감독을 하고 있었다.[12]

평택평야에서 생산된 곡물이 주로 구 평택의 군문포(軍門浦) 및 아산의 둔포를 통해 이출(移出)되었다. 1900년에 이르러서도 이러한 사정은 크게 바뀌지 않았다. 쌀, 보리, 콩 등 평택평야의 산물은 둔포와 군문포를 통해 이출되었으며 이입상품(移入商品)도 이 포구들을 통해 조달되었다. 평택(특히 군문포)은 안성과 아산의 중간에 위치하고 있었기 때문에 양쪽 상업권 모두와 연결되어 있었고 특히 안성을 서해안 포구와 연결시켜주는 역할을 맡고 있었다. 그렇지만 전체적으로 볼 때 상업활동이 수운(水運)을 중심으로 이루어지고 있었기에 평택은 아산의 둔포를 핵으로 하는 상업권에 속했다.[13] 개항기에는 충청도 서해안 일대에 둔포를 중심으로 하는 유통구조가 형성되었으며 평택평야 일대까지도 둔포의 상업권(商業圈) 안에 들어 있었다.

그러나 1904년 부산에서 서울까지 철도가 부설되어 경부선이 개통됨에 따라 둔포의 상업적 번영도 변화하기 시작했다. 경부선이 통과하는 길목에 평택역이 설치되자 1910년대를 거치면서 충남 아산 일대 서

최덕수, 「청일전쟁과 아산」, 『아산의 역사와 문화』, 1993, 아산군·공주대박물관.

12 둔포향토지편찬위원회, 『둔포면향토지』, 2013, 80쪽.

13 허영란, 「1910년대 경기남부지역 상품유통구조의 재편」, 『역사문제연구』 2, 1997 참조.

해안 지역의 상권이 평택역을 중심으로 한 상업권 안에 포섭되고 상권의 중심이 서서히 바뀌기 시작하였다. 둔포시장과 안성시장의 거래액이 1911년에 비해 1913년에는 절반이상 줄어들었다. 특히 둔포는 1909년 1일에 5만4천원이던 거래액이 1913년에 8천원으로, 1918년에는 3천원으로 급감하였다. 이런 추세는 더욱 심해져 연간 거래액으로 보아도 1918년에 20만원 미만이었는데 1928년에 4만3천원, 1937년에 이르면 2만6천원으로 급감하였다. 1928년 평택시장의 34만원과는 비교할 수 없을 정도로 쇠락한 것을 알 수 있다. 이런 사실은 평택장의 개설과 1910년대 전반기에 평택역을 매개로 한 상품이출입(商品移出入) 구조가 형성되는 과정에서 둔포가 가장 큰 변화를 겪는 것을 말하고 있다.

1910년대에 들어서면 둔포시장이 상품집산시장으로서의 기능을 대부분 평택역과 평택시장으로 이전당하고 그 규모가 축소되는 모습을 보여준다. 안성보다는 규모가 작았으나 역시 서해안 일대에서 비교적 넓게 상업권을 확보하고 서해안의 해로(海路)와 연결되어 있던 둔포시장 역시 상품의 이출입에 관해서는 평택역에 종속 되었으며 1920년대에는 둔포 시장의 상권까지도 평택에 넘겨주었다. 1920년대 말에는 호수도 줄어 4백여 호가 남았고, 출입하는 배도 1년에 수십 척일 정도로 쇠락하게 되었다.[14]

2. 신항리 마을

한편 신항리는 어떻게 존재했을까? 철종 12년(1861)에 편찬된 『대동여지도』에는 둔포천 가에 둔포와 시포가 함께 표기되어 있다. 하지만

14 牙山郡教育會, 『牙山郡誌』, 1929, 158~159쪽.

현재의 신항리는 원래 행정구역상으로 천안군의 월경지인 모산면(毛山面)에 속해 있었다. 영조 33년(1757)부터 1765년에 걸쳐 조선의 각 읍에서 편찬한 읍지를 모아 성책(成冊)한 전국단위 읍지인 『여지도서』의 천안군 모산면조에 신리(新里)와 항각리(項角里)가 있다. 이 때문에 천안에서는 윤보선의 증조부인 윤취동(尹取東)을 천안사람이라고 지칭하고 있다.[15] 이후 모산면은 고종 32년(1895) 지방관제 개정에 의해 아산군에 편입되었고, 1914년 일제에 의해 지방행정구역이 재편되면서 신리와 항각리가 합쳐서 신항리가 되었다. 1917년 9월 25일 군면 통폐합 과정에서 아산군 신항리로 편입되었다. 이때 아산군 일북면의 백양동과 천안군 모산면의 18개리가 합쳐 둔포면이 되었다. 둔포면은 둔포리, 신항리를 포함한 14개리로 편제되었다.

현재 신항리는 신항1리와 2리, 3리로 나누어있다. 신항1리는 큰새말[新村]과 작은새말[於仁洞], 은골, 사재를 병합하여 새말이라 불린다.[16] 해평윤씨의 고택은 새말의 중심에 위치하고 있다.

3. 해평 윤씨의 입향과 정착

기록에 따르면 해평 윤씨들이 아산으로 이주한 것은 윤두수의 6대손인 윤득실(尹得實, 1768~1823?)에 의해서이다. 그는 원래 수원 행궁의 '화령전(華寧殿)' 자리에 대대로 물려받은 땅이 있었다한다. 그러나 19세기 초 정부로부터 헌납하라는 명을 받고 왕실에 바친 후 아산으로 이주하였다. 수원 화성축조가 1794년~1796년 9월에 완성되므로 윤득실 일

15 『寧城誌』 未蒙褒孝烈秩 尹取東.

16 둔포향토지편찬위원회, 『둔포면향토지』, 2013, 80쪽.

가는 이 무렵에 아산으로 이주한 것이 아닐까 한다. 득실 내외와 아들 취동(取東, 1798~1863) 등 삼형제(敎東, 祐東, 取東)가 아산군 일북면 후천리(後川里), 즉 지금의 음봉면 동천리(東川里)에 처음 자리를 잡게 되었다.[17] 현재 윤득실과 윤보선의 묘소가 있는 지역이다. 이곳에서 윤취동은 근면하게 일해 재산을 모았고, 더 궁벽해 보이는 신촌(新村: 새말, 현재의 둔포면 신항리)로 이주했다고 한다.[18] 그가 언제 신항리로 이주했는지는 분명치 않으나 신항리의 고택 중 윤승구 가옥이 헌종 10년(1844)에 지어진 것을 보아 이 시기에 입향한 것으로 보인다. 윤취동은 재부(財富)를 모아 가문을 일으킨 인물로 이재(理財)에 밝은 사람이었다. 그가 새말, 곧 신항리로 이주한 것은 큰 이유가 있다고 짐작된다. 당시 둔포는 위에서 이미 언급했듯이 아산만 연안에 최대의 상업적 포구로 활발하게 상권이 형성되어 가던 시기였다. 아직 연구가 부족해 윤보선집안과 둔포의 포구상업과의 관련성이 해명되지 못하지만 둔포의 이런 경제적 이점과 무관해 보이지 않는다. 실례로 신항감리교회 옆에 세워져 있는 윤웅렬 영세불망비가 그 증거이다. 이 비는 원래 둔포 시장에 있던 것으로 광무 8년(1904) 9월에 염객주(鹽客主)와 상인들이 윤웅렬을 위해 세워 준 것이다. 윤웅렬이 둔포 상인들의 청원을 들어주어 잡세를 감면해 주었기

---

17 『尹相公善政錄攷』, 1983.
그런데 윤보선의 숙부 윤치영은 수원에서 둔포 새말로 바로 이주했다고 한다. (윤치영, 『윤치영의 20세기』, 삼성출판사, 1991, 33쪽)

18 『寧城誌』는 천안의 읍지로 철종 3년(1852)에 편찬되었는데 여기에 윤취동에 대한 기사가 두 번이나 출현한다. 未蒙褒秩조에 그를 효자로 칭찬하는 기사가 있다. 또 寓居姓氏조에 그의 이주 사실을 소개하는데 통상적으로 알려진 수원이 아니고 한양에서 아산으로 移居했다가 아산에서 천안군 모산면 신촌으로 이주하여 아들 雄烈과 조카 鳳烈과 함께 그곳에 산다는 사실을 알리고 있다. 이 사실은 윤취동이 음봉 후천리에서 모산면 신촌으로 이주한 것이 윤웅렬이 1840년生이므로 그 전후에 이주했음을 짐작케 한다.

때문이다. 이러한 사실은 신항리의 해평윤씨 가문이 둔포의 상권에 깊이 연결되어 권력을 이용해 강한 지배력을 가지고 있음을 짐작케 하는 것이다.

윤취동은 아들이 없다가 40세가 넘어서 후취(後娶) 안동김씨로부터 아들 윤웅렬(尹雄烈, 1840~1911)과 윤영렬(尹永烈, 1854~1939)을 얻었다. 이 무렵 그가 둔포장을 다녀오는 길에 쓰러진 스님을 발견해 극진히 보살펴 줬더니 명당자리를 알려줬다 한다.[19] 스님이 일러준 자리는 이순신 장군 묘역 근처여서 그는 아버지 윤득실의 묘를 몰래 평토로 암장했는데, 만약 이순신의 후예들에게 들키면 실수로 했다고 하라고 지시받았다. 그 결과 아들 대에 출세하게 되었다 한다. 그 뒤 현재의 자리(아산시 음봉면 동천리 산 34-2)로 옮겼다고 한다. 이곳에는 부친 윤득실 내외, 형 윤교동 내외, 윤취동의 첫 부인 고령 신씨 등이 안장되어 있다.

하지만 윤취동의 묘는 아산시 둔포면 석곡리 선영하에 있다. 그의 묘소 뒤편 북쪽 방향에 할머니 전주이씨 묘와 그 위에 할아버지 윤발의 묘소가 있고, 그의 둘째 부인 안동김씨 묘소는 그 아래편 아들 윤웅렬의 묘 북쪽 건너편에 있다.

Ⅲ. 신항리 해평윤씨 마을의 사적지 현황

현재 새말과 근동(近洞)에 남아있는 해평윤씨 문화재자료는 민속자

19 이민원, 「대한제국기 안성군수 尹英烈의 토포활동 연구」, 『軍史』 82, 2012, 146~152쪽.

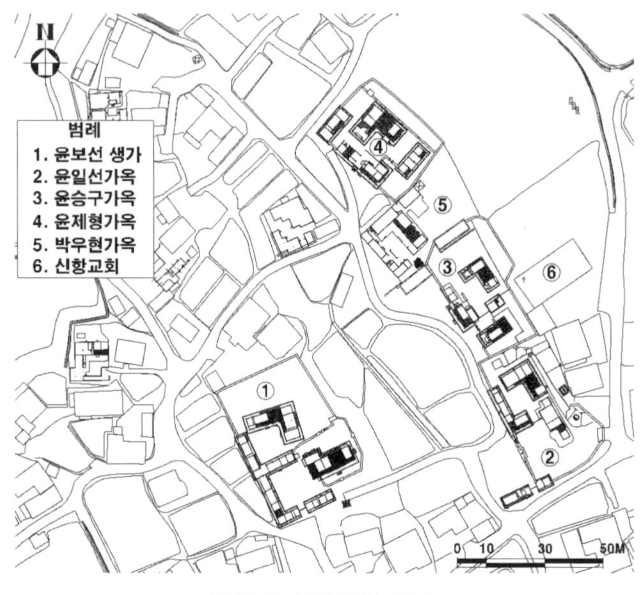

〈그림 2〉 중요가옥 배치도

료 등으로 지정된 전통가옥 5채와, 윤보선의 사랑채를 개조한 유물전시관, 신항감리교회, 윤웅렬, 윤치호 부자의 불망비 3점, 해평윤씨의 유택지 3곳 등이 있다.

1. 해평윤씨 가옥

신항리 새말에서 가장 오래된 가옥은 1844년에 지은 윤승구 가옥의 안채이다. 이 가옥이 지어지면서 해평 윤씨 가문의 가옥들이 차례로 자리를 잡게 되고 마을이 조성된 것으로 보인다. 현재 문화재로 지정된 것은 다섯 채로 윤보선 생가를 비롯해 윤일선 가옥, 윤승구 가옥, 윤제형 가옥, 박우현 가옥이다. 중부지방 양반가의 전형적인 주거공간을 보여준다.

[윤승구 가옥]

〈그림 3〉 사랑채

〈그림 4〉 조적광채

〈그림 5〉 안채

〈그림 6〉 아랫채

충남 민속문화재 제15호(1990.12.30), 조선말기 상류층의 한식 기와집이다.
1844년에 건립되었음을 알 수 있다.

윤승구 가옥은 해평윤씨의 종가이다. 윤취동이 신항리로 이주한 후 1844년에 건조한 가장 오래된 가옥으로 이 집에서 시작하여 윤일선 가옥, 윤보선 생가가 시차를 두고 지어지면서 해평윤씨의 집성촌이 만들어졌다.

[윤보선 생가]

〈그림 7〉 윤보선 생가 정면

〈그림 8〉 사랑채

〈그림 9〉 안채

〈그림 10〉 윤승구 가옥 쪽에서 본 윤보선 생가의 원경

중요민속문화재 제196호(1984.12.24.) 윤치소가 1920년대 지은 집으로 추정한다.

[윤일선 가옥]

〈그림 11〉 안채

〈그림 12〉 대문채

충남 민속문화재 제12호(1986.11.19), 윤일선의 3대조인 윤취동이 차남 윤영렬을 분가시키기 위해 지은 집이다.

[윤제형 가옥]

〈그림 13〉 사랑채

〈그림 14〉 아랫채

〈그림 15〉 안채

〈그림 16〉 안채 배면

1900년경 윤제신이 건립한 한옥. 충청남도 민속문화재 제13호 (1986.11.19.)이다.

[박우현 가옥]

〈그림 17〉 안채

〈그림 18〉 문간채

문화재자료 제404호(2010.2.22.), 윤승구 가옥과 윤제형 가옥 사이에 위치하여 종가에 부속된 별채형식이며 방문객이 머물던 곳이라 한다. 1901년(광무5)에 건립함.

[유물전시관]

<그림 19> 윤보선기념 전시장(사랑채)

<그림 20> 전시장 내부 복도

<그림 21> 윤보선 휘호, 경천애인

<그림 22> 전시물

1920년대 변형된 사랑채에 마련된 유물전시관이다.

[신항감리교회]

<그림 23> 신항감리교회

<그림 24> 감리교회 정면

〈그림 25〉 초석

〈그림 26〉 교회종

1979년에 신축한 교회이다. 윤치호는 우리나라 최초의 남감리 교인으로 종가 후원에 1910년 건립한 별장을 1920년대부터 예배장소로 제공했다. 이어서 1935년에 교회건물을 신축할 때 자금을 지원하였다. 그의 지원 하에 건립되므로 지금까지도 '윤치호박사 기념예배당'이라 이름하고 있다.

[비석]

〈그림 27〉 불망비

〈그림 28〉 윤웅렬 영세불망비

〈그림 29〉 윤치호송덕비

〈그림 30〉 윤치호 시휼불망비

윤웅렬, 윤치호부자를 위해 건립된 불망비이다.

2. 해평윤씨 유택지의 현황

충남 아산시 둔포면 석곡리 석곡길 132-22에는 현재 윤보선의 고조부 윤발, 고조모, 증조부 윤취동과 증조모, 종조부 윤웅렬과 당백부인 윤치호의 묘소가 있다. 이곳은 신항리에서 가장 가까운 묘역으로 선산(先山) 중에 가장 먼저 조성된 듯하다. 윤발의 경우는 처음부터 매장된 것이 아니고 이장된 것이 아닌가 짐작된다. 해평 윤씨의 유택은 윤웅렬의 묘소가 만들어지면서 자리를 잡는 것 같다. 1911년 9월 그가 죽자 서울 신문내 예배당에서 장례식을 거행한 후 9일장을 한 뒤 1911년 9월 30일 충청남도 아산군 온양읍 옥계리 후록 자좌의 묘지에 매장되었다. 하관하는 날에 박영효와 이완용 뿐 아니라 200여명이 영구(靈柩)를 수행하여 온양까지 동행했다.[20] 그런데 바로 뒤에 묘지에 대해 광산업자가 광권을 설정하여 개발문제로 논란이 많아 경기도 평택시 팽성읍 객사리 부용산으로 이장하였다. 이곳에는 동생 윤영렬의 묘소도 함께 있었다. 그 뒤에 충청남도 아산군 둔포면 석곡1리 선영으로 다시 이장하였으며, 2009년 봉분으로 조성되었던 윤웅렬의 묘소는 평평한 돌무덤으로 개장되었다. 윤웅렬의 묘를 중심으로 우측은 김정순, 좌측은 이정무를 안장하였다. 첫 부인 전의이씨는 둔포면 석곡리 선영 유좌에 안장되었다.

20 『신한민보』, 1911.10.25. 3면(5).

<표 1> 유택 현황

순서	묘역 위치와 매장인		거리: 신항리 기점
1	장소	충남 아산시 둔포면 석곡리 석곡길 132-22	동북쪽으로 4.26km
	매장인	윤보선의 고조부 윤발, 고조모, 증조부 윤취동 증조모, 윤웅렬, 윤치호	
2	장소	경기도 평택시 팽성읍 객사리 산3-1 부용산 자락	북동쪽으로 10.6km
	매장인	윤보선의 조부 윤영렬·한진숙 부부, 윤보선 모친묘석 윤웅렬의 처 전주이씨 이정무, 윤영렬의 처 청주한씨 한진숙, 윤영렬의 묘가 들어서고 뒤에 그의 후손들과 KAIST의 물리학자 윤창구	
3	장소	충남 아산시 음봉면 동천리 산 28-2	남쪽으로 10.09km
	매장인	윤보선 묘, 고조부 윤득실, 백증조부 윤교동, 부친 윤치소, 증조모 고령신씨, 윤보선 동생 윤형선	

경기도 평택시 팽성읍 객사리 산3-1 부용산 자락의 묘역은 윤보선 조부 윤영렬, 한진숙 부부와 윤영렬의 형 윤웅렬의 묘가 조성되면서 묘역이 형성되었다. 이곳에는 윤웅렬의 묘가 조성되고 뒤에 윤웅렬의 처 전주이씨 이정무, 윤영렬의 처 청주한씨 한진숙, 윤영렬의 묘가 들어서고 뒤에 그의 후손들과 KAIST의 물리학자 윤창구 등의 묘역이 조성되었으나, 2009년경 가장 먼저 조성되었던 윤웅렬의 묘소는 충청남도 아산시 둔포면 석곡1리 돌곡마을로 이장되었다.[21]

충남 아산시 음봉면 동천리 산 28-2의 묘역에는 윤보선과 고조부 윤득실 부부, 백증조부 윤교동, 부친 윤치소, 증조모 고령신씨, 윤보선

21 최근 해평윤씨 일가는 음봉면 동천2리 산10-2에 다시 선산을 조성하여 위와 같이 여러 곳에 흩어져 있던 尹潑, 尹取東, 尹雄烈, 尹英烈, 尹致昊, 尹致暎, 尹永善, 尹琦善, 尹龍姬의 묘소와 묘비를 새로 이장하여 한 곳에 안장하였다.

동생 윤형선 묘가 자리잡고 있다. 풍수적으로 길지(吉地)라도 한다. 현재 윤보선의 묘소는 고조부 윤득실의 상위에 있다. 이것은 보는 사람에 따라 참람하게 여길 수 있는데 윤씨 가문에서는 할아버지의 무등을 타고 놀던 손자의 모습이라고 설명하고 있다. 세 곳의 묘역이 조성된 순서는 분명치 않다.

〈그림 31〉 비각

〈그림 32〉 윤보선묘소

〈그림 33〉 계단

Ⅳ. 근대문화유산으로 보존과 활용방안

1. 보존을 위한 준비 과정

신항리 해평윤씨 가문의 고택은 아산의 대표적인 한옥이며 같은 공간에 집단적으로 고택이 타운(town)을 구성한다는 점에서도 특별한 면이 있다. 더구나 여기서 한국 근현대사를 주름잡던 인물들이 다수 배출되었다는 점은 역사적으로나, 문화적으로 보존할 가치가 충분하다고 하겠다. 현재까지 신항리 근대유적을 보전하기 위한 조사 및 연구 용역사업은 4차례가 있었다. 1차 용역사업으로 2005년 '윤보선 전 대통령 생가 및 주변 문화재정비 활용계획'을 연구하였다.[22] 다시 이듬해

2차로 '윤보선 전 대통령 생가 및 주변 민속자료 정비 기본설계'를 용역 발주하여 방안을 마련하였다.[23] 그런 가운데 2008년 윤보선 해평윤씨 가문에 대한 학술적 연구도 병행하여 '아산시 개화기시대인물연구 및 유물조사 1-둔포면 신항리 지역을 중심으로'가 용역사업으로 연구되어[24] 해평윤씨 가문의 인물에 대한 인문탐사작업을 시도하였다. 마지막이 2009년 '아산 신항리 근대문화마을 종합학술조사연구'[25]로 해평윤씨 가문을 중심으로 하되 신항리 새말 전체를 문화마을 이란 개념으로 파악하며 역사, 민속, 건축, 경관으로 분야를 나누어 종합적인 조사연구를 완성하였다. 역사적으로는 마을의 역사, 마을의 역사적 인물, 마을의 역사적 인물과 한국근대사와의 관련성을 조사, 정리하였다. 민속분야는 마을의 개관, 마을의 신앙과 축제, 제사, 마을의 전설, 마을의 민속적 특징을 조사 정리하였다. 건축분야는 문화재로 지정된 주택 실측조사, 문화재외 마을내 주택 실측조사, 마을의 주택 현황분석, 마을내 지정문화재의 건축사적 의미와 가치를 조사하였다. 경관분야는 마을의 경관조사와 분석, 마을의 식재 및 경관시설물 현황 조사 분석, 마을경관변천사를 정리하였다. 방대한 양의 종합적이고 체계적인 학술정리조사를 완성한 것이다. 이것은 신항리 새말을 근대문화마을로 개념화하고 아산의 대표적인 근대문화유산으로 보존하기 위한 마스터플랜이라고 할 수 있다. 따라서 사실상 신항리에 대한 종합적인 보존대책은 완료되었다 해도 과언이 아니다. 현재 아산시도 이를 바탕으로

22 아산시, 『윤보선 전 대통령생가 및 주변 문화재 정비·활용계획』, 2005.
23 아산시, 『윤보선 전 대통령생가 및 주변 민속자료 정비 기본설계』, 2006.
24 아산시, 『아산시 개화기 인물연구 및 유물조사Ⅰ』, 2008.
25 아산시, 『아산 신항리 근대문화마을 종합학술조사연구』, 2009.

2005년부터 보호를 위한 방안을 강구하여 고택과 마을을 새로 정비하는 작업이 진행 중인 상황이다.

2. 보존과 활용을 위한 제안

신항리 새말을 제대로 보존하기 위한 논의는 오랫동안 진행되어 왔다. 대체적인 결론은 역사적으로 윤치호, 윤보선의 신항리 행적과 흔적을 추적하여 신항리의 역사성을 확인하는 것, 민속적으로는 신항리 교회사 정리와 근대 마을 생활문화를 연계하여 보존책에 녹여 넣는 것, 건축적으로는 문화재로 지정된 건축물과 지정외 건물 및 공동시설물을 추가 조사하여 지역적 가치를 재발견하는 것, 조경적으로는 마을경관의 변천과 경관체계를 조화롭게 하는 것 등이다. 이러한 원칙과 조처는 바람직한 보존책으로 평가될 수 있는데 좀 더 본질적인 면을 깊이 숙고해야할 필요가 있다는 점에서 보완이 필요하다. 현재 근대문화마을로 지정하려면 근대적 문화요소를 차별화하여야 하고 미래지향적인 진화하는 마을로서의 특성을 부각하여 문화사적 가치를 부여하는 것이 좋을 것이다.

여기에 '근대역사문화 환경'이란 개념을 활용할 필요가 있다. 근대역사문화 환경은 그 환경을 구성하고 있는 문화유산으로서 역사적 가치를 포함하고 있을 뿐 아니라 그 속에 살아온 사람들의 '집단기억'이 형성된 장소를 말한다. 근대역사문화 환경의 보전은 역사적 가치뿐만 아니라 해당 환경에서 살고 있던 사람들이 역사적 환경에 대해 어떻게 인식하는지를 모두 고려하여 이루어져야 한다는 점이다.

이런 점에서 보면 신항리는 둔포라는 공간과 밀접한 역사문화 환경을 가지고 있다는 점이다. 둔포를 포함한 아산만 연안에 산재한 백석포(白石浦), 선장포(仙掌浦) 등은 공동의 상업적 포구 문화의 전통을 가지고 있다. 또한 역사적 경험도 동일하여 개항이후 외래적인 풍물과 문화가 수용되는 창구의 기능을 담당하고, 개항장에 버금갈 정도로 청상(淸商), 일상(日商)들이 어우러지던 국제교역장이었다. 둔포의 상업적 역동성으로 인해 인천에서부터 교역을 위해 왕래하는 정기여객선, 화물선이 분주히 오가고 물류를 유통하던 보부상들의 문화가 존재하였다. 동시에 청일전쟁의 해상루트로 기능함으로써 외침의 현장이기도 하였고, 직산광산을 탈취하러가던 일본인들의 침략로로 이용되기도 하였다.[26] 동시에 상업적 융성함으로 인해 색주가의 질펀한 통속성도 둔포에 존재한다.[27]

이 같은 사실의 예시는 신항리의 근대성은 둔포에서 나온다는 것이고, 둔포가 가진 역사성과 연계되지 않는 신항리의 근대문화는 존재하기 어렵다는 것이다. 따라서 둔포와 신항리에 대한 근대성을 주제로 한 스토리텔링자원의 개발이 절대적으로 선행되어야 한다.[28] 하지만 현재 신항리 근대화마을의 개념을 설정할 때 이점이 간과되었고 핵심없는 정책으로 공허함을 면하기 어렵게 되어 있다. 좀 더 구체적으로 말하면 둔포가 가진 역사성이 아직 학문적으로 연구되거나 정리되지 못해 소위 아산이 가진 지역 근대문화유산의 가치가 무엇인지를 개념화할 수 없다는 것이다. 따라서 핵심이 누락된 속에서 추진되는 근대문

---

26 『고종시대사』 5집, 光武 4년 8월 1일, 데국신문 광무 4년 8월 1일, 8일.

27 『별건곤』 제20호, 「八道장타령-각살이」, 1929년 4월 1일.
아산에도 屯浦장은 큰 아기 술장사가 제일이요……

28 반정화·민현석·노민택, 『서울시 근대문화유산의 스토리텔링을 통한 관광활성화 방안』, 서울시정개발연구원, 2009.

화유산의 보존과 활용은 공허할 수밖에 없다.

필자는 둔포를 비롯한 백석포, 선장포는 아산의 근대역사에서 독특한 체험을 간직한 역사공간이라고 생각한다. 따라서 그 자체가 살아있는 박물관 혹은 체험단지가 되어야 한다고 본다. 구체적으로는 근대 아산만의 포구문화(浦口文化)가 가진 역사적 경험을 생생히 전달하는 현장의 발굴과 연구가 선행되고, 이것을 바탕으로 형성된 근대문화유산의 의미를 새기고 그 보존책을 강구하는 것이 순서라는 말이다.

이런 점에서 윤보선 대통령의 기념관이 신항리에 제대로 건립할 필요가 크다. 현재 윤보선 대통령을 기념할 수 있는 시설은 생가 사랑채를 개조하여 전시공간으로 마련한 소규모의 형태일 뿐이다. 공간도 협소할 뿐 아니라 전시물도 빈약하다. 2006년 조사용역결과에는 윤제형 가옥 옆에 윤보선 대통령을 기리는 기념관이 건립되는 것으로 설계되어 있다. 이러한 유물전시관도 둔포를 중심으로 전개된 지역역사박물관의 성격을 도입할 필요가 있다. 둔포는 아산에서 근대를 가장 빨리 경험한 고장이다. 또한 제국주의 침탈의 과정도 직접 겪었고, 동학농민항쟁도 경험한 장소였다. 이런 다양한 근대적 경험이 해평윤씨 일가의 세상읽기와 삶의 태도, 방식, 세계관 등에 어떻게 영향을 주었는지를 보여주고 역사에 대응하는 방법에 있어 윤치호적 코스와 윤보선적 코스를 대치시켜 그려보는 것도 의미 있다고 할 수 있겠다.

Ⅴ. 맺음말

끝으로 근대문화유산으로서의 신항리를 어떻게 볼 것인가? 또 신항리는 무엇이 되어야 하는가? 이러한 문제의식에서 볼 때 신항리는 걸출한 개화기 지식인이지만 친일로 갔던 윤치호와 민주주의 상징인 윤보선이 태어난 정신적 탯줄이다는 논리가 가능하다. 따라서 한국 근대의 이중성의 진면목을 보여주는 현장이 둔포인 것이다. 둔포는 해평윤씨 일가의 삶의 시작과, 과정과, 끝이 함께 한 장소였다. 아산에서 태어나 삶을 시작하고 마지막 끝에는 모두 아산에 돌아와 영면하고 있다. 이들의 삶의 역정을 통해 나타난 진실을 우리는 아산지역의 문화적 정체성으로 어떻게 담아 낼 수 있을 것인가? 이점에 초점을 맞추어야 한다.

아산은 근대를 어떻게 대응했나? 그 모습과 형태의 극명성을 해평윤씨 가문과 인물들의 흔적을 통해 적나라하게 확인할 수 있다. 따라서 둔포와 신항리는 아산의 근대문화를 집적한 공간, 아산 근대문화의 상징, 표상이 되도록 해야 할 것이다. 한 가문의 흥망성쇠를 하나의 공간에서 모두 보여주며 그들의 삶, 고민, 한계까지도 있는 그대로 보여줌으로써 신항리가 우리 근대사의 산교육장이 되도록 할 때 근대문화마을의 진정성은 살아나고 근대문화유산으로 보존의 가치도 있다고 생각된다.

참고문헌

【대몽항쟁기 이천의 온수전투 연구】

1. 자료

『高麗史』, 『高麗史節要』, 『大東輿地圖』, 『世宗實錄地理志』, 『新增東國輿地勝覽』, 『溫陽郡地圖(1872年 地方地圖)』, 『政案』, 『朝鮮王朝實錄』.

2. 단행본

김재근, 『한국선박사연구』, 서울대출판부, 1984.

______, 『한국의 배』, 서울대출판부, 1994.

김추윤, 『삽교천의 역사문화』, 당진문화원, 1995.

김해규, 『평택역사산책』, 평택시민신문, 2013.

백제문화개발연구원, 『忠南地域의 文化遺蹟 第5輯-溫陽市·牙山郡篇』, 1991.

아산군·공주대박물관, 『牙山의 歷史와 文化』, 1993.

아산시, 『仙掌面鄕土誌』, 2008.

______, 『아산읍내동·성안말산성』, 2009.

______, 『溫州鄕土誌』, 2010.

아산시·충남역사문화원, 『이천장군기념탑 건립관련 타당성 및 기본설계 최종 보고서』, 2015.

온양문화원, 『온양아산 마을사』, 2001.

윤용혁, 『고려대몽항쟁사연구』, 일지사, 1991.

______, 『충청역사문화연구』, 서경문화사, 2009.

______, 『여몽전쟁과 강화도성 연구』, 혜안, 2011.

______, 『삼별초 무인정권·몽골, 그리고 바다로의 역사』, 혜안, 2014.

全義禮安李氏花樹會, 『全義禮安李氏千年史』, 1999.
천경석, 『곡교천의 역사와 문화』, 온양문화원, 2014.
충남역사문화연구원, 『백제문화사대계 연구총서2 백제의 기원과 건국』, 2007.
한글학회, 『한국지명총람』, 1974.

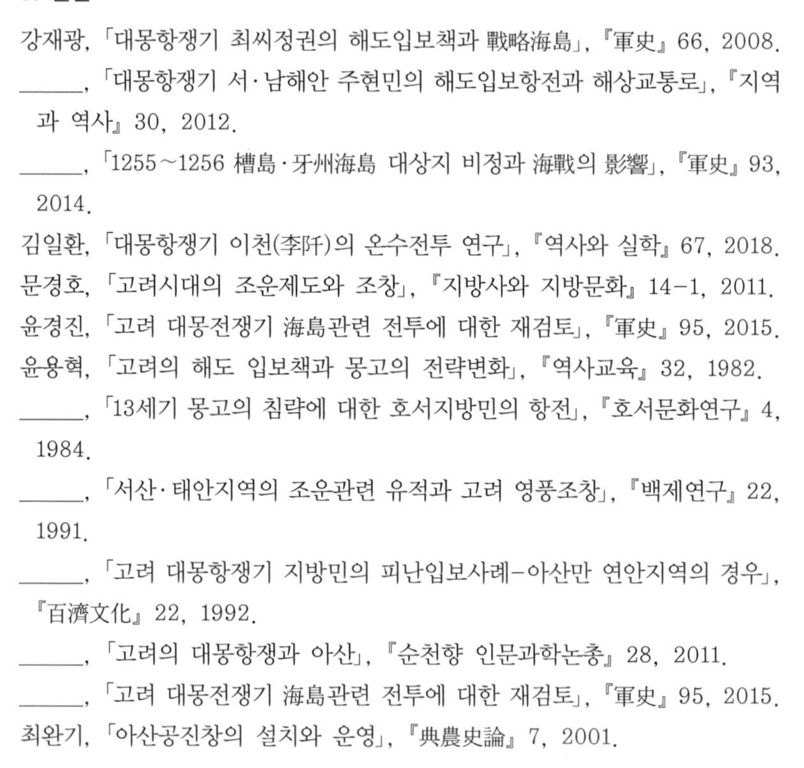

3. 논문

강재광, 「대몽항쟁기 최씨정권의 해도입보책과 戰略海島」, 『軍史』 66, 2008.
______, 「대몽항쟁기 서·남해안 주현민의 해도입보항전과 해상교통로」, 『지역과 역사』 30, 2012.
______, 「1255~1256 槽島·牙州海島 대상지 비정과 海戰의 影響」, 『軍史』 93, 2014.
김일환, 「대몽항쟁기 이천(李阡)의 온수전투 연구」, 『역사와 실학』 67, 2018.
문경호, 「고려시대의 조운제도와 조창」, 『지방사와 지방문화』 14-1, 2011.
윤경진, 「고려 대몽전쟁기 海島관련 전투에 대한 재검토」, 『軍史』 95, 2015.
윤용혁, 「고려의 해도 입보책과 몽고의 전략변화」, 『역사교육』 32, 1982.
______, 「13세기 몽고의 침략에 대한 호서지방민의 항전」, 『호서문화연구』 4, 1984.
______, 「서산·태안지역의 조운관련 유적과 고려 영풍조창」, 『백제연구』 22, 1991.
______, 「고려 대몽항쟁기 지방민의 피난입보사례-아산만 연안지역의 경우」, 『百濟文化』 22, 1992.
______, 「고려의 대몽항쟁과 아산」, 『순천향 인문과학논총』 28, 2011.
______, 「고려 대몽전쟁기 海島관련 전투에 대한 재검토」, 『軍史』 95, 2015.
최완기, 「아산공진창의 설치와 운영」, 『典農史論』 7, 2001.

【임진왜란기 내포지역과 민의 동향】

1. 자료

『高麗史』, 『光海君日記』, 『亂中雜錄』, 『白沙集』, 『宣祖修正實錄』, 『宣祖實錄』, 『世祖實錄』, 『世宗實錄地理志』, 『鎖尾錄』, 『研經齋全集外集』, 『林下筆記』, 『浦渚集』, 『鶴峯逸稿』.

2. 단행본

이형석, 『壬辰戰亂史』, 신현실사, 1976.
김추윤, 『삽교천과 역사문화』, 당진문화원, 1995.
박용숙, 『조선후기 사회사 연구』, 늘함께, 1994.
차기진, 『공세리성지·성당자료집』, 천주교 대전교구, 2008.
최완기, 「아산 공진창의 설치와 운영」, 아산군·공주대박물관(편), 『아산의 역사와 문화』, 1993.

3. 논문

강 미, 「壬辰倭亂期 湖西地域의 反亂과 性格」, 부산대 교육대학원 석사논문, 1998.
곽호제, 「壬辰倭亂期 湖西義兵 硏究」, 충남대 박사논문, 1999.
김기승, 「홍가신과 임진왜란」, 『한국인물사연구』 8, 2007.
김명진, 「太祖王建의 충청지역 공략과 아산만 확보」, 『湖西史學』 51, 2008.
김일환, 「임란기 西坰 柳根의 仕宦과 지방관활동」, 『한국인물사연구』 15, 2011.
김진봉, 「임진란 중 호서지방의 의병활동과 지방사민의 動態에 관한 연구」, 『사학연구』 34, 1982.
윤용혁, 「고려의 대몽항쟁과 아산」, 『순천향 인문과학논총』 28, 2011.
이장희, 「임진왜란 중 민간반란에 대하여」, 『향토서울』 32, 1968.
임선빈, 「조선후기 내포지역의 역사지리적 성격」, 『백제문화』 29, 2000.
최근묵, 「壬辰倭亂때의 湖西地方의 民間叛亂」, 『百濟硏究』 5, 1974.
최영준, 「19세기 내포지역의 천주교 확산」, 『대한지리학회지』 34-4, 1999.
최완기, 「朝鮮時代 牙山 貢津倉의 설치와 운영」, 『典農史論』 7, 2001.
貫井正之, 「壬辰倭亂における義兵活動と民衆反亂」, 『朝鮮史硏究會論文集』 16, 1989.
藤井誠一, 「李夢鶴の亂について」, 『青丘學叢』 22, 1935.
矢澤康祐, 「壬辰倭亂と朝鮮民衆のたたかい」, 『人文學報』 118, 東京都立大學, 1977.

【고불 맹사성의 재상정치활동 연구】

1. 자료

『白軒先生集』, 『世宗實錄』, 『陽村集』, 『研經齋全集』, 『燃藜室記述』, 『慵齋叢話』, 『定宗實錄』, 『太祖實錄』, 『太宗實錄』, 『筆苑雜記』.

2. 단행본

김기승, 『고불 맹사성의 생애와 사상』, 고불맹사성기념사업회, 2014.
김진섭, 『조선시대 재상열전, 조선의 아침을 꿈꾸는 사람들』, 도서출판 하우, 2008.
맹온재, 『古佛孟思誠傳記』, 온양문화원, 1999.
閔賢九, 『朝鮮初期의 軍事制度와 政治』, 韓國研究院, 1983.
박 주, 「효자 맹사성과 세종대의 유교윤리 보급」, 『조선시대의 여성과 유교문화』, 국학자료원, 2008.
서정민, 『세종, 부패사건에 휘말리다-조말생 뇌물사건의 재구성』, 살림, 2008.
신연우 외, 『제왕들의 책사-조선시대편』, 생각하는 백성, 2001.
新昌孟氏大宗會, 『新昌孟氏大同譜 總編』, 2007.
윤용철, 『조선왕조실록 졸기-조선을 움직인 23인의 감춰진 진실과 그 죽음의 기록(卒記)』, 다울, 2007.
이 한, 『나는 조선이다-조선의 태평성대를 이룩한 대왕 세종』, 청아출판사, 2007.
이상각, 『이도 세종대왕-조선의 크리에이터』, 추수밭, 2008.
이수광, 『조선의 마에스트로 대왕 세종』, 샘터, 2008.
이영춘, 『조선의 청백리-조선시대 대표 청백리 34인』, 가람기획, 2003.
이한우, 『세종, 그가 바로 조선이다』, 동방미디어, 2003.
崔承熙, 『朝鮮初期 政治史研究』, 지식산업사, 2002.
______, 『조선초기 정치문화의 이해』, 지식산업사, 2005.

3. 논문

권오성, 「맹사성의 음악에 관련된 기록의 관견」, 『국악원논문집』 11, 1999.
金貞子, 「소위 '杜門洞72賢'의 정치성향」, 『역사와 세계』 15·16, 1991.

______, 「杜門洞72賢의 選定人物에 대한 검토-『華海師全』과 『騎牛集』을 중심으로」, 『釜大史學』 22, 1998.
김일환, 「고불 맹사성의 재상정치활동 연구」, 『포은학연구』 19, 2017.
노병룡, 「청백리열전-맹사성」, 『지방행정』 34-383, 1985.
맹온재, 「고불 맹사성연구」, 『국악원논문집』 11, 1999.
박소현, 「대왕세종의 신하, 박연과 맹사성」, 『대한토목학회지』 56(2), 2008.
송방송, 「세종대왕의 음악업적에 대한 역사적 재조명」, 『이화음악논집』 1, 1997.
송혜진, 「조선시대 왕실음악의 시공간과 향유의 특징」, 『동양예술』 18, 2012.
______, 「조선조 왕실악기 수요와 대응의 역사적 전개 양상」, 『한국음악연구』 54, 2013.
劉璟娥, 「鄭夢周의 政治活動 研究」, 이화여자대학교 박사논문, 1996.
李東熙, 「朝鮮 太宗代 承政院의 政治的 役割」, 『歷史學報』 132, 1991.
李樹健, 「조선시대 身分史 관련 자료의 비판-姓貫·家系·人物 관련 僞造資料와 僞書를 중심으로」, 『古文書研究』 14, 1998.
이전문, 「맹사성-청렴한 정승의 본보기」, 『경영계』 1990년 5월호, 1990.
李廷柱, 「恭讓王代의 政局動向과 斥佛運動의 성격」, 『韓國史研究』 120, 2003.
______, 「고불 맹사성의 정치적 시련과 극복」, 『조선시대사학보』 50, 2009.
鄭杜熙, 「朝鮮建國初期 統治體制의 成立過程과 그 歷史的 意味」, 『韓國史研究』 67, 1989.
崔承熙, 「太宗朝의 王權과 政治運營體制」, 『國史館論叢』 30, 1991.

【복재 기준의 생애와 정치활동】

1. 자료

『高麗史』, 『高峯集』, 『德陽遺稿』, 『德陽遺稿補遺』, 『慕齋集』, 『文宗實錄』, 『服齋先生文集』, 『備邊司謄錄』, 『宣祖修正實錄』, 『惺所覆瓿藁』, 『世祖實錄』, 『肅宗實錄』, 『承政院日記』, 『輿地圖書』, 『隱峯全書』, 『靜菴先生續集』, 『靜菴集』, 『中宗實錄』, 『鶴山樵談』, 『幸州奇氏大同譜』.

2. 단행본

이병휴, 『조선전기 기호사림파연구』, 일조각, 1984.
외암사상연구소, 『아산 유학의 여러 모습』, 지영사, 2010.

3. 논문

권연웅, 「조선 중종대의 經筵」, 『吉玄益敎授停年紀念史學論叢』, 1996.
金基鉉, 「服齋 奇遵의 도학사상」, 『민족문화』 5, 1991.
金鍾振, 「服齋 奇遵의 詩에 대한 考察」, 『향토문화연구』 4, 1987.
남현희, 「服齋 奇遵의 「六十銘」 창작의도와 구성」, 『漢文學報』 41, 2019.
손유경, 「복재(服齋) 기준(奇遵)의 유배기 작품에 관한 일고찰」, 『한문교육연구』 34, 2010.
송웅섭, 「기묘사화와 기묘사림의 실각」, 『한국학보』 31(2), 2005.
유진희, 「服齋 奇遵의 紀行詩 硏究」, 『韓國漢文學硏究』 75, 2019.
윤사순, 「조선조 선비와 文峯書院 八賢」, 『민족문화』 5, 1991.
이병휴, 「조선전기 사림파의 실체와 성격」, 『조선시대사학보』 39, 2006.

【토정 이지함의 목민관 활동에 대한 연구】

1. 자료

『明宗實錄』, 『史記』, 『書經』, 『石潭日記』, 『宣祖修正實錄』, 『宣祖實錄』, 『世宗實錄地理志』, 『新定牙州誌』, 『於于野談』, 『正祖實錄』, 『澤堂集』, 『土亭遺稿』, 『土亭集』.

2. 단행본

KBS 한국방송공사, 『한국사傳 2-'인물'로 만나는 또 하나의 역사』, 한겨레출판, 2008.
강정화, 『남명과 그의 벗들』, 경인문화사, 2007.
고제희, 『(한국 36 인물유산) 파워스폿: 역사 속 영웅들의 요람에서 무덤까지 풀스토리, 지방권』, 문예마당, 2012.
______, 『한국 명문가의 문화유적 하권-지방권-』, 문예마당, 2012.

김서윤, 『토정 이지함, 민중의 낙원을 꿈꾸다』, 포럼, 2008.
김영진, 『조선특종-야사 속의 기인과 이인들』, 태평양저널, 2008.
_____, 『조선의 괴짜 선비들』, 태평양저널, 2013.
노대환 외, 『베스트셀러의 저자들-한국인의 정신을 정초한 천년 베스트셀러의 저자들』, 동녘, 2007.
최운식, 「설화에 나타난 土亭의 모습」, 박상란, 『說話와 歷史』, 集文堂, 2000.
박영만, 『인생열전-묘비명으로 본 삶의 의미-』, 프리윌, 2110.
신병주, 『규장각에서 찾은 조선의 명품들-규장각 보물로 살펴보는 조선시대 문화사』, 책과함께, 2007.
_____, 『이지함 평전』, 글항아리, 2008.
신정일, 『신정일의 새로 쓰는 택리지7: 제주도』, 다음생각, 2012.
영인향토지편찬위원회, 『牙山靈仁鄕土誌』, 2005.
온양문화원, 『온양아산 마을사』 2권, 2001.
유재건, 『이향견문록-이조시대 탁월한 서민들 이야기』, 글항아리, 2008.
尹絲淳, 『한국의 사상』 열음사상총서 1, 열음사, 1984.
윤성익, 『명대 倭寇의 연구』, 경인문화사, 2007.
이광희, 『忠淸魂脈(上)-조선조부터 근대까지』, 오늘의문학사, 2006.
이문구, 『『토정 이지함』 시리즈: 이문구 전집 시리즈 7』, 랜덤하우스, 2004.
이석호, 『한국기인전·청학집』, 명문당, 2010.
이이화, 『이야기 인물한국사 2-민족문화를 일으킨 선각자들』, 한길사, 1993.
_____, 『이야기 인물한국사 5-역사상의 라이벌과 동반자』, 한길사, 1993.
_____, 『진리는 다르지 않다』, 김영사, 2008.
_____, 『그대는 적인가 동지인가』, 김영사, 2009.
이태복, 『조선의 슈퍼스타 토정 이지함-반만년 역사, 최고의 경세가 토정의 삶과 사상』, 동녘, 2011.
日新閣 편, 『歷史의 人物 3』, 日新閣, 1979.
임용한, 『조선전기 수령제와 지방통치』, 혜안, 2002.
전성운, 「아산현감 토정 이지함의 친민정책과 사상적 배경」, 전성운 외, 『아산 유학의 여러 모습』, 지영사, 2010.
정구선, 『조선시대 처사열전』, 서경, 2005.
_____, 『조선의 발칙한 지식인을 만나다』, 애플북스, 2009.

한영우선생 정년기념, 『63인의 역사학자가 쓴 한국사 인물 열전』2, 돌베개, 2003.
현상윤, 『현상윤의 조선유학사』, 심산, 2010.
황원갑, 『歷史人物紀行』, 한국일보사, 1988.

3. 논문

姜聖祚, 「土亭 李之菡 硏究」, 『論文集-人文과학편』 5, 1983.
구재현, 「진보적 士林派의 政治哲學과 그 현대적 意義」, 대진대학교 대학원 박사논문, 2010.
______, 「토정 이지함의 행정철학과 공직윤리」, 『한국정책연구』 10-1, 2010.
權仁浩, 「朝鮮朝 抱川 地域 儒學者의 生涯와 학문사상(Ⅰ)-土亭 李之函·思庵 朴淳·硏經齋 成海應을 중심으로」, 『인문학연구』 1, 2006.
김선기, 「沙溪 金長生의 學問과 禮學思想 硏究」, 연세대학교 교육대학원 석사논문, 2003.
김성우, 「사회경제적 측면에서 본 조선중기」, 『대구사학』 46, 1993.
______, 「16세기 국가재정의 위기와 신분제의 변화」, 『역사와 현실』 16, 1995.
金成俊, 「朝鮮守令七事와 『牧民心鑑』」, 『民族文化硏究』 21, 1988.
______, 「『牧民心鑑』과 『居官要覽』의 比較硏究」, 『동방학지』 62, 1989.
______, 「牧民心鑑硏究」, 『韓國史市民講座』 22, 1998.
______, 「토정 이지함의 유통경제관과 그 영향」, 『해운물류연구』 66, 2010.
______, 「다산(茶山) 정약용의 유통물류, 상업관 연구-『경세유표(經世遺表)』를 중심으로」, 『해운물류연구』 75, 2012.
김성환, 「민생을 위한 백용(百用)의 실천가, 이지함(李之菡) : 16세기 처사형 사림(士林)의 한 예」, 『선도문화』 12, 2012.
나인정, 「忠南地域 說話의 硏究」, 忠南大學校 대학원 석사논문, 1990.
박경선, 「이윤택의 「시골선비 조남명」 연구」, 부경대학교 대학원 석사논문, 2009.
박기룡, 「허생전, 인물형성의 배경 연구-이지함, 許鎬의 생애와 단편설화를 중심으로」, 『우리말 글』 12, 1993.
朴大圭, 「朝鮮王朝의 實學的 重商主義思想에 관한 論攷」, 『産業經營硏究』 11, 2001.
박상명, 「土亭 李之菡의 經世思想 硏究」, 원광대학교 동양학대학원 석사논문,

2003.
박종덕, 「土亭 李之菡의 사상과 『土亭秘訣』」, 부산대학교 대학원 석사논문, 2010.
_____, 「土亭 李之菡의 사상과 『土亭秘訣』」, 『역사와 세계』 38, 2010.
방기철, 「이지함의 빈민구제활동과 걸인청」, 『한국사상과 문화』 92, 2018.
徐恩淑, 「公職倫理 定立을 위한 朝鮮王朝 政治社會에서 淸白吏의 機能에 관한 研究」, 『倫理研究』 50, 2002.
손지봉, 「안장리, 문학 속의 牙山 연구」, 『韓國民俗學』 36-1, 2002.
신병주, 「조선시대를 이끈 인물들; 이지함(李之菡), 기인(奇人)인가, 사회경제 사상가인가?」, 『선비문화』 5, 2005.
_____, 「화담학과 근기사림의 사상」, 『국학연구』 7, 2005.
_____, 「관료학자 李山海의 학문과 현실대응」, 『韓國文化』 49, 2010.
申炳周, 「土亭 李之菡의 學風과 사회경제사상」, 『奎章閣』 19, 1996.
심재기, 「한국의 명문순례 10: 이지함의 대인설」, 『한글한자문화』 55, 2004.
오종록, 「16세기 조선사회의 역사적 위치」, 『한국역사연구회회보』 22, 1994.
윤재근, 「토정 이지함전승연구(1)」, 『어문논집』 27-1, 1987.
이석엽, 「土亭 李之菡의 經濟思想에 關한 研究」, 慶星大學校 大學院 석사논문, 1988.
이운규, 「토정 이지함 경제관의 현대적 재조명」, 『韓國傳統商學研究』 22-2, 2008.
李崙圭, 「토정 이지함의 상업관에 관한 연구」, 『韓國傳統商學研究』 14-1, 2000.
이재란, 「李土亭 說話研究」, 漢陽大學校 教育大學院 석사논문, 1989.
이진표, 「실학의 선구자 기인 경세가 이지함」, 『韓國思想史』, 2002.
임창순, 「고전해제 (4)-토정집」, 『도서관문화』 12(1) 13-14, 1971.
장지홍, 「조선 선조대 이산해의 정치활동과 역사적 평가」, 경북대학교 교육대학원 석사논문, 2011.
鄭求先, 「朝鮮前期 遺逸之士의 삶에 대한 一考察」, 『慶州史學』 22, 2003.
정종복, 「李土亭의 경제적 사회주의」, 『교수아카데미총서』 7-1, 1994.
정호훈, 「15~6세기 목민서(牧民書)의 전개와 목민학(牧民學)」, 『韓國思想史學』 36, 2010.
조경진, 「조헌 시에 나타난 선비정신 연구」, 세종대학교 대학원 석사논문, 2012.

조민자, 「이지함의 '애민사상'에 관한 연구 : 『토정집』과 『토정비결』을 중심으로」, 한국교원대학교 교육대학원 석사논문, 「2006.
趙石來, 「於于 柳夢寅의 文學에 나타난 神仙思想」, 『한국학논집』 12, 1987.
崔槿默, 「保寧地方의 性理學 受容과 그 學脈」, 『大保文化』 6, 1997.
______, 「土亭 李之菡 설화 연구」, 『韓國民俗學』 33-1, 2001.
최현석, 「토정비결 연구: 육효점을 중심으로」, 公州大學校 大學院 석사논문, 2009.
홍일표, 「옛 인물에게서 배운다: 李之函, 成宗, 金彦辛의 곧은 성품」, 『地方行政』 48-551, 1999.
황광욱, 「토정 이지함의 인간관과 도덕적 경제론에 관한 소고」, 『한국 철학논집』 19, 2006.
黃義東, 「湖西儒學의 展開樣相과 特性」, 『南冥學研究』 16, 2003.
황인덕, 「'아전의 흉계로 죽은 토정' 전설 연구」, 『충청문화연구』 2, 2009.
______, 「〈조카의 반심을 교화한 토정〉 전설의 역사의식과 역사배경」, 『語文研究』 63, 2010.

【이순신의 아산 낙향과 무과 수련과정】

1. 자료

『經國大典』, 『國朝文科榜目』, 『亂中日記』, 『端宗實錄』, 『大東野乘』, 『晩全集』, 『明宗實錄』, 『成宗實錄』, 『世祖實錄』, 『世宗實錄』, 『新定牙州誌』, 『輿地圖書』, 『燕山君日記』, 『寓庵集』, 『隱峯全書』, 『仁宗實錄』, 『朝鮮寰輿勝覽』, 『中宗實錄』, 『增補四刊德水李氏貞靖公派譜』, 『知退堂集』, 『懲毖錄』, 『草溪密陽卞氏族譜』, 『太宗實錄』.

2. 단행본

덕수이씨대종회, 『덕수이씨 800년』 Ⅱ, 2006.
아산시, 『牙山 꾀꼴·물한·燕巖山城 지표조사 보고서』, 2002.
온양문화원, 『온양아산 마을사』 1권, 2000.
외암사상연구소, 『조선시대 아산지역의 유학자들』, 지영사, 2007.

이민웅, 『이순신평전』, 책문, 2012.
이병휴, 『朝鮮前期畿湖士林派研究』, 일조각, 1984.
이은상, 『성웅 이순신』, 횃불사, 1969.
조성도, 『충무공 이순신』, 아산군, 1993.
中村榮孝, 『日鮮關係史研究』 中, 吉川弘文館, 1970.

3. 논문

김기승, 「이순신 정신의 본령은 아산이다」, 『이순신연구논총』 2, 2004.
이민웅, 「충무공 이순신의 성장배경과 문무겸전」, 『이순신연구논총』 10, 2008.
이상훈, 「임진왜란 전 이순신의 행적과 가문의 상황-1588년 발급 「別給文記」를 중심으로」, 『이순신연구논총』 10, 2008.
방성석, 「임진왜란 극복과 온양방씨의 역할에 관한 고찰」, 『이순신연구논총』 25, 2016.
Lee Jung-joo, 「Analysis of Local Aristocrats (士族) in the Asan Area During the Chosŏn Era as Viewed Through the Sama pangmok(司馬榜目)」, 『International Journal of Korean History』, Vol.9, 2005.

【조선시대 온양 행궁의 건립과 변천 과정】

1. 자료

『經世遺表』, 『高麗史』, 『高宗實錄』, 『茶山詩文集』, 『文宗實錄』, 『俟菴先生年譜』, 『三國史記』, 『宣祖實錄』, 『成宗實錄』, 『世宗實錄』, 『世宗實錄地理志』, 『肅宗實錄』, 『承政院日記』, 『藥泉集』, 『英祖實錄』, 『溫宮事實』, 『溫陽郡邑誌』, 『正祖實錄』, 『定宗實錄』, 『中宗實錄』, 『秋齋集』, 『太祖實錄』, 『太宗實錄』, 『顯宗實錄』.

2. 단행본

강영민, 『조선왕들의 생로병사』, 이가출판사, 2009.
고려대학교 아시아문제연구소 편, 『구한국외교문서 (7)』, 2010.
김백선, 『온궁육백년』, 한국예총 아산지부, 2000.
박 현, 『韓國의 溫泉』, 鐵道旅行文化社, 1980.

복천박물관, 『東萊 溫泉洞 遺蹟』, 福泉博物館, 2004.
설혜심, 『온천의 문화사』, 한길사, 2001.
牙山郡教育會, 『牙山郡誌』, 1929.
아산시, 『譯註 溫宮事實』, 2009.
_____, 『온양온천의 역사적 사실 재조명』, 2009.
안덕균, 『세종시대의 보건 위생』, 세종대왕기념사업회, 1985.
이성무, 『조선시대당쟁사 2』, 동방미디어, 2002.
朝鮮京南鐵道株式會社, 『溫陽溫泉 神井館 案內』, 1937.
조선총독부 지질조사소 편, 『조선지질조사요보』 3, 충청남도 아산군 온양온천 조사보고, 1923.
____________________, 『조선지질조사요보』 8-1, 충청남도 아산군 온양온천조사보고, 1926.
조일환, 『水安堡溫泉史研究』, 新星印刷社, 1986.

3. 논문

강현경, 「〈온양온수노정그라〉의 연구」, 『한국언어문학』 53, 2004.
권복규, 「조선전기의 역병 유행에 관하여」, 『한국사론』 43, 2000.
_____, 「조선시대 전통의서에 나타난 질병관에 대한 연구」, 서울대 박사학위 논문, 2001.
김 호, 「16세기 후반 경향의 의료 환경: 미암일기를 중심으로」, 『대구사학』 64, 2001.
김 훈, 「조선 전기 군왕의 질병에 관한 연구」, 원광대 박사학위 논문, 1997.
_____, 「조선시대 임금들의 온천욕과 질병」, 『한국의사학회지』 14-1, 2001.
김남기, 「조선 왕실과 온양온천」, 『문헌과 해석』 23, 2003.
김일환, 「조선시대 온양 행궁의 건립과 변천 과정」, 『순천향 인문과학논총』 29, 2011.
_____, 「조선시대 왕실의 溫泉 목욕법에 대한 연구」, 『역사와 실학』 58, 2015.
김정선, 「조선시대 왕들의 질병 치료를 통해 본 의학의 변천」, 서울대 박사학위 논문, 2005.
김주리, 「식민지 시대 소설 속 온천 휴양지의 공간 표상」, 『한국문화』 40, 2007.
나신균, 「인조-숙종대 행궁의 배치와 공간 이용에 관한 연구」, 명지대 석사학위 논문, 2001.
신명호, 「조선 후기 국왕 행행시 국정 운영 체제」, 『조선시대사학보』 17, 2001.
유원재, 「백제 탕정성 연구」, 『백제논총』 3, 1992.
윤상구, 「조선조 온양 온행의 사회경제적 성격」, 공주대 석사학위 논문, 2005.
윤한용·윤창렬, 「조선왕조실록에 나타난 조선 중기 제왕들의 질병과 死因연구」, 『한국의사학회지』 14-1, 2001.
이숭녕, 「世宗의 轉地療養에 대하여-特히 溫泉과 冷泉의 療養을 中心으로 하여」, 『語文硏究』 3-1·2, 1975.
이왕무, 「조선 후기 국왕의 호위와 행행」, 『장서각』 7, 2002.
______, 「조선 후기 國王의 溫幸 연구-溫幸謄錄을 중심으로」, 『藏書閣』 9, 2003.
______, 「조선 전기 국왕의 온행 연구」, 『경기사학』 9, 2005.
______, 「조선시대 국왕의 溫幸 연구」, 『國史館論叢』 108, 2006.
제길우·金容旭, 「釜山 溫泉에 關한 硏究 (1)」, 『항도부산』 3, 1963.
한대희, 「조선시대 전기의 의료제도에 대한 연구」, 경산대 박사학위 논문, 1996.
홍성봉, 「조선조 역대왕의 수명과 그 死因」, 『한국인구학회지』 14-1, 1991.

【조선시대 왕실의 온천 목욕법에 대한 연구】

1. 자료

『高宗實錄』, 『東醫寶鑑』, 『文宗實錄』, 『宣祖實錄』, 『成宗實錄』, 『世宗實錄』, 『世宗實錄地理志』, 『肅宗實錄』, 『承政院日記』, 『英祖實錄』, 『正祖實錄』, 『中宗實錄』, 『太祖實錄』, 『太宗實錄』, 『顯宗改修實錄』, 『顯宗實錄』, 『山林經濟』, 『尙方定例』, 『陽谷集』, 『溫宮事實』.

2. 단행본

강영민, 『조선시대 왕들의 생로병사』, 이가출판사, 2009.
김두종, 『한국의학사』, 탐구당, 1981.
김백선, 『온궁육백년』, 한국예총 아산지부, 2000.
朴 現, 『韓國의 溫泉』, 鐵道旅行文化社, 1980.

福泉博物館, 『東萊 溫泉洞 遺蹟』, 福泉博物館, 2004.
설혜심, 『온천의 문화사』, 한길사, 2001.
아산시, 『온양행궁 학술조사 및 복원기본계획』, 2001.12.
_____, 『온양 온천의 역사적 사실 재조명』, 2009.
_____, 『譯註 溫宮事實』, 2009.
안덕균, 『세종시대의 보건위생』, 세종대왕기념사업회, 1985.
조선총독부 지질조사소편, 『조선지질조사요보』 3, 충청남도 아산군 온양온천 조사보고, 1923.
____________________, 『조선지질조사요보』 8-1, 충청남도 아산군 온양온천조사보고, 1926.
趙日煥, 『水安堡溫泉史硏究』, 新星印刷社, 1986.
허동화, 『우리가 정말 알아야 할 우리규방문화』, 현암사, 2006.
정지천, 『조선시대 왕들은 어떻게 병을 고쳤을까』, 중앙생활사, 2007.

3. 논문

강서영, 「조선말 궁중 보자기 연구」, 『古宮文化』 5, 국립고궁박물관, 2012.
구현희·오준호, 「질병치료와 공공의료에 활용된 조선시대 목욕요법 연구」, 『民族文化』 40, 2012.
권복규, 「조선전기의 역병 유행에 관하여」, 『한국사론』 43, 2000.
_____, 「조선시대 전통의서에 나타난 질병관에 대한 연구」, 서울대의대 박사논문, 2001.
김 호, 「16세기 후반 경향의 의료환경: 미암일기를 중심으로」, 『대구사학』 64, 2001.
김 훈, 「조선전기 군왕의 질병에 관한 연구」, 원광대 박사논문, 1997.
_____, 「조선시대 임금들의 온천욕과 질병」, 『한국의사학회지』 14-1, 2001.
김남기, 「조선왕실과 온양온천」, 『문헌과 해석』 23, 2003.
김선형·김달래, 「영조의 질병력과 사망원인: 승정원일기를 중심으로」, 『醫史學』 19-2, 2010.
김일환, 「조선시대 온양행궁의 건립과 변천과정」, 『순천향 인문과학논총』 29, 2011.
_____, 「조선시대 왕실의 溫泉 목욕법에 대한 연구」, 『역사와 실학』 58, 2015.

김정선, 「조선시대 왕들의 질병치료를 통해 본 의학의 변천」, 서울대의대 박사논문, 2005.
김주리, 「식민지 시대 소설 속 온천 휴양지의 공간 표상」, 『한국문화』 40, 2007.
金勳·孟雄在, 「朝鮮前期 君王의 疾病에 관한 研究」, 『大韓原典醫史學會誌』 10-2, 1997.
李崇寧, 「世宗의 轉地療養에 대하여-特히 溫泉과 冷泉의 療養을 中心으로 하여」, 『語文研究』 3(1·2), 1975.
방성혜, 「한국 한의서에 수록된 피부과 치료법 연구」, 경희대 박사논문, 2011.
신명호, 「조선후기 국왕 행행시 국정운영체제」, 『조선시대사학보』 17, 2001.
원보영, 「조선후기 지역 민간의료체계의 발전사」, 『국사관논총』 107, 2005.
윤상구, 「조선조 온양온행의 사회경제적 성격」, 공주대 석사논문, 2005.
윤한용·윤창렬, 「조선왕조실록에 나타난 조선중기 제왕들의 질병과 死因연구」, 『한국의사학회지』 14-1, 2001.
이규근, 「조선후기 疾病史 연구: 『朝鮮王朝實錄』의 전염병 발생 기록을 중심으로」, 『국사관논총』 96, 2001.
이상원, 「朝鮮 顯宗의 治病기록에 대한 醫史學적 연구: 禮訟論爭이 顯宗 疾病에 미친 영향」, 경희대 박사논문, 2011.
이왕무, 「조선후기 국왕의 호위와 행행」, 『장서각』 7, 2002.
______, 「조선후기 國王의 溫幸 연구-『溫幸謄錄』을 중심으로-」, 『藏書閣』 9, 2003.
______, 「조선전기 국왕의 온행연구」, 『경기사학』 9, 2005.
______, 「조선시대 국왕의 溫幸 연구」, 『國史館論叢』 108, 2006.
이해웅, 「朝鮮時代 顯宗, 肅宗, 景宗, 英祖의 疾病에 대한 研究」, 東義大學校 박사논문, 2006.
李海雄·金勳, 「朝鮮時代 顯宗, 肅宗, 景宗, 英祖의 疾病과 治療」, 『大韓韓醫學原典學會誌』 19(3), 2006.
조효순, 「우리나라 沐浴의 풍속사적 研究」, 『服飾』 16, 1991.
한국건강관리협회, 「미역국의 효능」, 『한국건강관리협회지』 2-4, 1974.
한대희, 「조선시대 전기의 의료제도에 대한 연구」, 경산대학교 박사논문, 1996.
홍성봉, 「조선조 역대왕의 수명과 그 死因」, 『한국인구학회지』 14-1, 1991.

【아산 신항리 근대문화 사적지의 현황조사 연구】

1. 자료

『별건곤』, 『신한민보』, 『研經齋全集』, 『寧城誌』, 『尹相公善政錄攷』, 『駐韓日本公使館記錄』, 『通商彙纂』, 『八道四都三港口日記』.

2. 단행본

國史編纂委員會, 『高宗時代史』 1-5, 1970.
둔포향토지편찬위원회, 『둔포면향토지』, 2013.
반정화·민현석·노민택, 『서울시 근대문화유산의 스토리텔링을 통한 관광활성화 방안』, 서울연구원, 2009.
牙山郡敎育會, 『牙山郡誌』, 1929.
아산시, 『윤보선 전 대통령생가 및 주변 문화재 정비·활용계획』, 2005.
______, 『윤보선 전 대통령생가 및 주변 민속자료 정비 기본설계』, 2006.
______, 『아산시 개화기 인물연구 및 유물조사』, 2008.
______, 『아산 신항리 근대문화마을 종합학술조사연구』, 2009.
윤치영, 『윤치영의 20세기』, 삼성출판사, 1993.
이헌창, 개항기 충청남도의 유통구조, 『근대공업화의 연구』, 일조각, 1993.
조재곤, 『한국근대사회와 보부상』, 혜안, 2001.

3. 논문

김일환, 「임진왜란기 內浦지역과 민의 동향, 『歷史와 實學』 52, 2013.
______, 「아산 신항리 근대문화 사적지의 현황조사 연구, 『순천향 인문과학논총』 35-4, 2016.
이민원, 「대한제국기 안성군수 운영렬의 토포활동 연구, 『軍史』 82, 2012.
최덕수, 「청일전쟁과 아산, 『아산의 역사와 문화』, 1993.
최완기, 「아산 공진창의 설치와 운영, 『典農史論』 7, 2001.
허영란, 「1910년대 경기남부지역 상품유통구조의 재편, 『역사문제연구』 2, 1997.

찾아보기

| ㅇ |

| ㅈ |

| ㅊ |

| ㅌ |

| ㅍ |

| ㅎ |

김일환(金一煥)

1958년 부산에서 출생하여 경기고등학교와 홍익대 역사교육과를 졸업하고, 고려대학교 대학원에서 석사학위를, 홍익대학교 대학원에서 박사학위를 받았다. 한국학중앙연구원에서 책임연구원, 홍익대학교 겸임교수, 순천향대학교 아산학연구소에서 대우교수, 초빙교수, 충청남도의회 자문위원, 국가보훈처 현충시설 심의위원을 역임하였다. 현재 호서대 창의교양학부 교수로 재직하고 있다.

아산학총서 5

아산의 역사 문화 연구

2021년 3월 2일 초판 1쇄 펴냄

기 획 순천향대학교 아산학연구소
지은이 김일환
발행인 김홍국
발행처 보고사

책임편집 이순민
표지디자인 손정자

등록 1990년 12월 13일 제6-0429호
주소 경기도 파주시 회동길 337-15 보고사
전화 031-955-9797(대표), 02-922-5120~1(편집), 02-922-2246(영업)
팩스 02-922-6990
메일 kanapub3@naver.com / bogosabooks@naver.com
http://www.bogosabooks.co.kr

ISBN 979-11-6587-153-6 93910

정가 20,000원